Achim Geisenhanslüke

Einführung in die Literaturtheorie

Einführungen Germanistik

Herausgegeben von
Gunter E. Grimm und Klaus-Michael Bogdal

Achim Geisenhanslüke

Einführung
in die Literaturtheorie

Von der Hermeneutik
zur Medienwissenschaft

Wissenschaftliche Buchgesellschaft

Einbandgestaltung: Neil McBeath, Stuttgart.

Die Deutsche Bibliothek verzeichnet diese Publikation
in der Deutschen Nationalbibliografie;
detaillierte bibliografische Daten sind im Internet über
http://dnb.ddb.de abrufbar.

© 2003 by Wissenschaftliche Buchgesellschaft, Darmstadt
Gedruckt auf säurefreiem und alterungsbeständigem Papier
Printed in Germany

Besuchen Sie uns im Internet: www.wbg-darmstadt.de

ISBN 3-534-15905-5

Inhalt

I. Einleitung

1. Literatur – Wissenschaft – Theorie

Die meisten Leser haben ein bestimmtes Vorverständnis von dem, was Literatur ist. Sie lassen sich von der Vorstellung leiten, Literatur habe es vor allem mit Phantasie und Kreativität zu tun, sie sei Ausdruck einer Schaffenskraft, die sich in einigen wenigen Autoren der Vergangenheit exemplarisch offenbart habe. Der Name Goethes etwa steht in der Geschichte der deutschen Literatur stellvertretend für die Idee einer schier unerschöpflichen Schaffenskraft ein, die Gelebtes unmittelbar in Literatur umsetzt. Mit dem Begriff „Literatur" verbindet der Leser daher meist einen bestimmten Kanon von klassischen Texten, die der weiteren Überlieferung wert sind, weil sie die Geschichte bisher überdauert haben. Der Rückblick auf die Geschichte der Literatur als einer kontinuierlichen Folge von genialen Künstlersubjekten, die sich im Laufe der Zeit durchsetzen konnten, geht dabei meist mit der nostalgischen Klage einher, dass solche Formen des Gelingens heute nicht mehr möglich seien, dass das goldene Zeitalter der deutschen Literatur endgültig vorbei sei (vgl. Schlaffer 2002).

Eine solche Auffassung von Literatur ist sicherlich nicht ganz falsch: Ohne ein gewisses Quantum an Imaginationskraft könnte kaum ein literarisches Werk entstehen. Wissenschaftlich aber ist sie nicht. Denn die Aufgabe der Literaturwissenschaft besteht nicht etwa darin, den genialen Autor Goethe vermittelt durch die Lektüre seiner Werke zu verstehen oder gar zu erfühlen. Wie anderen sogenannten „geisteswissenschaftlichen" Fächern, z.B. der Philosophie, der Soziologie oder der Geschichte, geht es der Literaturwissenschaft zweifellos darum, Erkenntnisse zu gewinnen. Die Form der Erkenntnis, die die Literaturwissenschaft von ihrem Gegenstand gewinnen kann, ist jedoch von besonderer Natur (vgl. Culler 2002, 11). Im Unterschied etwa zur Philosophie, die es meist mit logischen Sachzusammenhängen zu tun hat, sind literaturwissenschaftliche Urteile schwer begründbar, weil sich der spezifische Gegenstand der Literaturwissenschaft, die Literatur, logischen Begründungszusammenhängen tendenziell entzieht. Das liegt nicht nur daran, dass die Literatur, selbst die der Gegenwart, immer auch ein historischer Gegenstand ist und sich wie alles Geschichtliche der logischen Definition widersetzt: „definierbar ist nur Das, was keine Geschichte hat" (KSA 5, 317), lautet ein bekanntes Wort Nietzsches. Als geschichtlicher Gegenstand entzieht sich die Literatur der Wissenschaft, weil sie selbst keine strenge Form des Wissens sein will: Von ihrem Selbstverständnis her geht es der Literatur ja nicht um wissenschaftlich nachprüfbare Erkenntnisse und Letztbegründungen, sondern um etwas schwer benennbares „Anderes", das sich kaum unter dem Stichwort „Wissen" zusammenfassen lässt. Von daher kann der englische Literaturwissenschaftler Terry Eagleton seine Einführung in die Literaturtheorie zwar mit

Was ist Literatur?

Der Gegenstandsbereich der Literaturtheorie

der Bemerkung beginnen: „Wenn es so etwas wie Literaturtheorie gibt, dann muß es offensichtlich wohl auch etwas namens Literatur geben, womit sich diese Theorie beschäftigt" (Eagleton 1994a, 1). Aber Eagleton hütet sich zugleich davor, eine Antwort auf das zu geben, was Literatur ist. Vielmehr zeigt er in seiner Abhandlung die unterschiedlichen Vorschläge auf, die in der Geschichte der Literaturtheorie vorliegen, um das Wesen des Literarischen zu bestimmen.

Mystifizierungen des Literarischen   Die Unsicherheit gegenüber einer jeden Definition, die vorgibt, um das Wesen der Literatur zu wissen, hat dabei auf der einen Seite immer wieder zu Mystifizierungen der Funktion des Literarischen geführt. Eine Spielart dieser Mystifikationen, die auf die Hermeneutik Wilhelm Diltheys zurückgeht, ist die oben angeführte Idee eines genialen Autorsubjekts, das aus seiner eigenen Kraft heraus unsterbliche Werke schafft, in die sich der verständnisvolle Leser einzufühlen habe. Eine andere, für die der strukturalistische Sprachwissenschaftler Roman Jakobson verantwortlich ist, besteht in der Rede von einer spezifisch poetischen Funktion der Sprache, die sich von anderen Funktionen der Sprache unterscheiden lasse und die darin bestehe, dass in der Literatur Sprache sich selbst zum Gegenstand werde. Beide Antworten kommen darin überein, das Wesen des Literarischen in einer Form der Autonomie zu erkennen, die sich in den Texten der Vergangenheit paradigmatisch erfülle: einmal im souveränen Subjekt der Dichtung, dem genialen Autor, das andere Mal in der Souveränität der Sprache selbst.

Differenzen zwischen Literatur und Wissenschaft   Auf der anderen Seite aber hat erst die Unsicherheit der Literaturwissenschaft gegenüber ihrem eigenen Gegenstand zu so etwas wie der literaturtheoretischen Reflexion geführt. Denn die Differenz zwischen dem, was Literatur ist, und dem, was die Literaturwissenschaft mit ihr anstellt, bedeutet keineswegs, dass sich die Literaturwissenschaft jedes Wissen um ihren Gegenstand versagen muss. Die Konsequenz, die aus dem definitorisch prekären Status der Literatur zu ziehen ist, wäre eher eine umgekehrte: Als Wissenschaft geht es der Literaturwissenschaft selbstverständlich um ein bestimmtes Wissen von der Literatur. Allein deswegen kann sie sich als Wissenschaft rechtfertigen. Aber ihr Wissen ist zugleich von anderer Natur als das der Literatur selbst. Zwischen der Wissenschaft und der Literatur liegt eine Differenz, die nicht allein auf historische Ursachen zurückgeht, sondern die systematische Gründe hat.

Literaturtheorie als Reflexion von Differenz   Die systematische Reflexion der Differenz zwischen literarischen Texten und der Wissenschaft von der Literatur schreibt der Literaturtheorie ihren Gegenstandsbereich vor. Erst die Tatsache, dass sich die Literaturwissenschaft zu einem Gegenstand verhält, der sich von ihr als ihr ähnliches Anderes unterscheidet, macht es notwendig, über die Verfahren nachzudenken, die überhaupt denkbar sind, um sich der Literatur auf sinnvolle Weise zu nähern. Die Literaturtheorie trifft daher zunächst Aussagen über die Literatur, zugleich aber solche, die begründen sollen, was Literaturwissenschaft ist und wie sie sich im Unterschied zu anderen Formen des Wissens legitimieren kann. Ihre Aufgabe liegt vor allem darin, die letztlich nicht aufhebbare Differenz zwischen Literatur und Wissen zu reflektieren. Letztbegründungen über das Wesen der Literatur kann es daher nicht geben.

Die Auseinandersetzung mit der Literaturtheorie impliziert einen Abschied von lange geglaubten Selbstverständlichkeiten über das Wesen der Literatur, ohne dass gleich eine substantielle neue Auffassung über die Literatur an ihre Stelle treten müsste. Von daher verfügt die Literaturtheorie über ein heikles Selbstverständnis, das zwischen Melancholie und Ironie schwankt: Sie ist Trauer um den Verlust des Wesens des Literarischen und zugleich die ironische Distanzierung der wissenschaftlichen Definitionsversuche der Literatur.

Allerdings wäre die Literaturtheorie nur einseitig bestimmt, wollte man sie etwa im Sinne der Psychoanalyse als die durchgearbeitete Trauer um den Verlust dessen bezeichnen, was einmal für Literatur gehalten wurde. Dass die Literaturtheorie keine letztgültigen Erkenntnisse über ihren Gegenstand geben kann, kann ihr sicherlich als Schwäche angerechnet werden. Die Schwierigkeiten der Literaturtheorie, ihren eigenen Gegenstand zu bestimmen, führt daher immer wieder zu Klagen über ihre Haltlosigkeit. Gerade darin aber liegt ihre Stärke: Die Literaturtheorie entdeckt in ihrer Reflexion der Literatur, dass diese sich Letztbegründungen verweigert, weil das „Wesen" der Literatur nicht existiert: „So etwas wie ein ‚Wesen' der Literatur gibt es schlichtweg nicht" (Eagleton 1994a, 10). An die Stelle der lange vorherrschenden Idee, Wissenschaft habe es allein mit Letztbegründungen zu tun und die Literatur gehe auf ein geheimnisvolles Wesen des Literarischen zurück, tritt eine neue Form der Erkenntnis, die nicht das Wesen, sondern die Funktion der Literatur im Diskurs ihrer Zeit zu bestimmen versucht. Auch die neuen Ansätze zu einer Theorie der Literatur können sich allerdings nicht in der Vorstellung erschöpfen, Literatur sei nichts anderes als die Subversion aller systematischen Formen des Wissens. Zwar ist die Dekonstruktion diesen Weg gegangen, um einer „Fröhlichen Wissenschaft" den Weg zu ebnen, der es nicht mehr um wissenschaftliche Sinnzusammenhänge geht, sondern um ein scheinbar von allen Zwängen freies Spiel zwischen Literatur und Theorie. Aber auch die dekonstruktive Auffassung der Literatur als einer Form der Anti-Wissenschaft begnügt sich letztlich mit der bequemen Rückkehr zur Ausgangsthese, dass die Funktion der Literatur wissenschaftlicher Erkenntnis zuwiderlaufe und die wissenschaftliche Auseinandersetzung mit ihr daher allein im Nachvollzug ihres Widerstandes gegen die Theorie (vgl. de Man 1987) bestehen kann. Die Erkenntnis, die die Literaturtheorie von ihrem Gegenstand gewinnen kann, ist zwar negativer Natur, wenn man unter Erkenntnis eine systematische Form des Wissens versteht. Im Rahmen eines erweiterten Erkenntnisbegriffes aber wäre die Leistung der Literaturtheorie wiederum von besonderer Natur: Es geht ihr zunächst nicht um die wissenschaftlich einholbare Eigengesetzlichkeit der Literatur, sondern um das Verstehen von Literatur als einem historischen und zugleich gegenwärtigen Phänomen. Der Literaturwissenschaftler Peter Szondi sah daher noch 1962 „die unverminderte Gegenwärtigkeit auch noch der ältesten Texte" (Szondi 1978a, 265) im Rahmen der Frage nach den Gesetzen philologischer Erkenntnis als Unterscheidungsmerkmal der Literaturwissenschaft und der Geschichtswissenschaft an. Allerdings kann auch der Hinweis auf die Gegenwärtigkeit des Vergangenen, der die Literatur insbesondere im Kontext der Moderne

Verzicht auf Letztbegründungen

Literatur und Geschichte

auszeichne, an dieser Stelle nicht entscheidend weiterhelfen. Denn die Gegenwärtigkeit des Literarischen, von der Szondi ausgeht, wird durch die Geschichte nicht bestätigt, sondern vielmehr gebrochen. Die Geschichte der Literatur ist kein kontinuierlicher Fluss von Überlieferungen und Autorsubjekten, sie ist vielmehr der Ausdruck eines zwar geschichtlich differenzierten, dabei aber heterogenen und diskontinuierlichen Machtgefüges, in dem sich verschiedene historische Kräfte und Diskurse neutralisieren, ausschließen und gegenseitig hervorbringen. Der Literaturwissenschaft ist ein dynamisches Moment eigen (vgl. Szondi 1978 a, 265), nicht bloß weil sie es mit einem in der Geschichte ständig sich verändernden Gegenstand zu tun hat, sondern weil die Literatur selbst ein dynamisches Gefüge von Kräften ist, die sich als solche nicht erklären, sondern nur als heterogenes Ganzes rekonstruieren lassen. Zwar ist der Gegenstand der Literaturtheorie, die Literatur, immer auf die Geschichte verwiesen, aber auf die Geschichte als einer kontingenten und letztlich nicht rational einholbaren Macht. Von daher stellt sich die Frage, wie sich die Literatur zur diskontinuierlichen Macht der Geschichte verhält, als eine der zentralen Aufgaben der Literaturtheorie.

Literatur
als Gegendiskurs
Wenn es nicht die Gegenwärtigkeit des Vergangenen allein ist, die den Gegenstand der literaturwissenschaftlichen Erkenntnis bestimmt, dann kann eine andere Bestimmung weiterhelfen: die von Literatur als einem historisch bestimmten „Gegendiskurs" (Foucault 1974, 76). Mit „Gegendiskurs" ist keineswegs gemeint, dass die Literatur eine „Subversion des Wissens" (Foucault 1987) darstellt. Auch diese Auffassung vom Wesen der Literatur, die sich in zahlreichen poststrukturalistischen Ansätzen wiederfinden lässt, unterliegt letztlich einer Mystifizierung, etwa in dem Sinne, als könne die Literatur als eine ernsthafte Form der Widerlegung philosophischen oder historischen Wissens gelten. Die Rede vom Gegendiskurs der Literatur meint vielmehr, dass sich die Literatur in ihrer historischen Gebundenheit an eine Zeit, über deren Regeln sie nicht allein bestimmt, so verhält, dass sich ihre Existenz nicht allein aus den Regeln ergibt oder erklärt, die der Diskurs der Zeit ihr vorgibt. Das dynamische Moment der Literatur, das oft mit einer ihr geheimnisvoll innewohnenden Phantasietätigkeit verwechselt wird, ist daher nicht allein historisch, sondern zugleich systematisch bedingt: Es besteht in der Differenz, die die Literatur zum Diskurs ihrer Zeit einnimmt, einer Differenz, die sich nach Walter Benjamin historisch entfaltet, indem der Sachgehalt und der Wahrheitsgehalt eines Werkes in der Geschichte auseinandertreten (vgl. Benjamin 1980, I 125). Wenn der Begriff der philologischen Erkenntnis in der Literaturwissenschaft überhaupt noch einen Sinn haben kann, dann allein in der Form einer Anerkennung der Distanz, die die Literatur zu der in ihr dargestellten geschichtlichen Wahrheit einnimmt.

Aufgaben
der Literaturtheorie
Vor diesem Hintergrund ist es evident, dass es keine systematische Definition der Literatur geben kann. Die Aufgabe der Literaturtheorie erschöpft sich weder in der Bestimmung des Wesens der Literatur noch in einer Darstellung der Vielzahl erlernbarer Methoden, die sich auf die Literatur anwenden ließen. Die Theorie der Literatur findet ihren Gegenstand nicht einfach vor und sie erfindet ihn nicht einfach neu. Was sie entdeckt, ist die

Literatur als eine bestimmte historische Diskursform, die in Differenz zu anderen Diskursen tritt. Was die Literaturtheorie darüber hinaus entdeckt, ist die ihr eigene Form der Wissenschaftlichkeit, die sich in den traditionellen Formen des historischen und systematischen Wissens nicht erschöpfen kann, weil ihr Gegenstand in historischen und systematischen Bestimmungen letztlich nicht aufgeht. Der Literaturtheorie geht es um das Ganze der Literatur, aber um die Literatur als ein offenes Ganzes. Mit der Literatur ist auch die Literaturtheorie neu zu entdecken.

2. Literaturtheorie heute

Der Hinweis auf die Differenz zwischen Literatur und Literaturwissenschaft als Grundlage der Literaturtheorie ist nicht neu. Schon René Wellek und Austen Warren beginnen ihre *Theorie der Literatur* 1949 mit der Bemerkung: „Man sollte zunächst einmal zwischen Literatur und Literaturwissenschaft unterscheiden. Beide sind verschiedene Betätigungen: die eine ist schöpferisch, also Kunst; die andere ist, wenn auch keine exakte Wissenschaft, so doch eine Art des Wissens oder der Gelehrsamkeit" (Wellek/ Warren 1985, 11). Nichts könnte die Umwälzungen der Literaturtheorie in den letzten Jahrzehnten jedoch besser veranschaulichen als die Einschränkungen, die Welleks und Warrens scheinbar selbstverständliche Behauptung im Laufe der Zeit hat erfahren müssen. Denn im Kontext der „Neuen Literaturtheorien" (Bogdal 1997), die sich insbesondere seit Mitte der sechziger Jahre durchgesetzt haben, erscheint Literatur nicht länger nur als Kunst, sondern auch als eine Form des Wissens, Literaturwissenschaft nicht nur als Wissen, sondern auch als eine Form der Kunst. Die Revision der strikten Trennung von Literatur und Theorie der Literatur hat etwas mit der geschichtlichen Veränderung des in Frage stehenden Gegenstandes zu tun: Es ist etwas anderes, wenn man Literatur als eine autonome Kunstschöpfung versteht, die letztlich auf die Genialität ihres Urhebers zurückgehe, wie Wellek und Warren es noch voraussetzen, oder wenn man sie als eine rhetorische oder diskursive Praxis versteht, die sich Bedingungen verdankt, über die die Literatur selbst nicht frei verfügt. Die Methodenvielfalt der Literaturwissenschaft führt zu Differenzen in der Sache, die letztlich in einen Streit münden, der die Frage nach der Berechtigung der unterschiedlichen Methoden selbst betrifft. Geht die Theorie der Literatur einerseits von einem liberalen Pluralitätsprinzip aus, demzufolge es nicht die eine richtige, sondern viele unterschiedliche Bedeutungen und Interpretationen eines Textes gibt, so stellt sich andererseits die Frage nach dem „Königsweg" zur Literatur nicht notwendig als die nach den Möglichkeiten der Interpretation auf der Suche nach der einen oder den vielen Wahrheiten des Textes. Infrage steht vielmehr der heute überhaupt noch mögliche Zugang zu literarischen Texten – ein Zugang, der sich nicht auf die hermeneutische Erschließung der unterschiedlichen Sinndimensionen des Textes beschränken muss, sondern die Einsicht in die Unhintergehbarkeit des Missverstehens, die Gewalt der Interpretationen und die Abhängigkeit der Literatur von anderen Diskursen mit einschließen kann.

Wellek/Warren: Was ist Literaturtheorie?

Neue Literaturtheorien

Streit
der Interpretationen

Die unterschiedlichen Auffassungen über das, was Literatur ist und das, was Literaturtheorie zu sein hat, münden mit dem „Streit der Interpretationen" (Eco 1987) somit letztlich in die Frage, ob die legitime Methode der Literaturtheorie überhaupt noch Interpretation heißen kann – ein Problem, von dem die einen annehmen, es konstituiere erst die Literaturtheorie als eigenständige Disziplin, von dem die anderen aber meinen, es impliziere die Auflösung der Literaturwissenschaft als Wissenschaft. Will das Wort Streit in diesem Kontext ernstgenommen werden, so steht mit dem Streit der Interpretationen die Frage nach der Literatur wie die nach dem möglichen Wissen von Literatur auf dem Spiel: Indem die Theorie nach dem fragt, was Literatur ist, stellt sie zugleich sich selbst und ihr eigenes Wissen zur Disposition. Dass die ständig sich selbst überprüfende Reflexions-

Krise und Aktualität
der Literaturtheorie

bereitschaft der Literaturtheorie fast zwangsläufig zu der Frage führt, ob der Literaturwissenschaft durch die starke Theorieorientierung der letzten Jahrzehnte nicht ihr Gegenstand abhanden komme (vgl. Barner 1998), zeugt weniger von der vielbeschworenen Krise einer scheinbar veralteten akademischen Disziplin als vielmehr von der unaufhörlichen Dringlichkeit ihrer Fragen. Die permanente Krise der Literaturwissenschaft lässt sich nicht auf die Selbstvergessenheit der Literaturtheorie zurückführen, die in der narzisstischen Spiegelung ihrer Möglichkeiten zugleich ihres Gegenstandes verlustig gehe, ohne dass durch die Kritik an ihrer Fragestellung die Literaturtheorie in ihren eigenen Möglichkeiten nicht doch bestätigt würde. Denn indem sie nach der Literatur und dem möglichen Wissen von der Literatur fragt, öffnet die Literaturtheorie erst den Horizont, innerhalb dessen von einer Krise der Literaturwissenschaft überhaupt die Rede sein kann. So beweist noch die Kritik an der Literaturtheorie die Unabweisbarkeit ihrer Fragen und die Notwendigkeit, den theoretischen Anstrengungen nachzugehen, die die letzten Jahrzehnte bestimmt haben.

3. Historische Voraussetzungen

Anfänge
der Hermeneutik
bei Platon

Die Frage nach dem Wesen der Literatur und den Möglichkeitsbedingungen ihres Verstehens ist so alt wie die Literatur selbst. Sie führt bis zu Homer und Platon zurück. In dem Dialog *Ion* fragt Sokrates den gleichnamigen erfolgreichen Rhapsoden nach dem Geheimnis seiner Kunst. Die Ausgangsvoraussetzung der sokratischen Frage nach dem Verhältnis des Rhapsoden Ion zum Dichter Homer lautet, dass es darum gehe, „seinen Sinn zu verstehen, nicht seine Worte nur [...]. Denn es kann doch keiner ein Rhapsode sein, wenn er nicht versteht, was der Dichter meint; da ja der Rhapsode den Zuhörern den Sinn des Dichters überbringen soll, und dies gehörig zu verrichten, ohne einzusehen, was der Dichter meint, ist unmöglich" (Platon 1957, Ion 530c). Damit formuliert Sokrates eine Prämisse, die für die Geschichte der Verstehenslehren der Literatur eine kaum zu überschätzende Bedeutung erlangen sollte: dass es dem Interpreten in einem hermeneutischen Akt der Übersetzung darum gehe, nicht das Wort, son-

Enthusiasmus und
Vernunftlosigkeit
des Dichters

dern den „Sinn" der Rede zu verstehen.
Auf die kritische Frage, welche Form des Wissens den Rhapsoden zu sei-

ner Auslegungskunst überhaupt erst befähige, hält Sokrates allerdings eine überraschende Antwort bereit. Es geschehe durch „eine göttliche Kraft, welche dich bewegt" (Platon 1957, Ion 533d), jedenfalls nicht durch rationale Einsicht und Wissen. In der Argumentation des Sokrates, der die Kraft des Rhapsoden mit der eines Magneten vergleicht, die sich konzentrisch auf die Zuhörer ausbreite, erscheint Ions Redekunst als der Schlusspunkt eines komplexen Übertragungsprozesses, an dessen Ursprung die göttliche Beseelung des Dichters steht: „Denn ein leichtes Wesen ist ein Dichter und geflügelt und heilig, und nicht eher vermögend zu dichten, bis er begeistert worden ist und bewußtlos und die Vernunft nicht mehr in ihm wohnt" (Platon 1957, Ion 534b). Dass Platon den Dichter in Vorwegnahme des modernen Geniegedankens als einen von Gott Besessenen darstellt, ist nur die eine Seite der Medaille. Ihre Kehrseite liegt in der Annahme von der Vernunftlosigkeit des Dichters. Beruht die künstlerische Leistung des Dichters auf der Übersetzung der göttlichen Kraft, die ihn bewegt, so geschehe dies auf eine Weise, die das Bewusstsein außer Kraft setze und die Vernunft übersteige. In Platons kritischer Darstellung erscheint die Dichtung zwar als eine Kunst, aber als eine solche, die über das eigene Tun keine Rechenschaft abzulegen vermag und sich dem Anspruch des philosophischen Wissens daher versagen muss.

Vor diesem Hintergrund kann der Dialog zwischen Ion und Sokrates gleich in doppelter Hinsicht als eine Ursprungsszene der modernen Hermeneutik begriffen werden. Die grundsätzliche Bedeutung der sokratischen Bestimmung der Hermeneutik hat Uwe Japp hervorgehoben. Sie liegt in der Definition der Hermeneutik als einer Form der Übersetzung begründet, die sich dem Vorrang des Sinns und Verstehens verschreibt. Im Blick auf den *Ion* formuliert Japp: „Dieser Beschreibung zufolge kommt es darauf an, nicht nur die Worte, sondern den Sinn eines Textes zu verstehen. Im Grunde gibt es kein anderes Problem der Hermeneutik" (Japp 1977, 583). So plausibel diese Erklärung auch auf den ersten Blick erscheinen mag, so sehr verbirgt sich hinter ihr ein zweites, kritisches Argument. Denn indem Sokrates zeigt, dass Ion über den Sinn der Worte, die er an den Zuhörer weitergibt, selbst keine Rechenschaft abzulegen vermag, unterstreicht er zunächst nur, dass der hermeneutische Verstehensakt der rhetorischen Kunst Ions gegenüber fremd bleibt. In der kritischen Distanz zwischen der Literatur und dem Wissen von ihr, die sich in dem Streitgespräch zwischen Ion und Sokrates öffnet, liegt ein Problem beschlossen, das die hermeneutischen Positionen von Platon bis zu Gadamer betrifft: die Zentrierung der Hermeneutik auf den Zusammenhang von Sinn und Verstehen. Denn offenkundig geht es Ion, der Sokrates so gut es geht Rede und Antwort steht, gar nicht um eine Weise des sinnvollen Verstehens des Dichters, sondern um eine rhetorisch vermittelte Form der Erschütterung, die er an seine Hörer weiterzugeben versucht. Die Tatsache, dass auch der performativen Rhetorik des Ion eine Form des Wissens zugrundeliegt, die sich mit der Kategorie des Verstehens nicht erfassen lässt, weist schon bei Platons Vorgriff auf die moderne Hermeneutik auf ihre Grenzen hin. Als Ursprungsszene der Hermeneutik steht Platons Dialog *Ion* zugleich an der Schnittstelle, an der der philosophische Logos und die rhetorische Macht

Hermeneutik und Verstehen

Der Streit zwischen Rhetorik und Hermeneutik

des Wortes auseinandertreten. Hält die Literatur zwischen ihnen die Mitte, so allein deshalb, weil sie in einer Berührung mit der Philosophie und der Rhetorik steht, ohne doch in einer von ihnen aufzugehen. Mit dem *Ion* öffnet sich eine Kluft zwischen dem Wort der Dichtung und dem Wissen der Philosophie wie der Rhetorik, die zu überbrücken der Literaturtheorie bis heute aufgegeben ist.

4. Aufbau und Ziel der Arbeit

Hermeneutik und neue Literaturtheorien

Sokrates' Bestimmung des Wissens von der Literatur als Verständigung über den Sinn des vom Dichter Gesagten hat der Theorie der Literatur lange Zeit als unhinterfragter Imperativ gedient. Zwar hat die rhetorische Tradition mit der Frage nach der „erschütternden Kraft" (Longinus 1988, 7) der dichterischen Sprache schon von jeher als ein Gegengewicht zum hermeneutischen Verstehensakt fungiert. Erst im 20. Jahrhundert bricht die hermeneutische Selbstverständlichkeit, derzufolge die Literaturtheorie auf einer Lehre des Verstehens ruht, jedoch zugunsten neuer Herausforderungen auf (vgl. Bogdal 1999, 11 f.). Einen ersten Schritt in Richtung eines neuen Literaturverständnisses vollzieht die moderne Linguistik mit der Einsicht in die Formbeschaffenheit der Sprache (vgl. Saussure 1967, 146). Im Rahmen formalistischer Ansätze ist es nicht mehr die durch die philosophische Instanz des Sinnes vermittelte Substanz der Sprache, die im Mittelpunkt des Interesses steht, sondern die Frage nach der Natur des sprachlichen Zeichens und der Besonderheit der poetischen Funktion der Sprache (Jakobson 1979, 92). In dem Maße, in dem der Strukturalismus die poetische Funktion der Sprache mit der Einstellung auf die sprachliche Botschaft als solcher (Jakobson 1979, 94) gleichsetzt und die besondere Bedeutung von Metapher und Metonymie in der Dichtung hervorhebt, vollzieht er zugleich einen Schritt, der auf die antike Rhetorik zurückweist (vgl. Barthes 1988, 15–102).

Kritik der Hermeneutik

Vor diesem Hintergrund konnte die rhetorische Aufwertung der sprachlichen Form vor dem hermeneutischen Substanzdenken von poststrukturalistischen Ansätzen aufgenommen und kritisch weitergeführt werden. Während Jacques Derrida die philosophische Tradition der Dekonstruktion als eine neue (Anti-)Wissenschaft von der sprachlichen Differenz im Zeichen der Schrift begründete (vgl. Derrida 1983), formulierte der amerikanische Theoretiker Paul de Man eine entschiedene Revision der traditionellen Ästhetik und Hermeneutik, indem er die rhetorische Funktion der Sprache mit der Literatur gleichsetzte (vgl. de Man 1988, 40). Im Zeichen der Rhetorik entwickelte sich die poststrukturalistische Theorie der Literatur zu einem Widerstand gegen hermeneutische Bedeutungsmodelle, der auch der französische Theoretiker und Begründer der Diskursanalyse Michel Foucault verpflichtet blieb. Erscheint die Literatur bei Foucault einerseits als keineswegs privilegierter Teil eines umfassenden epistemologischen Feldes, dessen Rahmenbedingungen die Diskursanalyse in der Form einer kritischen Archäologie der Humanwissenschaften zu beschreiben versucht, so kommt ihr als „Gegendiskurs" (Foucault 1974, 76) andererseits die Aufgabe zu, sprachliche Repräsentationsmodelle zugunsten eines „Anders-Werden der Sprache" (Deleuze 2000, 16) außer Kraft zu setzen. Sowohl in der dekonstruktiven als auch in der diskursanalytischen Ausprägung erscheint das poststrukturalistische Denken als eine Subversion der Identitätspostulate von Ästhetik und Hermeneutik im Zeichen einer Differenzerfahrung, die sich gerade im literarischen Text als dem Anderen der Wissenschaft manifestiere. In dem Maße, in dem die Diskursanalyse die Frage nach den historischen Kontexten des Wissens in das Zentrum ihrer Überlegungen stellt, bereitete sie zugleich den Schritt zur Begründung einer neuen Kulturwissenschaft vor, der es nicht mehr um den literarischen Text als solchen geht, sondern um Literatur als kulturelle Praxis und Ausdruck sozialer Energien (vgl. Greenblatt 1990 14 f.). Dabei ist es insbesondere die Frage nach der medialen Bedingtheit der Literatur, die in den letzten Jahren in den Vordergrund getreten ist: In der Form einer Medientheorie erhebt die Kulturwissenschaft den Anspruch auf eine Durchdringung des literarischen Gegenstandes, die nicht mehr dessen Eigengesetzlichkeit beachtet, sondern die Funktion der poetischen Sprache auf kommunikative Kodes festlegt, die sich zu wesentlichen Teilen medialen Einschreibeprozessen verdanken (vgl. Kittler 1987).

Von der Hermeneutik zur Kulturwissenschaft

Der geschichtliche Gang der Literaturtheorie von der Hermeneutik bis zur Medienwissenschaft ist vor diesem Hintergrund allerdings keineswegs als ein teleologischer Prozess mit einem klar bestimmbaren Anfang und einem absehbaren Ende zu werten. Die Geschichte der Literaturtheorie ist begleitet von zahllosen Brüchen, von Rivalitäten, Revolutionen und Revisionen. Dabei können die neuen Literaturtheorien zwar als Einschränkungen der traditionellen Hermeneutik gelten, nicht aber als deren endgültige Widerlegung. Noch immer bilden die literarische Hermeneutik, das poststrukturalistische Denken und die neuen Kulturwissenschaften ein Gefüge von Spannungen, die sich nicht einfach durch den Hinweis auf die disziplinäre Einheit des akademischen Faches Literaturwissenschaft beiseite räumen lassen. Dass es nicht mehr die eine Theorie der Literatur, sondern vielfältige miteinander rivalisierende Ansätze gibt, kann zwar einerseits als ein Verlust von Eindeutigkeit beklagt, andererseits aber auch als Ausdruck einer Komplexitätsgewinnung begrüßt werden, die die Möglichkeiten der Literaturwissenschaft in den letzten Jahrzehnten enorm erweitert hat. Die Aktualität der Literaturtheorie bleibt darin ungebrochen. Die Legitimation der Problemstellung, die die Literaturtheorie von ihren hermeneutischen Anfängen bis zu ihrer kulturwissenschaftlichen Ausprägung begleitet, besteht darin, dass die Frage nach den Möglichkeits- und Wirklichkeitsbedingungen dichterischer Sprache ein Moment offenbart, das sich nur im Rahmen der theoretischen Reflexion zeigt: die unaufhebbare Spannung, die die Literatur zwischen dem Anspruch auf Selbstbestimmung und der kulturellen Teilhabe am Wissen ihrer Zeit kennzeichnet. Vor diesem Hintergrund versteht sich die vorliegende Arbeit als eine Einführung in die wesentlichen unterschiedlichen Positionen der Literaturtheorie, in denen die Spannung zwischen literarischer Autonomie, philosophischer Erkenntnis und diskursiver Praxis immer wieder neu ausgetragen wird. Die Untersuchung nimmt ihren Ausgang bei dem im 18. Jahrhundert entstandenen Doppel von philo-

Methodenpluralismus und Geschichte der Literaturtheorie

Von der Ästhetik zu den neuen Literaturtheorien

sophischer Ästhetik und literarischer Hermeneutik, um vor diesem Hintergrund die Entwicklung des Strukturalismus im 20. Jahrhundert und darauf aufbauend die unterschiedlichen Positionen poststrukturalistischen Denkens bis hin zur Frage nach der Begründung einer neuen Kultur- und Medienwissenschaft zu skizzieren. Das Ziel der Arbeit besteht dabei nicht allein darin, einen summarischen Überblick über die unterschiedlichen Richtungen der Literaturtheorie zu geben. Ihr Leitfaden ist vielmehr die kritische Frage nach den Möglichkeiten und Grenzen der alten wie der neuen Literaturtheorie im Rahmen der Perspektivenöffnung, die die sechziger Jahre des vergangenen Jahrhunderts bedeutet haben. Ihren Abschluss findet die Untersuchung daher in der Frage nach den Vermittlungsmöglichkeiten zwischen den beiden antagonistischen Polen der philologischen Erkenntnis und der medientheoretischen Reflexion.

II. Ästhetik

1. Ästhetik und Poetik im 18. Jahrhundert

In dem Maße, in dem die Literatur ein Teilgebiet der Kunst ist, scheint es zunächst evident zu sein, dass die Ästhetik, die seit Hegel im allgemeinen Sinne als die Wissenschaft der Kunst (Hegel 1985, I 13) verstanden wird, auch für die Literatur zuständig ist. Die Selbstverständlichkeit, mit der die Ästhetik auf die Literatur zugreift, verdankt sich jedoch einer historischen Entwicklung, die der Erläuterung bedarf (vgl. Plumpe 1993, Eagleton 1994, Schneider 1996). Denn bisher war nicht die Ästhetik, die sich erst im 18. Jahrhundert als eine eigenständige Disziplin herauszukristallisieren beginnt, für Fragen der Literatur zuständig, sondern die Rhetorik. Von Kant und Hegel über Nietzsche, Freud und Heidegger bis zu Lukács, Benjamin und Adorno reichen die unterschiedlichen Versuche innerhalb der philosophischen Moderne, einen spezifisch ästhetischen Zugang zur Literatur zu gewinnen (vgl. Jung 1995). Die gemeinsame historische Voraussetzung der miteinander im Widerstreit liegenden modernen Ästhetiken ist der Bruch mit dem antiken System von Rhetorik und Poetik im 18. Jahrhundert und die damit verbundene Anstrengung, eine Form der Autonomie geltend zu machen, in deren Horizont auch die Literatur eingebettet werden kann. Dass die Gewinnung der Autonomie des Ästhetischen seit Kant nicht ohne Widersprüche gelingt, schreibt der ästhetischen Reflexion über Literatur jedoch zugleich Grenzen ein, die auf das scheinbar überwundene System von Rhetorik und Poetik zurückverweisen. *Ästhetik und Literaturtheorie*

Dabei ist nicht zu vergessen, dass die Ästhetik in ihrer Geschichte zahlreichen Wandlungen unterworfen war. Baumgarten und Kant ging es noch um die grundsätzliche Legitimation ästhetischen Denkens im Unterschied zur Erkenntnistheorie und Moral. Insbesondere auf dem von Kant gelegten Grund konnte Hegel ein vollständiges System der Ästhetik vorlegen, das sowohl die geschichtliche als auch die gattungspoetische Seite der Kunst berücksichtigt. Der Zerfall des Hegelschen Systems der Philosophie in der zweiten Hälfte des 19. Jahrhunderts bedeutete in diesem Zusammenhang zugleich eine Revision der Ästhetik des deutschen Idealismus. Am konsequentesten durchgeführt wurde sie von Nietzsche, der am Beispiel der griechischen Tragödie die Umrisse einer ästhetischen Theodizee des Daseins skizzierte, die zugleich zu einer folgenreichen Entgrenzung des Ästhetischen führte. Zu Beginn des 20. Jahrhunderts erfuhr die Ästhetik eine erneute Wendung: Für Denker wie Lukács, Benjamin und Adorno tritt der Zusammenhang von Kunst und Gesellschaft in den Mittelpunkt der ästhetischen Reflexion. Kann insbesondere Adornos Ästhetik in diesem Zusammenhang als der letzte Versuch zu einer klassischen Begründung ästhetischen Denkens im Sinne Baumgartens und Kants gelten, so vollzieht das poststrukturalistische Denken mit den Arbeiten Lyotards und Deleuzes eine *Geschichte der Ästhetik*

Überschreitung der Ästhetik, die zugleich in die Richtung einer neuen Bewertung der sinnlichen Gründe der Erkenntnis weist.

Bedeutung
der Ästhetik

Vor dem Hintergrund dieser komplexen Entwicklung mag auf den ersten Blick nicht deutlich sein, was für einen zentralen Stellenwert die Ästhetik in ihrer Geschichte für die Theorie der Literatur eingenommen hat. Nicht nur geht jede Literaturtheorie letztlich auf eine bestimmte Form ästhetischen Denkens zurück, handle es sich nun um die Bedeutung Kants und Hegels für die moderne Hermeneutik oder um die Nietzsches und Heideggers für den Poststrukturalismus. Darüber hinaus impliziert die philosophische Ästhetik bereits von sich aus immer auch Aussagen über das Wesen der Literatur, sei es, dass das Phänomen des Literarischen in einen Begriff der Fiktionalität eingebunden wird oder in eine Theorie der Wahrheit, die in der Kunst paradigmatisch zur Erscheinung kommt. Seit ihren Anfängen im 18. Jahrhundert sind die Ästhetik und die Literaturtheorie eine enge Verbindung eingegangen, die auch im 20. Jahrhundert nicht abgerissen ist.

Grenzen
der Ästhetik

Allerdings sieht sich die Ästhetik im 20. Jahrhundert mit Problemen konfrontiert, die es nicht für gesichert erscheinen lassen, dass sie noch länger wesentliche Beiträge für die Theorie der Literatur liefern kann. Der Grund dafür liegt nicht allein in der von Beginn an problematischen Überformung literarischer Fragen durch die philosophische Reflexion. Im Rahmen der umfassenden Entgrenzung des Ästhetischen, derzufolge sich das Attribut des Ästhetischen von spezifischen Fragen der Kunst auf beinahe alle Lebensbereiche ausgeweitet hat, konstatiert Karlheinz Barck in einem zusammenfassenden Rückblick auf die Geschichte der Ästhetik *„Spuren der Diffusion eines Begriffs"* (Barck 2000, 394). Er stellt daher die kritische Ausgangsfrage: „Ein Trend zur Pan-Ästhetik oder Pan-Ästhetisierung ist an die Stelle eines philosophischen Alleinvertretungsanspruches getreten. Gibt es überhaupt noch einen hinreichend eindeutigen Begriff von Ästhetik?" (Barck 2000, 308) Die Antwort fällt zwiespältig aus. Denn einerseits gewinnt die Ästhetik durch ihre Entgrenzung auf alle Lebensbereiche an Umfang, andererseits ist sie gerade durch die Tendenz zu einer Entgrenzung ihres eigenen Gegenstandes nicht länger sicher (vgl. Geisenhanslüke 2001 a, 137). Geht der Ästhetik in der Erweiterung ihrer Grenzen aber der eigene Gegenstand verloren, so ist auch nicht länger sicher, inwiefern sie noch einen Beitrag zur Frage nach dem Status und der Struktur der Literatur liefern kann. Hatte die Ästhetik die literaturtheoretische Diskussion bis weit ins 20. Jahrhundert hinein bestimmt, so muss sie ihre zentrale Funktion heute zunehmend an andere Disziplinen wie die Medientheorie, die Kulturwissenschaft oder die Rhetorik abgeben. Um so wichtiger ist es, einen geschichtlichen Überblick über die vielfältigen Angebote zu gewinnen, die die Theorie der Literatur von seiten der philosophischen Ästhetik erfahren hat.

2. Kant und die Begründung der modernen Ästhetik

Entstehung
der Ästhetik
im 18. Jahrhundert

Das 18. Jahrhundert markiert nicht nur einen Höhepunkt in der Geschichte der deutschen Literatur, sondern zugleich einen radikalen Neubeginn für die Theorie der Literatur. Parallel zum Aufschwung der deutschen Nationalliteratur seit Lessing entsteht mit Baumgarten die Ästhetik als eine neue Disziplin des philosophischen Wissens, die sich mit dessen sinnlichen Anfangsgründen auseinandersetzt. Für die Literatur bedeutet die Entstehung der modernen Ästhetik einen voraussetzungsreichen Einschnitt, den Werner Jung festgehalten hat: „Der Bruch, der im späten 18. Jahrhundert entsteht und als Umstellung von der Regel (Vorschrift, Norm) auf die Willkür (Autonomie, Genie) interpretiert werden muß, ist der folgenschwerste für die Poetikgeschichte insgesamt" (Jung 1997, S. 10). Von einem Bruch spricht Jung, da die Regelpoetik im 18. Jahrhundert von der philosophischen Ästhetik abgelöst wird. Vor dem Hintergrund des historischen Einschnittes, den die Entstehung der Ästhetik seit Baumgarten bedeutet, entstehen zugleich neue Kräfteverhältnisse zwischen den unterschiedlichen Disziplinen der Rhetorik, der Philosophie und der Literatur. Während die Poetik bisher sowohl das theoretische als auch das praktische Wissen von der Literatur umfasste (vgl. Szondi 1974, 13), bedeutet die Entstehung der Ästhetik eine Trennung zwischen dem praktischen Wissen, der Dichtkunst, und dem theoretischen Wissen, der Ästhetik. Als theoretische Reflexion, die sich im Idealfall bis zur Wissenschaft der Kunst vollendet, bleibt die Ästhetik zwar auf die Literatur bezogen, von Fragen der literarischen Produktion aber getrennt. So verkörpern die Herausbildung der philosophischen Ästhetik und die Entstehung der deutschen Nationalliteratur im Zeichen der Autonomie des genialen Künstlersubjekts zum Ausgang des 18. Jahrhunderts ein wechselseitig aufeinander verwiesenes Doppel, das den seit der Antike im Begriff der Poetik etablierten Bund zwischen Theorie und Praxis der Dichtkunst auflöst.

Für den Einschnitt, den die Entstehung der Ästhetik im 18. Jahrhundert bedeutet, steht vor allem Kants *Kritik der Urteilskraft* ein (vgl. Marquard 1981). Hatte Baumgarten den Grund der Ästhetik in einer sinnlichen Form der Erkenntnis erkannt, die bisher der philosophischen Reflexion nicht würdig schien, so verlegt Kant die Begründung der Ästhetik mit dem Prinzip der Urteilskraft in den Bereich der Subjektivität. Eine subjektive Wendung vollzieht Kant, indem er am Leitfaden einer Theorie des Schönen das Zusammenspiel von Einbildungskraft und Verstand ins Zentrum der Ästhetik stellt. Das Ziel seiner Untersuchung ist der Nachweis, dass es einen Bereich des Ästhetischen gibt, der sich neben moralischen und erkenntnistheoretischen Urteilen autonom behaupten kann.

Der Bruch, den die Kantische Ästhetik im Zusammenhang mit der Begründung des transzendentalen Prinzips der Urteilskraft für die Tradition der Regelpoetik bedeutet, vollzieht sich im Rahmen einer scharfen Kritik der Beredsamkeit, die den traditionellen Bund von Rhetorik, Poetik und Literatur auflöst. Während Baumgartens Ästhetik noch zu großen Teilen der rhetorischen Tradition verpflichtet war (vgl. Baumgarten 1988, Bornscheuer 1989, Bender 1980), verbindet Kants *Kritik der Urteilskraft* die Begründung der philosophischen Ästhetik mit einer folgenreichen Schelte der Beredsamkeit:

Die redenden Künste sind Beredsamkeit und Dichtkunst. Beredsamkeit ist die Kunst, ein Geschäft des Verstandes als ein freies Spiel der Einbildungskraft zu betreiben; Dichtkunst, ein freies Spiel der Einbildungskraft als ein Geschäft des Verstandes auszuführen (Kant 1974, 258).

Marginalien:
Subjektivierung der Ästhetik durch Kant

Kritik der Rhetorik

Beredsamkeit und Dichtung

Kant unterscheidet Beredsamkeit und Dichtkunst als zwei Formen der redenden Künste, um sie zugleich in ein Gegensatzverhältnis zueinander zu setzen: Die Beredsamkeit sei die Kunst, ein Geschäft des Verstandes als ein freies Spiel der Einbildungskraft darzustellen, die Dichtkunst hingegen die, ein freies Spiel der Einbildungskraft als ein Geschäft des Verstandes darzustellen. Damit erfüllt allein die Dichtkunst noch die Forderungen, die die *Kritik der Urteilskraft* an ihren Gegenstand, das Naturschöne, stellt. Kant spricht der Dichtung daher auch einen Vorrang vor allen anderen Formen der Kunst zu:

> Unter allen behauptet die D i c h t k u n s t (die fast gänzlich dem Genie ihren Ursprung verdankt, und am wenigsten durch Vorschrift, oder durch Beispiele geleitet sein will) den obersten Rang. Sie erweitert das Gemüt dadurch, daß sie die Einbildungskraft in Freiheit setzt und innerhalb den Schranken eines gegebenen Begriffs, unter der unbegrenzten Mannigfaltigkeit möglicher damit zusammenstimmender Formen, diejenige darbietet, welche die Darstellung desselben mit einer Gedankenfülle verknüpft, der kein Sprachausdruck völlig adäquat ist, und sich also ästhetisch zu Ideen erhebt (Kant 1974, 265).

Sprache und Ideen

Der Vorrang der Dichtkunst, der in engem Zusammenhang mit Kants Begriff des Genies steht (vgl. Bezzola 1993, 26), gründet in ihrer Fähigkeit, die Einbildungskraft innerhalb der Schranken des Verstandes in Freiheit zu setzen. Das Resultat dieser Operation bezeichnet Kant als eine „Gedankenfülle", die er, obwohl er die Dichtung als eine Form der redenden Kunst eingeführt hat, aus dem Bereich der Sprache verbannt: Der Gedankenfülle sei „kein Sprachausdruck völlig adäquat", ihre Ausnahmestellung unter den Künsten rechtfertige sie vielmehr allein dadurch, dass sie „sich also ästhetisch zu Ideen erhebt". Nicht die Sprache, die Ideen sind für Kant der eigentliche Grund der Dichtkunst. Das Lob der Dichtkunst, das Kant in der *Kritik der Urteilskraft* anstimmt, verweist diese an das unendliche Reich der Ideen als eine Instanz, die die endlichen Mittel der Sprache zu transzendieren vermag und zugleich in der Aufwärtsbewegung einer ästhetischen Erhebung den Vorrang der Dichtkunst vor den anderen Formen der Kunst begründet.

Rhetorisches Spiel und dichterischer Ernst

Die Kritik der Beredsamkeit verläuft zum Lob der Dichtkunst spiegelverkehrt. In einer polemisch zugespitzten Definition legt Kant nahe, dass die Beredsamkeit die Freiheit der Einbildungskraft nur zum Schein gebrauche, um mit ihrer Hilfe ein verstandesmäßig wohl berechnetes Ziel durchzusetzen. Das Skandalon der Rhetorik bestehe darin, dass sie sich im Unterschied zur Dichtung nicht zu den Ideen erhebe, sondern bloß mit ihnen spiele. Das Lob der Dichtkunst geht in der *Kritik der Urteilskraft* ganz auf Kosten der Rhetorik:

> Der Redner gibt also zwar etwas, was er nicht verspricht, nämlich ein unterhaltendes Spiel der Einbildungskraft; aber er bricht auch dem etwas ab, was er verspricht, und was doch sein angekündigtes Geschäft ist, nämlich den Verstand zweckmäßig zu beschäftigen. Der Dichter dagegen verspricht wenig und kündigt ein bloßes Spiel mit Ideen an, leistet aber etwas, was eines Geschäftes würdig ist, nämlich dem Verstande spielend Nahrung zu verschaffen, und seinen Begriffen durch Einbildungskraft Leben zu geben: *mithin jener im Grunde weniger, dieser mehr, als er verspricht* (Kant 1974, 259).

Die Rhetorik verspricht viel und gibt wenig, die Dichtkunst verspricht wenig und gibt viel, so lautet die Gleichung, die Kant in der Tradition der platonischen Rhetorikkritik dem Vergleich beider Künste zugrundelegt. Die Kritik der Beredsamkeit leistet bei Kant ein Doppeltes: Sie trennt das Band, das bisher Rhetorik, Poetik und Literatur im System der Künste miteinander verband, und sie bereitet auf dem nun freigeräumten Terrain den Boden für die neue Wissenschaft der Ästhetik. Deren Aufgabe ist nicht länger die kritische Beurteilung literarischer Werke anhand eines Regelkatalogs, sondern die transzendentale Begründung der Urteilskraft, die zugleich das Leitprinzip einer neuen subjektiven Lehre des Geschmacks sein soll (vgl. Guyer 1979). Indem Kant dem Prinzip der Urteilskraft zuspricht, frei von allen gegenständlichen Bezügen die subjektiven Vermögen Einbildungskraft und Verstand (Theorie des Schönen) und Einbildungskraft und Vernunft (Theorie des Erhabenen) in ein Verhältnis zueinander zu setzen, vollzieht er eine für seine und die gesamte Philosophie des deutschen Idealismus charakteristische subjektivistische Wende (vgl. Gadamer 1990, 48 f.): Im scheinbar uneingeschränkten Spiel der Einbildungskraft konstituiert sich eine Form der Subjektivität, die frei von den Gesetzen des Verstandes oder der Vernunft ästhetische Autonomie für sich in Anspruch nehmen kann. Autonomie des Subjekts lautet das Motto, dem sich die philosophische Ästhetik seit ihrer Kantischen Begründung verschreibt. Damit verändert sich auch der Status der Literatur. Diese wird nicht länger als Resultat einer regelgeleiteten poetischen Technik begriffen, sondern als eine autonome Setzung des Genies und damit als symbolisches Zeichen für die unbeschränkte Freiheit des Subjekts.

Das Versprechen der Rhetorik

Mit dem Nachweis des transzendentalen Prinzips der Urteilskraft scheint Kant zunächst eine plausible Begründung der Ästhetik geleistet zu haben, innerhalb derer die Dichtkunst einen zentralen Platz einnimmt. Dass die philosophische Begründung der Ästhetik in der *Kritik der Urteilskraft* aufgrund der ungelösten Spannung zwischen der transzendentalen Lehre des Geschmacks und der Logik des ästhetischen Urteils über das Schöne nicht ohne innere Widersprüche gelingt, ist jedoch nur die eine Seite des grundsätzlichen Problems, mit dem sich Kants Theorie ästhetischer Subjektivität konfrontiert sieht (vgl. Kulenkampff 1978). Die Frage, die sich insbesondere vor dem Hintergrund literaturtheoretischer Probleme an die *Kritik der Urteilskraft* stellt, ist die nach den Folgen, die die ästhetische Bestimmung der Dichtkunst für die Literatur hat. Denn für die Reflexion über Literatur bedeutet die Neuerung, die Kants Ästhetik in ihrer Zeit darstellte, zugleich einen Verlust. Dieser liegt nicht allein in dem Verdrängen der seit der Antike die Literatur bestimmenden rhetorischen Tradition begründet, sondern mehr noch in der Abwesenheit genuin poetologischer Betrachtungen in Kants Ästhetik. In dem Maße, in dem Kant einzig das Naturschöne zum Gegenstand der Ästhetik erklärt, verliert er die Literatur, die sich im Horizont der poetologischen Veränderungen des 18. Jahrhunderts plausibler als Kunstschönes beschreiben ließe, aus dem Blick. Die Tatsache, dass kein einziges literarisches Werk Eingang in die *Kritik der Urteilskraft* gefunden hat, beweist mehr als alles andere, dass die Dichtkunst von ihrem neuen Bündnispartner, der Ästhetik, nur wenig zu erwarten hat.

Ästhetik und Poetik

3. Hegel und die Vollendung der Ästhetik

Geschichtlichkeit
des Ästhetischen

Kant hatte seine Ästhetik ganz an der Theorie des Naturschönen ausgerichtet. Der Zusammenhang von Literatur und Geschichte spielt für ihn keine Rolle. Das Problem der Geschichtlichkeit der Kunst in der Ästhetik zu etablieren, ist, neben Herder, erst Hegels Verdienst. Es sind vor allem drei Momente, die den komplexen Gang von Hegels *Ästhetik* bestimmen: Die Verlagerung des Gegenstandes der Ästhetik vom Naturschönen zum Kunstschönen, das Hegel als die sinnliche Erscheinung des Absoluten bestimmt, die Einführung einer geschichtsphilosophischen Unterscheidung in das System der Künste und die Ausdifferenzierung der Kunst in unterschiedliche Gattungsformen. Vor diesem Hintergrund ist es insbesondere die wechselseitige Durchdringung von Geschichtsphilosophie und Gattungspoetik, die es erlaubt, einen näheren Aufschluss über Hegels Theorie der Literatur zu gewinnen.

Hegels Klassizismus

Um den geschichtlichen Verlauf der Kunstentwicklung nachzuvollziehen, bedient sich Hegel in seiner *Ästhetik* der Unterscheidung von symbolischer, klassischer und romantischer Kunstform. Ihre zeitliche Folge stellt er als ein Suchen, Finden und Überschreiten des Schönen dar: „In dieser Weise *sucht* die symbolische Kunst jene vollendete Einheit der inneren Bedeutung und äußeren Gestalt, welche die klassische in der Darstellung der substantiellen Individualität für die sinnliche Anschauung *findet* und die romantische in ihrer hervorragenden Geistigkeit *überschreitet*" (Hegel 1985, I 297). Wie sich in der suggestiven Begrifflichkeit von Suchen, Finden und Überschreiten schon andeutet, ist es die Idee der Vollendung des Schönen in der klassischen Kunst der Griechen, die im Mittelpunkt der Hegelschen *Ästhetik* steht. Die geschichtliche Entwicklung vom Ideal des Schönen bis zu seiner Verwirklichung in seinen besonderen Formen findet ihre Vollendung im Klassischen, das Hegel zufolge durch keine andere Form der Kunst mehr übertroffen werden kann.

Gattungspoetik
und Geschichts-
philosophie

Die geschichtliche und die gattungspoetische Darstellung des Systems der Künste sind in Hegels *Ästhetik* eng miteinander verknüpft. Die geschichtliche Entwicklung des Schönen und die gattungspoetische Betrachtung des Systems der einzelnen Künste setzt Hegel in Beziehung zueinander, indem er der symbolischen Kunst die Architektur, der klassischen die Skulptur und der romantischen Kunst Malerei und Musik zuweist. Wie schon bei Kant nimmt die Dichtkunst – in geheimer Konkurrenz zur griechischen Skulptur – eine besondere Stellung ein. Sie gilt Hegel nicht nur als die „absolute, wahrhafte Kunst des Geistes" (Hegel 1985, II 19), die mit dem Begriff des Kunstschönen zusammenfällt. An die Stelle der geschichtlichen Einteilung der einzelnen Künste in eine symbolische, klassische und romantische Form tritt in Hegels Darstellung der Dichtung die gattungstheoretische Unterscheidung von Epos, Lyrik und Drama. „In der Poesie endlich, obschon sie am vollständigsten die ganze Stufenfolge der Kunstformen zu Kunstwerken auszuprägen vermag, werden wir die Einteilung dennoch nicht nach dem Unterschiede der symbolischen, klassischen und romantischen Poesie zu machen haben, sondern nach der für die Poesie als besonderer Kunst spezifischen Gliederung in epische, lyrische und dramatische Dichtkunst" (Hegel 1985, II 27).

Löst die gattungspoetische Darstellung der Dichtkunst in Hegels *Ästhetik* die geschichtsphilosophische Unterscheidung auch scheinbar ab, so steht sie dennoch in einem engen Zusammenhang mit der Geschichte der Künste. Denn die Differenz von Epos, Lyrik und Tragödie verfolgt Hegel allein am Beispiel der klassischen griechischen Kunst. Das Ineinandergreifen von historischer Entwicklung und gattungspoetischer Ausdifferenzierung beschränkt sich auf die von Hegel ausgezeichnete Form der Kunst, die Klassik. Im Blick auf die griechische Poesie, deren Geschichte sich im Rückblick als kontinuierlicher Fortschritt vom Epos zur Lyrik bis zur Synthese beider in der Tragödie entfaltet, fallen bei Hegel die Geschichte der Kunst und die Ausdifferenzierung der einzelnen Gattungen zusammen. Der Vollendung der Kunst im Klassischen entspricht die Vollendung der Poesie in der Tragödie als derjenigen Dichtkunst, „welche die Objektivität des Epos mit dem subjektiven Prinzipe der Lyrik in sich vereinigt" (Hegel 1985, II 512). Die dramatische Poesie stellt Hegel daher als die Vollendung der Kunst überhaupt dar. „Das Drama muß, weil es seinem Inhalte wie seiner Form nach sich zur vollendetsten Totalität ausbildet, als die höchste Stufe der Poesie und der Kunst überhaupt angesehen werden" (Hegel 1985, II 512). Die These von der Vollendung des Schönen in der klassischen Kunstform der griechischen Antike sieht Hegel in der *Antigone* als dem „allererhabensten, in jeder Rücksicht vortrefflichsten Kunstwerke aller Zeiten" (Hegel 1985, I 448) bestätigt: „Von allem Herrlichen der alten und modernen Welt – ich kenne so ziemlich alles, und man soll es und kann es kennen – erscheint mir nach dieser Seite die ‚Antigone' als das vortrefflichste, befriedigendste Kunstwerk" (Hegel 1985, II 568). Die Auszeichnung der Sophokleischen *Antigone* verknüpft den geschichtsphilosophischen Vorrang des Klassischen mit dem gattungspoetischen Vorrang der Tragödie. Die Vollendung der Poesie bezieht sich geschichtlich auf die Zeit der griechischen Klassik und gattungstheoretisch auf die Tragödie als die höchste Form, die der Kunst möglich sei.

Die Dialektik von Gattungspoetik und Geschichtsphilosophie in Hegels Ästhetik erlaubt es, sowohl den Fortschritt gegenüber Kant in den Blick zu nehmen als auch die Probleme, die Hegels Klassizismus für die Theorie der Literatur aufwirft. Denn einerseits bietet Hegels Ästhetik gerade im Vergleich zu Kant eine äußerst differenzierte Darstellung der Literatur unter dem doppelten Gesichtspunkt der geschichtlichen Entwicklung der Kunst und ihrer Ausdifferenzierung in verschiedene Gattungen. Andererseits aber ist Hegels Ästhetik von einer einseitigen Orientierung an der klassischen Kunst der Griechen unter dem gattungspoetischen Vorrang der Tragödie betroffen, die einen Einwand nahelegt: Dem eigenen Anspruch nach der Verknüpfung von Geschichtsphilosophie und Gattungspoetik zufolge müsste die Bestimmung der antiken Poesie durch eine adäquate Reflexion auf die vorklassische wie die moderne Literatur ergänzt werden.

Dass insbesondere der Schritt zu einer der Antike vergleichbaren Bestimmung der Literatur der Moderne im Zeichen des Romantischen unterbleibt,

Vorrang der Tragödie

Klassik
und Moderne

Wissenschaft
und Kunst

hat seinen Grund in Hegels problematischer Positionierung des Verhältnisses von philosophischer Reflexion und literarischer Praxis. „Die Vollendung der klassischen deutschen Ästhetik durch Hegel" (vgl. Kuhn 1966), vollzieht sich in ausdrücklicher Abwendung vom Genius der Kunst. Hegel verbindet die ästhetische Durchdringung der Geschichte der Kunst mit der These von ihrem geschichtlichen Ende. So stellt er in der *Ästhetik* einleitend fest, es „erscheint der Geist in unserer heutigen Welt, oder näher unserer Religion und unserer Vernunftbildung, als über die Stufe hinaus, auf welcher die Kunst die höchste Weise ausmacht, sich des Absoluten bewußt zu sein" (Hegel 1985, I 21). Vor diesem Hintergrund hebt Rainer Wiehl hervor: „Hegels Ästhetik stellt ein Paradoxon dar für jeden Versuch, sie für Fragen der modernen Kunst in der einen oder der anderen Weise zu gebrauchen. Einerseits scheint kaum irgendeine Theorie weniger geeignet als sie, die Phänomene der modernen Kunst begreifbar zu machen. Auf ihrer Grundlage scheint vielmehr das Wesentliche der modernen Kunst zum Wegwerfen bestimmt zu werden, nämlich all das, in dem keine Heilung des Zerbrochenen, keine Versöhnung des Widerstreitenden erscheint […]. Aber das verführerische Paradox der Hegelschen Ästhetik besteht nun gerade darin, daß sie als eine ausgezeichnete Anti-Theorie in Beziehung auf die moderne Kunst sich aufdrängt" (Wiehl 1971, 136). Die Leistung und die Grenzen der Hegelschen Ästhetik liegen demnach in dem gleichen Problem beschlossen. Hegels kritisches Urteil über die Legitimation der Kunst in seiner eigenen Zeit erklärt sich erst vor dem geschichtsphilosophischen Hintergrund seiner Ästhetik. Während die Vollendung der Kunst als sinnlich-unmittelbare Darstellung des Absoluten für Hegel einzig in der griechischen Antike bereitliegt, wird der Kunst der Eintritt in die Moderne verwehrt, da das Absolute seinen Platz inzwischen nicht mehr auf

Ende der Kunst? der tragischen Bühne, sondern in der Philosophie gefunden hat. Die Möglichkeit einer Ästhetik als dem wissenschaftlichen System des Schönen leitet Hegel daher ausdrücklich aus dem Vergangenheitscharakter der Kunst ab: „In allen diesen Beziehungen ist und bleibt die Kunst nach der Seite ihrer höchsten Bestimmung für uns ein Vergangenes. […] Die *Wissenschaft* der Kunst ist darum in unserer Zeit noch viel mehr Bedürfnis als zu den Zeiten, in welchen die Kunst für sich als Kunst schon volle Befriedigung gewährte. Die Kunst ladet uns zur denkenden Betrachtung ein, und zwar nicht zu dem Zwecke, Kunst wieder hervorzurufen, sondern, was die Kunst sei, wissenschaftlich zu erkennen" (Hegel 1985, I 22). Hegels Theorie der Moderne lässt mit der „*Philosophie der Kunst*" (Hegel 1985, I 13) die Prosa der Wissenschaft an die Stelle der Poesie treten. Die These von der Vollendung der Kunst in der antiken Klassik begründet zugleich einen kritischen Begriff der Moderne, der Kunst und Poesie insbesondere im Rahmen einer kritischen Absetzbewegung von der Frühromantik keine nennenswerte Bedeutung mehr zukommen lässt. Hatte sich schon in Kants Kritik der Rhetorik eine Trennung der im Begriff der Poetik noch verbundenen Bereiche der Theorie und Praxis der Dichtkunst abgezeichnet, so vollendet Hegel das Auseinandertreten von Dichtung, Rhetorik und Philosophie, indem er das Ende der Kunst als den Anfang der Wissenschaft von der Kunst deutet (vgl. Henrich 1983).

Dass Hegels einseitige Orientierung an der klassischen Kunst der Griechen die Bestimmung der modernen Kunst offen lässt, hat immer wieder zu einem spezifisch ästhetisch motivierten Widerspruch gegen sein System geführt. In diesem Zusammenhang bricht auch der Streit zwischen Ästhetik und Rhetorik neu auf, der schon Kants *Kritik der Urteilskraft* bestimmte. In Frage steht ein ästhetisches Denken, das sich nicht von der Philosophie, sondern von der Dichtkunst selbst herleitet. Vor einem vergleichbaren Hintergrund wie Hegels Theorie der Tragödie lassen sich Hölderlins Anmerkungen zur Übersetzung des Sophokles als der Versuch verstehen, aus den poetologischen Gesetzen der antiken Tragödie entsprechende Konsequenzen für die Kunst der Moderne zu ziehen: „Es wird gut sein, um den Dichtern, auch bei uns, eine bürgerliche Existenz zu sichern, wenn man die Poesie, auch bei uns, den Unterschied der Zeiten und Verfassungen abgerechnet, zur *mechane* der Alten erhebt" (Hölderlin 1970, 389), beginnt Hölderlin seine Reflexionen zum *Ödipus.* Mit der Frage nach der „mechane der Alten" verschreibt er sich nur scheinbar wie Hegel dem Diktat der Nachahmung der griechischen Klassik (vgl. Szondi 1978 a, 345–366). Die doppelte Bemerkung „auch bei uns" unterstreicht, dass Hölderlin in poetologischer Hinsicht nach dem „Kalkül" (Hölderlin 1970, 389) der modernen Dichtung fragt. „Der modernen Poesie fehlt es aber besonders an der Schule und am Handwerksmäßigen, daß nämlich ihre Verfahrungsart berechnet und gelehrt und, wenn sie gelernt ist, in der Ausübung immer zuverlässig wiederholt werden kann" (Hölderlin 1970, 389). Mit der Frage nach dem Handwerk, das der Kunst zugrundeliegt, nimmt Hölderlin in Abgrenzung vom Genie-Gedanken seiner Zeit die Tradition der antiken Poetiken wieder auf: Kunst ist lehr- und lernbar, weil sie bestimmten Gesetzen gehorcht, die nicht durch ästhetische Subjektivität erfahrbar, sondern durch Regeln bestimmbar sind. Die Aufwertung der rhetorisch-poetologischen Tradition verbindet Hölderlin mit einer Ablösung des von Hegel behaupteten Vorrangs der Tragödie vor den anderen Dichtungsformen. Insbesondere nach dem Scheitern seines Empedokles-Projekts ist es nicht mehr die Tragödie, die Hölderlins Bemühen um eine moderne Form der Kunst leitet, sondern die von Pindar hergeleitete Form der Hymne. Und so stehen Hölderlins späte Hymnen für eine Form der Dichtung ein, die Hegels Anspruch einer philosophischen Durchdringung der Moderne von seiten der Kunst unterminiert (vgl. Henrich 1971, 9–40). Hegels Ästhetik und Hölderlins Poetik nennen die beiden Extreme innerhalb des Spannungsbogens, der die philosophische Reflexion über die Dichtung und die Dichtung selbst auseinanderhält.

Mit Hölderlin verbindet Friedrich Schlegel die Aufwertung der poetologischen Tradition aus einem dezidiert modernen Standpunkt, der die Ansprüche moderner Literatur im Widerspruch zu Hegels klassizistischer Bevorzugung der Tragödie jedoch nicht in der Lyrik, sondern vielmehr im Roman erfüllt sieht. Die Verbindung von ästhetischen und poetologischen Fragen formuliert Schlegel in einem berühmten Fragment mit den folgenden Worten:

Die romantische Poesie ist eine progressive Universalpoesie. Ihre Bestimmung ist nicht bloß, alle getrennte Gattungen der Poesie wieder zu vereinigen, und die Poe-

Aufwertung der Poetik bei Hölderlin

Kunst als Regelsystem

Schlegels Poetik

sie mit der Philosophie und Rhetorik in Berührung zu setzen. Sie will, und soll auch Poesie und Prosa, Genialität und Kritik, Kunstpoesie und Naturpoesie bald mischen, bald verschmelzen, die Poesie lebendig und gesellig, und das Leben und die Gesellschaft poetisch machen, den Witz poetisieren, und die Formen der Kunst mit gediegnem Bildungsstoff jeder Art anfüllen und sättigen, und durch die Schwingungen des Humors beseelen. [...] Nur sie kann gleich dem Epos ein Spiegel der ganzen umgebenden Welt, ein Bild des Zeitalters werden. Und doch kann auch sie am meisten zwischen dem Dargestellten und dem Darstellenden, frei von allem realen und idealen Interesse auf den Flügeln der poetischen Reflexion in der Mitte schweben, diese Reflexion immer wieder potenzieren und wie in einer endlosen Reihe von Spiegeln vervielfachen (Schlegel 1978, 90).

Transzendental-
poesie

Wie die klassischen Ästhetiken von Kant und Hegel will Schlegel Poesie und Philosophie miteinander verbinden. Der Verbindungspunkt liegt jedoch nicht länger in der Ästhetik selbst, sondern in der Idee einer progressiven „Universalpoesie" als einer „Transzendentalpoesie" (Schlegel 1978, 105), die „Poesie und Poesie der Poesie sein" (Schlegel 1978, 105) soll. Indem Schlegel nicht mehr zwischen Poesie und Poesie der Poesie unterscheidet, nimmt er zugleich die traditionelle Definition der Poetik als Theorie und Praxis der Literatur wieder auf. Dem entspricht auch, dass er die Universalpoesie nicht allein mit der Philosophie, sondern ebenso mit der von Kant und Hegel geschmähten Rhetorik in Berührung bringen will. Damit legt Schlegel die Grundlagen zu einer kunsttheoretischen Reflexion, die zwar mit den Begriffen der Kantischen Ästhetik arbeitet, jedoch zugleich den Gegensatz von Ästhetik und Rhetorik in einer neuen Form der Poetik aufzuheben sucht (vgl. Hörisch 1976, Frank 1989, 287–306). Der

Unendliche
Reflexion

Leitbegriff der Schlegelschen Poetik ist der einer durch die Arbeit der Einbildungskraft vollzogenen unendlichen Reflexion, die ihren Platz „zwischen dem Dargestellten und dem Darstellenden" findet, wo sie „frei von allem realen und idealen Interesse auf den Flügeln der poetischen Reflexion in der Mitte schweben, diese Reflexion immer wieder potenzieren und wie in einer endlosen Reihe von Spiegeln vervielfachen" kann. Wie Kant bestimmt Schlegel die Einbildungskraft als ein mittleres Vermögen, und wie Kant spricht er ihr eine Form der Freiheit zu, die sie erst in einer unendlichen Reflexion ihrer selbst erlangt. Die poetische Reflexion schwebt in der Mitte, da sie in den Formen der Ironie, des Witzes und der Arabeske nicht nur das von ihr Dargestellte unendlich vervielfacht, sondern zugleich die eigene Reflexion potenziert, die die Darstellung erst hervorbringt.

Hegels Kritik
der Frühromantik

Die absolute Form der Selbstreflexion, die der frühromantischen Ästhetik zugrundeliegt und die zugleich als eines der Vorläufermodelle der Dekonstruktion gelten kann (vgl. Menninghaus 1987), hat Schlegel von seiten Hegels wiederum eine scharfe Kritik eingetragen. Hegel kann in der frühromantischen Reflexion nur eine defiziente Form der Subjektivität erkennen: „Diese Subjektivität aber ist weder ihrem Inhalte noch ihrer äußeren Gestalt nach wahrhaft an ihr selbst ein Subjekt oder Individuum, sondern bleibt die Abstraktion einer allgemeinen Vorstellung, welche nur die *leere Form* der Subjektivität erhält und gleichsam nur ein grammatisches Subjekt zu nennen ist" (Hegel 1985, I 386f.). In einer Formel, die der dekonstruktiven Subjektkritik unfreiwillig als Motto dienen könnte, beschreibt Hegel

Schlegels Poetik als Ausdruck einer leeren oder rein grammatischen Form der Subjektivität, die sich in der romantischen Ironie erfülle. Hegel kritisiert insbesondere Schlegels Begriff der „Ironie, als dieser Konzentration des Ich in sich, für welches alle Bande gebrochen sind und das nur in der Seligkeit des Selbstgenusses leben mag" (Hegel 1985, I 74). Die Autonomie, die die frühromantische Reflexion der Einbildungskraft in ihrer ironischen Verdoppelung aufrechterhält, deutet Hegel als Zeichen für eine im Unterschied zur antiken Tragödie von allen substantiellen Bestimmungen freie und daher völlig entleerte Form der Subjektivität in der Moderne (vgl. Menke 1996, 143–150). Hatte Kants Begründung der Ästhetik die Idee einer autonomen Form der Subjektivität erst freigesetzt, so entwickelt Schlegels Ästhetik mit der Wiederaufwertung der Poetik eine Theorie der Subjektivität, die wie die Hölderlins dezidiert nach den modernen Bedingungen von Kunst und Subjektivität fragt. Wiederaufgenommen wurde die von Hölderlin und Friedrich Schlegel erhobene Forderung nach einer poetologischen Bestimmung der modernen Literatur in Absetzung von Hegels System der Kunst in der philosophischen Moderne vor allem von Friedrich Nietzsche.

Poetik der Moderne bei Hölderlin und Schlegel

4. Die Entgrenzung des Ästhetischen: Friedrich Nietzsche

Wie Hegel, so setzt auch Friedrich Nietzsche bei der historischen Form der griechischen Tragödie an, um aus ihr eine Ästhetik abzuleiten, deren Horizont sich jedoch nicht auf die Antike begrenzt, sondern zugleich die Moderne umfassen soll. Seine Erstlingsschrift *Die Geburt der Tragödie* aus dem Jahre 1872 beginnt Nietzsche mit folgender Bemerkung: „Wir werden viel für die aesthetische Wissenschaft gewonnen haben, wenn wir nicht nur zur logischen Einsicht, sondern zur unmittelbaren Sicherheit der Anschauung gekommen sind, dass die Fortentwicklung der Kunst an die Duplicität des Apollinischen und des Dionysischen gebunden ist" (KSA 1, 25). Bereits mit dem ersten Satz seiner Abhandlung unterstreicht Nietzsche, dass es ihm vor allem um die „Fortentwicklung der Kunst" geht. Vor diesem Hintergrund stellt er Wagners Musikdrama in die Nachfolge der griechischen Tragödie. Aus der Analyse der historischen Form der Tragödie leitet Nietzsche eine Bestimmung der modernen Kunst ab, die seiner Meinung nach in Wagner ihre künstlerische Vollendung erfährt.

Apollinisch – Dionysisch

Schon die polemische Entgegensetzung der „unmittelbaren Sicherheit der Anschauung" und der „logischen Einsicht" verdeutlicht, dass Nietzsche seine Philosophie von Anfang an als eine „aesthetische Wissenschaft" begreift. Das ist insofern überraschend, als Nietzsche zur Zeit der Abfassung der *Geburt der Tragödie* in Basel einen Lehrstuhl für Altphilologie, nicht aber für Philosophie besetzte. Über den Gegenstand der griechischen Tragödie hätte man von einem vielversprechenden jungen Altphilologen wohl alles andere als eine ästhetische Abhandlung erwartet, die in spekulativer Weise davon ausgeht, die Entwicklung der Kunst durch die „Duplicität des Apollinischen und des Dionysischen" plausibel zu machen. Vor die-

Philologie und Ästhetik bei Nietzsche

sem Hintergrund lässt sich Nietzsches Ästhetik zunächst als eine Abwendung von der Philologie verstehen. „Wie Sie ersehen werden, suche ich auf eine völlig neue Weise die griechische Tragödie zu erklären, indem ich einstweilen von jeder philologischen Behandlung der Frage völlig absehe und nur das aesthetische Problem im Auge behalte" (KSB 3, 194), teilt Nietzsche seinem Verleger Engelmann mit, um seinen Abstand von rein philologischen Fragen zu markieren. Zwar befinde er sich noch „im Netz der Dame Philologie" (KSB 2, 248), aber insgeheim „betrachte ich Philologie als Mißgeburt der Göttin Philosophie, erzeugt mit einem Idioten oder Cretin" (KSB 2, 329), schreibt der Baseler Altphilologe, der dabei zu einer äußerst realistischen Einschätzung der Rezeptionserwartung seines Buches kommt: „Ich fürchte immer, daß die Philologen es der Musik wegen, die Musiker der Philologie, die Philosophen der Musik und der Philologie wegen n i c h t lesen wollen" (KSB 3, 248).

Kritik
der Rationalität

Nietzsches keineswegs eindeutige Entscheidung gegen die Philologie und für die philosophische Ästhetik ist mehr als eine biografische Anekdote, und es ist nicht nur die Einführung der Begriffe des Apollinischen und Dionysischen, die Nietzsches Abhandlung bis heute zu einer der bedeutendsten Theorien der Ästhetik macht (vgl. Barck 2000). Es sind vor allem zwei Momente, die für den enormen Einfluss verantwortlich sind, den die *Geburt der Tragödie* ausgeübt hat. Das erste ist die Entgrenzung des Ästhetischen, das bei Nietzsche zu einem die Religion ablösenden Welterklärungsmodell heranreift. Das zweite ist die damit eng verbundene kritische Infragestellung der gesamten Geschichte der abendländischen Rationalität. Dass Nietzsche in seinen Überlegungen auf die historische Form der Tragödie zurückgreift, kann nicht darüber hinwegtäuschen, dass er ganz andere Ziele verfolgt als etwa Hegel oder Schelling. Im Rückgang auf die griechische Antike entfacht er einen neuen Streit zwischen Tragödie und Philosophie, in dem es darum geht, die Entwicklung der abendländischen Vernunftgeschichte durch die ästhetische Erfahrung des Tragischen in Frage zu stellen. Gegen die platonische Tradition der Metaphysik, aber auch gegen die poetologische Autorität des Aristoteles, dessen Bestimmung der Tragödie durch den Vorrang des *ethos* er durch einen neuen Begriff des *pathos* zu ersetzen versucht, stellt Nietzsche mit dem Nachweis des Zusammenhangs zwischen dem Tragischen und dem Dionysischen die beunruhigende Vorstellung einer ästhetischen Theodizee in Aussicht, in deren Mittelpunkt nicht mehr das Subjekt, sondern die Kunst selbst stehen soll:

Denn dies muss uns vor allem, zu unserer Erniedrigung und Erhöhung, deutlich sein, dass die ganze Kunstkomödie durchaus nicht für uns, etwa unsrer Besserung und Bildung wegen, aufgeführt wird, ja dass wir ebensowenig die eigentlichen Schöpfer jener Kunstwelt sind: wohl aber dürfen wir von uns selbst annehmen, dass wir für den wahren Schöpfer derselben schon Bilder und künstlerische Projektionen sind und in der Bedeutung von Kunstwerken unsre höchste Würde haben – denn nur als a e s t h e t i s c h e s Phänomen ist das Dasein und die Welt ewig g e r e c h t f e r t i g t: – während freilich unser Bewusstsein über diese unsre Bedeutung kaum ein andres ist als es die auf Leinwand gemalten Krieger von der auf ihr dargestellten Schlacht haben (KSA 1, 47).

In Nietzsches ästhetischer Theodizee des Daseins, die in dem vielzitier-
ten Satz „denn nur als a e s t h e t i s c h e s P h ä n o m e n ist das Dasein und die
Welt ewig g e r e c h t f e r t i g t" kulminiert, verbinden sich zwei Momente
miteinander: die Kritik des Winckelmannschen Diktums von der „stillen
Einfalt" und „edlen Größe" der griechischen Kunst, die bei Nietzsche der
Schiller und Hölderlin geschuldeten sentimentalischen Einsicht in den pes-
simistischen Abgrund des Tragischen weicht, und die Kritik an der ästhetischen Subjektivität, die Kants und Hegels Bemühungen um eine moderne
Ästhetik geleitet hatte: Wenn Nietzsche deutlich macht, dass der Mensch
nicht als Schöpfer der Kunst, sondern allein in der Bedeutung von Kunstwerken seine höchste Würde hat, dann vollzieht er mit den Mitteln der
Ästhetik eine Kritik an der ästhetischen Autonomie des Subjekts, die seine
Philosophie in einen scharfen Gegensatz zu der des deutschen Idealismus
stellt.

> Ästhetische
> Theodizee

Allerdings wäre Nietzsches paradoxe Kritik ästhetischer Subjektivität
durch die Ästhetik missverstanden, wollte man in ihr nur eine Destruktion
der Rationalität am Leitfaden des Dionysischen erkennen. Dagegen spricht
nicht nur die formschaffende Macht des Apollinischen (vgl. Kaufmann
1982), die dem ekstatisch-rauschhaften Moment des Dionysischen bän-
digend zur Seite steht, sondern mehr noch der neue Gegensatz zwischen
dem Dionysischen und dem Sokratischen. Erblickt Nietzsche in den Ge-
gensätzen von Apollo (Traum) und Dionysos (Rausch) zwei gegensätzliche
und doch komplementäre Kräfte, die in der griechischen Tragödie ein ein-
maliges Gleichgewicht gefunden haben, so stellt er der Welt des Tragischen die sokratische Weisheit zunächst als Feindbild gegenüber: Mit
Sokrates habe sich die Vernunft von der Erfahrung des Tragischen gelöst
und eine Philosophie etabliert, die in einem fatalen Verkennen der Verfasstheit der menschlichen Existenz die Rationalität des Erkennens in den
Mittelpunkt der Philosophie stellt. Mit der Destruktion der durch Sokrates
geleisteten Begründung einer rationalen Form der Subjektivität verbindet
Nietzsche jedoch keineswegs die Intention einer Destruktion von Subjektivität überhaupt. Vielmehr geht es ihm darum, der einseitigen Bestimmung
des Daseins und der Welt durch die Vernunft mit dem Ideal des „m u s i k -
t r e i b e n d e n S o k r a t e s" (KSA 1, 102) ein Korrektiv zur Seite zu stellen,
das auf der Vermittlung von wissenschaftlicher Vernunft (Sokrates) und der
Kunstform der Musik (Dionysos) beruht. Damit wäre für Nietzsche nicht
nur eine Form der Subjektivität erreicht, die der dreifachen Gefahr der
apollinischen Erstarrung, der sokratischen Vernünftelei und der dionysischen Raserei enthoben wäre. Auch die von Kant und Hegel etablierte Ent-
zweiung von Kunst und Wissenschaft wäre in dem Ideal des musiktreiben-
den Sokrates aufgehoben. Die Kritik der Geschichte der abendländischen
Vernunft kulminiert bei Nietzsche in dem Versuch, im Zeichen des Ästhetischen eine neue Form der Rationalität zu begründen, die zwischen dem
tragischen Affekt und der sokratischen Vernunft das Gleichgewicht hält.

> Nietzsche
> und Sokrates

Dass trotz der zentralen Bedeutung Nietzsches für die Geschichte der
Ästhetik die schon bald nach dem Erscheinen der *Geburt der Tragödie* er-
hobenen Einwände gegen den mangelnden philologischen Charakter der
Schrift eine gewisse Berechtigung haben, zeigt allerdings die überraschen-

> Griechentum
> und Wagnerkreis

de Dürftigkeit von Nietzsches Aussagen zu dem eigentlichen Gegenstand seiner Abhandlung, der griechischen Tragödie. Auch Nietzsche gelingt die Verbindung von philosophischer und philologischer Erkenntnis in der *Geburt der Tragödie* nicht ohne Verkürzungen. Über die griechische Tragödie erfährt der Leser nicht viel mehr, als dass der aischyleische *Prometheus* und der sophokleische *Ödipus* sich wie eine „Glorie der Activität" und eine „Glorie der Passivität" (KSA 1, 67) zueinander verhalten. Der Grund für diese wenig befriedigenden Aussagen zur griechischen Tragödie, denen lange Exkurse zu Shakespeare, Goethe und Schopenhauer zur Seite stehen, liegt in dem mehrdimensionalen Charakter der Schrift (vgl. von Reibnitz 1992, 3), die den Spagat zwischen dem doppelten Adressatenkreis von Altphilologen und Wagnerianern nicht ohne Verkürzungen zu bewältigen vermochte. So erklärt sich die bewusste Vernachlässigung philologischer Standards letztlich aus dem dezidiert modernen Charakter der Schrift: Mit der Frage nach der Wiedergeburt des Dionysischen in Wagners Musikdrama wendet Nietzsche die Ästhetik nicht mehr historisch, wie Hegels Diktum vom Ende der Kunst es vorgeführt hatte, vielmehr stellt er sie von vornherein in den Kontext einer tragischen Zeiterfahrung der Moderne, die allein in einer Form der ästhetischen Theodizee noch zu bewältigen sei. Aus der zentralen Funktion, die der Bereich der ästhetischen Erfahrung für Nietzsches Philosophie gewinnt, resultiert zugleich die ungebrochene Aktualität seines Denkens, dessen Einfluss sich bis in die heutige Zeit erstreckt.

Aktualität Nietzsches

5. Literatur und Unbewusstes: Sigmund Freud

Psychoanalyse und Kunst

Nicht zuletzt aufgrund des lange verborgen gebliebenen Einflusses, den Nietzsche auf das psychoanalytische Denken ausgeübt hat, ist seine Philosophie immer wieder mit der Freuds verglichen worden (vgl. Assoun 1998). Im Unterschied zu Nietzsche ist Freud jedoch kein genuin ästhetischer Denker. Im Mittelpunkt von Freuds Theorie stehen nicht Fragen der Ästhetik, sondern das Problem der menschlichen Psyche im Zeichen des Unbewussten. Bereits die Tatsache, dass Freud mit der für seine Theorie der menschlichen Psyche zentralen Figur des Ödipus auf eine mythische Gestalt der griechischen Tragödie zurückgreift, macht aber deutlich, dass die Psychoanalyse über tiefgehende Affinitäten zu Kunst und Literatur verfügt, die zugleich zu einer spezifisch psychoanalytischen Form der Ästhetik geführt haben, die Freud mit seinen Überlegungen zu Jensen, Leonardo da Vinci, Shakespeare, Goethe und E. T. A. Hoffmann noch selbst initiiert hat (vgl. Starobinski 1973).

Dichtung und Phantasie

Die Gestalt, die die Ästhetik in der Psychoanalyse angenommen hat, ist eine doppelte. Einerseits setzt Freud in der Tradition der ästhetischen Theorien der Einbildungskraft seit Kant die Begriffe des Spiels und der Phantasie an den Ursprung der dichterischen Tätigkeit (vgl. Koppe 1983, 90). „Der Dichter tut nun dasselbe wie das spielende Kind; er erschafft eine Phantasiewelt, die er sehr ernst nimmt, d. h. mit großen Affektbeträgen ausstattet, während er sie von der Wirklichkeit scharf sondert" (Freud 1999, GW VII,

214). Mit dieser Bestimmung lässt sich Freud von der alten Unterscheidung zwischen Phantasie und Wirklichkeit leiten: Parallel zur Erfahrungswelt des Kindes stellt Freud die Arbeit des Dichters in eine Analogie zum Phänomen des Tagtraumes, derzufolge die dichterische Welt Ausdruck verborgener Wunscherfüllungen ist, die sich in der Realität nicht durchsetzen lassen, in der Welt des ästhetischen Scheins jedoch ohne Hindernisse durchgespielt werden können. Begriffe aus der dramatischen Tradition wie Lustspiel, Trauerspiel und Schauspieler dienen Freud als Anhaltspunkte für die These vom spielerischen Charakter der Dichtung. Im Mittelpunkt der dichterischen Welt wie der des Tagtraumes sieht Freud dabei „Seine Majestät das Ich" (GW VII, 220): Realer Triebverzicht wird durch eine fiktionale Form der Wunscherfüllung kompensiert. Insbesondere im modernen psychologischen Roman erkennt Freud Tendenzen, die in die Richtung einer verborgenen Form der Wunscherfüllung weisen, in der Verdrängung und Sublimierung Hand in Hand gehen. Die Analogie von Dichtkunst und Tagtraum öffnet zugleich das Feld für eine psychoanalytische Betrachtung der Kunst, die in biografischer Absicht aus dem Leben des Dichters Rückschlüsse über sein Werk und aus seinem Werk Rückschlüsse über sein Leben zu gewinnen versucht (vgl. Altenhofer 1982).

Ein Beispiel für eine psychoanalytische Deutung der Literatur hat Freud 1917 in einer Untersuchung über eine Kindheitserinnerung aus Goethes *Dichtung und Wahrheit* gegeben. Eine relativ beiläufige Passage aus Goethes Autobiografie, derzufolge Goethe im Alter von drei oder vier Jahren eine große Menge Geschirr aus dem Fenster auf die Straße geworfen und dadurch zerbrochen hat, dient Freud als Ausgangspunkt seiner Auseinandersetzung mit Goethe. Freud, der sich den Sinn der Handlung zunächst nicht recht erklären kann, deutet das Zerbrechen des Geschirrs mit Hilfe einer Rekonstruktion von Goethes Familiengeschichte anhand der Geburten seiner meist früh verstorbenen Geschwister als eine Abwehr der Geburt des Bruders Hermann Jakob und zugleich als einen späten Triumph des Überlebenden: „Wenn wir nun zur Kindheitserinnerung Goethes zurückkehren und an ihrer Stelle in ‚Dichtung und Wahrheit' einsetzen, was wir aus der Beobachtung anderer Kinder erraten zu haben glauben, so stellt sich ein tadelloser Zusammenhang her, den wir sonst nicht entdeckt hätten. Es heißt dann: Ich bin ein Glückskind gewesen; das Schicksal hat mich am Leben erhalten, obwohl ich für tot zur Welt gekommen bin. Meinen Bruder aber hat es beseitigt, so daß ich die Liebe der Mutter nicht mit ihm zu teilen brauchte" (Freud 1999, GW XII, 26). Aus psychoanalytischer Sicht gelingt es Freud damit, in Übereinstimmung mit den Gesetzen der traditionellen Hermeneutik eine zunächst sinnlos erscheinende Textpassage aus Goethes Autobiografie plausibel zu machen. Gleichwohl zeigt Freuds Interpretation, dass der psychoanalytische Zugriff auf literarische Phänomene einerseits zu sehr der vollständigen Entzifferung des zunächst Unverständlichen vertraut und andererseits gefährlich in die Nähe biografischer Deutungen rückt.

Die Analogie von Dichtung und Traum reicht aber weiter, als es die psychoanalytische Biografik und Neurosenlehre als neues Genre der Literaturgeschichtsschreibung vermuten lässt. In der *Traumdeutung* hatte Freud

Freud und Goethe

Dichtung
und Traumarbeit

die zentrale Kategorie der „Traumarbeit" durch die Momente der Verdichtung, der Verschiebung und der Rücksicht auf Darstellbarkeit zu erklären versucht und den Traum insgesamt als eine Form der Entstellung begriffen, die auf den Unterschied von manifestem und latentem Trauminhalt zurückgeht: Freud zufolge drückt der Traum auf der manifesten Ebene einen verborgenen Wunsch aus, der nur in einer durch die Zensur bedingten Form der indirekten Darstellung sichtbar werden kann. Indem er die Momente der Verdichtung, der Verschiebung und der Rücksicht auf Darstellbarkeit ins Zentrum der Traumarbeit stellt, etabliert Freud eine Analogie zwischen Traumarbeit und literarischer Praxis, die sich nicht auf die biografische Ebene beschränkt: So wie die komplementären Momente der Verdichtung und der Verschiebung, die der französische Psychoanalytiker Jacques Lacan auf die rhetorischen Momente von Metapher und Metonymie zurückgeführt hat (vgl. Lacan 1991 b), als Bestandteile einer komplexen Übersetzungsleistung des Traumes erscheinen, so wäre auch der literarische Text im psychoanalytischen Sinne als eine indirekte und tendenziell überdeterminierte Form der Sprache zu begreifen, die über eine latente und eine manifeste Ebene verfügt:

Traumgedanken und Trauminhalt liegen vor uns wie zwei Darstellungen desselben Inhaltes in zwei verschiedenen Sprachen, oder besser gesagt, der Trauminhalt erscheint uns als eine Übertragung der Traumgedanken in eine andere Ausdrucksweise, deren Zeichen und Fügungsgesetze wir durch die Vergleichung von Original und Übersetzung kennen lernen sollen. Die Traumgedanken sind uns ohne weiteres verständlich, sobald wir sie erfahren haben. Der Trauminhalt ist gleichsam in einer Bilderschrift gegeben, deren Zeichen einzeln in die Sprache der Traumgedanken zu übertragen sind (Freud 1999, GW II/III 283 f.).

Hermeneutik und Dekonstruktion bei Freud

Was Freud am Traum aufzeigt, gilt ebenso für den literarischen Text: dass dieser zwei Ebenen kennt, von denen die eine die unbewusste Umschrift der anderen ist. Traumdeutung und Literaturwissenschaft finden ihr Gemeinsames in der Frage nach dem Unbewussten, das in dem Geträumten und Geschriebenen regiert. Freud hat damit nicht nur ein faszinierendes Modell des Traumes erstellt, das sich auch für die Struktur literarischer Texte als aussagekräftig erwiesen hat. Mit dem Begriff der Traumarbeit hat er Anstöße sowohl für die moderne Hermeneutik als auch für die dekonstruktive Theorie der Literatur gegeben, denen zufolge der literarische Text über eine verborgene Tiefendimension verfügt, die auf einen ursprünglichen Sinn (vgl. Ricœur 1974) zurückführt oder aber ein Moment der sprachlich bestimmten Differenz (vgl. Derrida 1972) zutagefördert, das die Bilderschrift des Trauminhaltes als den ständigen Entzug des manifest werdenden Sinnes plausibel zu machen versucht. In ähnlicher Weise wie Nietzsche kann Freud damit für sich beanspruchen, einer der entscheidenden Vordenker moderner Literaturtheorien zu sein.

6. Die Kunst als das Sich-ins-Werk-Setzen der Wahrheit: Martin Heidegger

Wie Freud, so ist auch Heidegger kein genuin ästhetischer Denker. Wie bei Nietzsche aber gewinnt für Heidegger die Ästhetik im Kontext einer umfassenden Kritik der abendländischen Rationalität zunehmend an Bedeutung. Gilt Heideggers Interesse vorrangig der Wiedergewinnung der seit der aristotelischen Ontologie vergessenen Seinsfrage, so erscheint ihm die Kunst als eine bevorzugte Weise, zu der in der Geschichte der Metaphysik verschütteten Frage nach dem Sein einen neuen Zugang zu gewinnen. Den metaphysikkritischen Prämissen seiner Philosophie folgend ist Heideggers Zugang zur Kunst ein ontologischer. An die Kunst stellt Heidegger die Ursprungs- und mit ihr die Wesensfrage: „die Frage nach dem Ursprung des Kunstwerkes wird zur Frage nach dem Wesen der Kunst" (Heidegger 1980, 2). Stellt die metaphysische Frage nach Ursprung und Wesen des Kunstwerkes Heidegger zunächst in die philosophische Tradition zurück, so macht sich der ontologische Ansatz seines Denkens vor allem in der Überführung der Wahrheitsfrage auf das Gebiet der Kunst bemerkbar. „So wäre denn das Wesen der Kunst dieses: das Sich-ins-Werk-Setzen der Wahrheit des Seienden" (Heidegger 1980, 21). Damit wird die Kunst zu einem privilegierten Ort der Wahrheit, wenn auch Heideggers enigmatische Äußerungen offen lassen, welcher Zusammenhang zwischen der Wahrheit des Seienden und der Wahrheit des Seins in der Kunst genau bestehen soll. Die Definition der Kunst als das Sich-ins-Werk-Setzen der Wahrheit verweist die Ästhetik an eine sie übergreifende philosophische Wahrheitstheorie, die Heideggers Denken insgesamt bestimmt.

So wenig selbstverständlich die Übertragung der ontologischen Wahrheitsfrage auf die Kunst ist (vgl. Tugendhat 1970), so wenig selbstverständlich ist die Deutung der Literatur, die Heidegger im Kontext seiner Seinsphilosophie vornimmt. Wie schon Kant und Hegel geht er zunächst von einem Vorrang der Dichtkunst vor den anderen Künsten aus. „*Alle Kunst* ist als Geschehenlassen der Ankunft der Wahrheit des Seienden als eines solchen *im Wesen Dichtung*" (Heidegger 1980, 58), daher habe „das Sprachwerk, die Dichtung im engeren Sinne, eine ausgezeichnete Stellung im Ganzen der Künste" (Heidegger 1980, 59). Der Grund für die bevorzugte Stellung der Dichtung im System der Künste liegt in ihrer Sprachlichkeit. In dem Maße, in dem Heidegger die Sprache als einen privilegierten Zugang zum Sein deutet, gewinnt auch die Literatur für ihn an Bedeutung. Dabei sieht Heidegger in der Sprache jene Bewegung am Werk, die er auch dem antiken Wahrheitsmodell unterstellt: die Lichtung des Seins als Stiftung der Wahrheit: „Das Wesen der Kunst ist die Dichtung. Das Wesen der Dichtung aber ist die Stiftung der Wahrheit" (Heidegger 1980, 61), formuliert Heidegger im Blick auf Hölderlin, „weil Hölderlins Dichtung von der dichterischen Bestimmung getragen ist, das Wesen der Dichtung eigens zu dichten. Hölderlin ist uns in einem ausgezeichneten Sinne *der* D i c h t e r d e s D i c h t e r s" (Heidegger 1996, 34). Anhand der tendenziell mystifizierenden Bestimmung Hölderlins zum Inbegriff des Dichters gesteht Heideg-

Kunst und Sein

Kunst und Wahrheit

Kunst und Dichtung

Hölderlin und die Stiftung des Seins

ger der Literatur die Stiftung des Seins zu, die der philosophischen Tradition seit der griechischen Antike verwehrt geblieben sei. In ähnlicher Weise wie in Nietzsches Theorie der griechischen Tragödie wird die Dichtung Hölderlins für Heidegger zu dem Ort, an dem sich die Dissoziation der logischen Rationalität durch die Kunst zugleich als Wiedergewinnung einer archaischen Wahrheitsdimension vollzieht. Die Stiftung des Seins geschieht im Rahmen eines dichterischen Sprachmodus, der über jene Souveränität verfügt, die allein der Unverborgenheit des Seins zukommt. Mit dem dunklen Satz „Die Sprache spricht" (Heidegger 1990, 12) greift Heidegger auf die Idee einer souveränen Selbstermächtigung der Sprache zurück, die im Rahmen der postmodernen Literaturtheorien zugleich als Ausdruck eines selbstreferentiellen Sprachverhältnisses gelesen werden konnte, aus dem jede Form der Subjektivität ausgeschlossen ist.

7. Zwischen Realismus und Moderne: Georg Lukács

Marxistische Ansätze in der Ästhetik

So unterschiedlich die philosophischen Ansätze von Nietzsche, Freud und Heidegger im einzelnen auch sein mögen, so sehr schreiben sie sich in die Geschichte der Anstrengungen ein, in dem von Hegel diagnostizierten Vernunftzusammenhang der Moderne eine Kraft sichtbar zu machen, die sich der Rationalisierung entzieht und darin auf ein archaisches Ursprungsmoment zurückverweist. Nach der problematischen Vollendung der idealistischen Ästhetik durch Hegel wurde für Autoren wie Lukács, Bloch, Benjamin und Adorno jedoch ein ganz anderer Denker wichtiger als Nietzsche, Freud oder Heidegger: Karl Marx. Mit Marx klagen Lukács und Adorno den dialektischen Zusammenhang von Kunst und Gesellschaft gegen die Autonomieästhetiken des 18. und 19. Jahrhunderts ein. Zu den grundsätzlichen Ansprüchen ihrer Ästhetik zählt der Versuch, die Einsicht in den partikularen Charakter der modernen Kunst nach Hegel mit dem Gedanken der ästhetischen Autonomie seit Kant zu vereinbaren. Dass der Versuch einer Vermittlung von Kunst und Gesellschaft, von Autonomie und Partikularität der Kunst, bei Lukács, Benjamin und Adorno unterschiedlich ausgefallen ist, beweist zugleich, dass sich hinter dem scheinbar einheitlichen Bild einer kritischen Ästhetik der Moderne eine Vielzahl von widerstreitenden Positionen verbirgt, die sich nicht einfach miteinander vereinbaren lassen (vgl. Wiggershaus 1988, Jay 1991).

Lukács zwischen Nietzsche und Marx

In ähnlicher Weise wie für Walter Benjamin war für Georg Lukács Marx nicht von Beginn an der wesentliche Ansprechpartner. Lukács' Werk ist vielmehr von der Spannung zwischen einer rein ästhetisch bestimmten Frühphase und einer marxistisch bestimmten Haupt- und Spätphase gekennzeichnet (vgl. Jung 1989). In der Frühschrift *Die Seele und die Formen* (1911) bestimmt der junge Lukács die Kunst in der Tradition Nietzsches lebensphilosophisch. Wie er im Hinweis auf Kierkegaard, George u. a. erläutert, liegt die Funktion der Kunst vor allem in der Bewältigung des Lebens: In der Geschlossenheit der ästhetischen Form erreicht das Dasein eine Stufe der Vervollkommnung, die ihm sonst versagt bleibt. In der *Theorie des Romans* (1916/1920) reflektiert Lukács darüber hinaus in einem geschichtsphilosophischen Versuch auf die Differenz zwischen dem antiken Epos und dem modernen Roman. In der Wiederholung der Kategorien, die Hegel in Anschlag gebracht hatte, um den heroischen Geist der Antike von der Prosa der Moderne abzusetzen, bestimmt Lukács die Antike als ein Zeitalter der ganzheitlichen Geschlossenheit, die Moderne hingegen als eine Zeit der Zerrissenheit, die von der Kunst reflektiert werde: „Der Kreis, in dem die Griechen metaphysisch leben, ist kleiner als der unsrige: darum können wir uns niemals in ihn lebendig hineinversetzen: besser gesagt: der Kreis, dessen Geschlossenheit die transzendentale Wesensart ihres Lebens ausmacht, ist für uns gesprengt; wir können in einer geschlossenen Welt nicht mehr atmen" (Lukács 1989, 25). Damit stellt Lukács den modernen Roman in die Spannung von realem Lebensverlust und utopischem Ganzheitsstreben: „Der Roman ist die Epopöe eines Zeitalters, für das die extensive Totalität des Lebens nicht mehr sinnfällig gegeben ist, für das die Lebensimmanenz des Sinnes zum Problem geworden ist, und das dennoch die Gesinnung zur Totalität hat" (Lukács 1989, 47). Als Ausdruck einer „transzendentalen Obdachlosigkeit" (Lukács 1989, 32) müsse der Versuch einer utopischen Epik in der Moderne jedoch scheitern, weil er die Form der Prosa entweder ins Dramatische oder ins Lyrische transzendiere. Am Beispiel von Cervantes, Goethe, Flaubert und Tolstoi diskutiert Lukács die Ausgangsvoraussetzungen moderner Prosa im Zeichen der Spannung zwischen ästhetischer Autonomie und zeitlich bedingter Partikularität. Darin bleibt er weit mehr der Lebensphilosophie Bergsons und Diltheys als der dialektischen Philosophie von Marx verpflichtet.

Epos und Roman

Das ändert sich jedoch in den zwanziger Jahren. Zwar hält Lukács weiterhin an der geschichtsphilosophisch bestimmbaren mimetischen Funktion der Kunst fest. Er deutet die Kunst nun aber nicht mehr lebensphilosophisch als den artistischen Versuch zur Bewältigung der Zerrissenheit der Moderne, sondern er überträgt in einem nunmehr materialistisch gewendeten Ansatz Marx' Begriff der Verdinglichung auf die Kunst als Ausdruck gesellschaftlicher Produktionszusammenhänge. Dem Zusammenhang von Gesellschaft, Geschichte und Mimesis entsprechend ist Lukács' Auffassung der Kunst vor allem an der realistischen Kunst und insbesondere der Prosa des 19. Jahrhunderts ausgerichtet, in der er eine adäquate Spiegelung der Zeit in der Form der Kunst erkennt. Diese Bevorzugung des realistischen Romans und des mimetischen Charakters der Kunst hat Lukács immer wieder den nicht ganz unberechtigten Vorwurf eingetragen, er vertrete letztlich eine antimoderne Theorie der Kunst. Trotz dieser grundsätzlichen Einschränkungen kann Lukács jedoch unbestritten „als einer der bedeutendsten Theoretiker dieses Jahrhunderts gelten [...], dem noch im Widerspruch andere Konzeptionen und Systeme sehr viele Anregungen und Impulse verdanken" (Schneider 1996, 166).

*Kunst
und Gesellschaft*

8. Walter Benjamin und die Aufgabe der Kritik

Nietzsche und Benjamin

Neben Nietzsche sind wohl von kaum einem ästhetischen Denker der Moderne so viele Anregungen für die Theorie der Literatur ausgegangen wie von Walter Benjamin. Die herausragende Stellung Benjamins in der Geschichte der Ästhetik liegt vor allem in der Vielfältigkeit seines Ansatzes begründet, der philologische, philosophische und medientheoretische Probleme miteinander zu verbinden sucht.

Der Begriff der Kritik

Der leitende Begriff von Benjamins Arbeiten ist der der Kritik (vgl. Opitz/Wizisla 2000, 479–523). Schon der Titel seiner Dissertation über den *Begriff der Kunstkritik in der deutschen Romantik* weist auf die zentrale Bedeutung des Begriffes der Kritik für Benjamin hin. An der frühromantischen Ästhetik, insbesondere an Novalis und Schlegel, arbeitet Benjamin in einer problemgeschichtlichen Untersuchung die Bedeutung der Kunstkritik als Grund der ästhetischen Erkenntnis heraus. In dem Maße, in dem Benjamin Kritik als Erkenntnis des Kunstwerks gilt, begreift er in Übereinstimmung mit der Frühromantik Kritik nicht als „die Beurteilung eines Werkes", sondern vielmehr „als die Methode seiner Vollendung" (Benjamin 1980, I 69). Wie Friedrich Schlegel tendiert Benjamin dazu, die Differenz zwischen Literatur und Theorie aufzuheben: In einem genuin poetologischen Ansatz verschmelzen bei ihm die praktische und die theoretische Dimension der Literatur wieder zu einer Einheit. Vor diesem Hintergrund weist Benjamin am Beispiel der frühromantischen Ästhetik die Momente der Reflexion, der Form und der Ironie als zentrale Kategorien moderner Ästhetik nach. Im Unterschied zu Hegel deutet Benjamin die romantische Ironie nicht als Zeichen leerer Subjektivität, sondern als Ausdruck einer absoluten poetischen Reflexion, die sich in der Kritik entfalte und in der Form erfülle. Seinen problemgeschichtlichen Ansatz führt Benjamin an einer Studie zu Goethes *Wahlverwandtschaften* weiter aus, an denen er die Verwobenheit von mythischer Schicksalsordnung und geschichtlichem Erlösungszusammenhang aufzeigt. Die Aufgabe der Kritik deutet Benjamin dort einleitend als die Erkenntnis des Wahrheitsgehalts eines Kunstwerks, der er den Kommentar als Gewinnung des Sachgehalts entgegenstellt (vgl. Benjamin 1980, I 125–127).

Barock und Moderne

Dass es der Zusammenhang von Kritik und Wahrheit ist, der Benjamins Werk leitet (vgl. Geisenhanslüke 2001 b), beweist vor allem sein Trauerspielbuch. In seiner abgelehnten Habilitationsschrift aus dem Jahre 1926 über den *Ursprung des deutschen Trauerspiels* entwirft Benjamin eine Kritik der klassischen deutschen Ästhetik, der er das von zahlreichen Spannungen geprägte Bild des Barock entgegenstellt. So konstatiert das Trauerspielbuch einleitend die „Aktualität des Barock nach dem Zusammenbruch der deutschen klassizistischen Kultur" (Benjamin 1980, I 235). Vom Zusammenbruch des Klassizismus spricht Benjamin vor allem im Kontext von Tendenzen moderner Kunst wie dem Expressionismus. Die neue Aktualität des Barock und die avantgardistische Moderne dienen ihm als doppelter Anhaltspunkt für die geschichtsphilosophische Diagnose, dass sich der Geist des Klassischen erschöpft habe. Vor diesem Hintergrund entfaltet das Trauerspielbuch eine grundlegende Revision des Klassizismus im Zeichen von barocker Allegorie und Melancholie. Der wesentliche Ansatzpunkt von Benjamins kunsttheoretischen Überlegungen im Trauerspielbuch ist die Kritik des Symbols:

Seit mehr als hundert Jahren lastet auf der Philosophie der Kunst die Herrschaft eines Usurpators, der in den Wirren der Romantik zur Macht gelangt ist. Das Buhlen der romantischen Ästhetiker um glänzende und letztlich unverbindliche Erkenntnis eines Absoluten hat in den simpelsten kunsttheoretischen Debatten einen Symbolbegriff heimisch gemacht, der mit dem echten außer der Bezeichnung nichts gemein hat (Benjamin 1980, I 336).

Die Vormachtstellung, die das Symbol in den Ästhetiken des 18. Jahrhunderts erlangt hat, stellt Benjamin als das Ergebnis eines geschichtlichen Missverständnisses dar, das nun korrigiert werden soll. Der Nachweis der Bedeutung der Allegorie für das Barock und für die moderne Kunst, der sich vor allem in Benjamins Studien zur allegorischen Form bei Baudelaire zeigt (vgl. Menninghaus 1980, 134–178), lässt die Herrschaft des Symbolischen als ein mehr als hundert Jahre dauerndes Interregnum erscheinen, dem nun ein Ende gesetzt wird. Kritik des Symbolischen

Benjamin vollzieht im Trauerspielbuch jedoch mehr als eine bloße Umkehrung der Kräfteverhältnisse, die im 18. Jahrhundert zum Verschwinden der Allegorie und zum Erfolg des Symbolischen geführt haben. Zwar betont auch Benjamin, dass der Gegensatz von Allegorie und Symbol sich „eindringlich und formelhaft" (Benjamin 1980, I 343) darstellen lasse. Der Hinweis auf die Formelhaftigkeit des Gegensatzes deutet jedoch bereits an, dass Benjamin an einer strikten Entgegensetzung von Allegorie und Symbol im Trauerspielbuch nicht interessiert ist. Vielmehr hält er trotz seiner Kritik am kunsttheoretischen Symbolbegriff des 18. und 19. Jahrhunderts an einer grundsätzlichen Bedeutung des Symbolischen fest (vgl. Steinhagen 1979, 674). Auf eine positive Wertung des Symbolischen deutet der Hinweis auf einen „echten" Symbolbegriff, mit dem der kunsttheoretische „außer der Bezeichnung nichts gemein hat." Diesen stellt Benjamin in den Umkreis der Theologie. „Der nämlich, zuständig in dem theologischen Bereiche, vermöchte nie und nimmer in der Philosophie des Schönen jene gemütvolle Dämmerung zu verbreiten, die seit dem Ende der Frühromantik immer dichter geworden ist" (Benjamin 1980, I 336). Benjamin unterscheidet im Trauerspielbuch zwischen einem kunsttheoretischen und einem theologischen Symbolbegriff. Seiner Metapher des „Usurpators" zufolge hat das Symbol mit der Kunst nicht nur einen ihm fremden Boden besetzt, es hat mit der Theologie zugleich den ihm angestammten verloren. Benjamins Intention liegt im Trauerspielbuch entsprechend nicht allein in der Kritik der ästhetischen Theorie des Symbols, sondern parallel dazu im Aufweis der Bedeutung des theologischen Symbolbegriffs. Allegorie und Symbol

Steht die Aufwertung der Allegorie, die von der Dekonstruktion auf produktive Weise aufgenommen werden konnte (vgl. Haverkamp 1994, Menke 1991), im Trauerspielbuch in einer unaufgelösten Spannung von philologischen, philosophischen und theologischen Momenten, so beschreitet Benjamin im Zuge einer umstrittenen marxistischen Wende seines Denkens in seiner Schrift über *Das Kunstwerk im Zeitalter seiner technischen Reproduzierbarkeit* neue Wege. Kritisch bleibt Benjamins Philoso- Zerfall der Aura phie auch in diesem Falle: Der Autonomie des Ästhetischen in der Moderne stellt Benjamin nun den Warencharakter der modernen Kunst entgegen. Die die Ästhetik bisher leitenden Begriffe wie Genie, Schöpfertum und Ewigkeitswert der Kunst weist Benjamin zugunsten der Beobachtung des Zerfalls der Aura der modernen Kunst zurück. „Was im Zeitalter der technischen Reproduzierbarkeit des Kunstwerks verkümmert, das ist seine Aura" (Benjamin 1980, I 438). Mit dem für seine späte Theorie der Literatur zentralen Diktum vom Verlust der Aura bezeichnet Benjamin die neuen mediengeschichtlich bedingten Veränderungen des Kunstwerks in Berufung auf Marx als „Entwicklungstendenzen der Kunst unter den gegenwärtigen Produktionsbedingungen" (Benjamin 1980, I 435), die sich in innovativen künstlerischen Formen wie Fotografie und Film niederschlagen: Benjamins bisweilen fast agitatorisch anmutende Thesen zielen entsprechend auf eine neue Bestimmung moderner Kunst ab, die nicht länger allein der ästhetischen Tradition verpflichtet sein will, sondern die zugleich die Frage nach der technischen Entwicklung der Medien und deren Bedeutung für die Kunst in den Reflexionsprozess miteinbezieht. Damit hat Benjamin die Grundlage für Überlegungen zur Kunst und Literatur gelegt, die den traditionellen Horizont der Ästhetik überschreiten und zugleich in die Richtung einer modernen Medientheorie weisen.

Medientheoretische Ansätze bei Benjamin

9. Kunst und Gesellschaft: Theodor W. Adorno

Autonomie der Kunst und fait social

Bestimmt der Versuch einer Vermittlung zwischen der Autonomie der Kunst und ihrer gesellschaftlichen Funktion schon das Denken von Lukács und Benjamin, so kann Adornos posthum erschienene *Ästhetische Theorie* als der letzte Versuch zu einer Begründung der Ästhetik in der Tradition Kants und Hegels gelten. Ausgangspunkt von Adornos Überlegungen ist der „Doppelcharakter der Kunst als autonom und als fait social" (Adorno 1973, 16). Dabei geht Adornos dialektisches Denken von einer doppelten Bestimmung ästhetischer Autonomie aus: Autonom sei das Kunstwerk in der ihm zugrundeliegenden Negation empirischer und gesellschaftlicher Wirklichkeit, als Negation des Empirischen sei Kunst aber zugleich vom Wirklichen bestimmt. Entsprechend prekär sei der Status moderner Kunst zwischen dem eigenen Anspruch auf Souveränität und der Partikularität des Ganzen: „Denn die absolute Freiheit in der Kunst, stets noch einem Partikularem, gerät in Widerspruch zum perennierenden Stande von Unfreiheit im Ganzen. In diesem ist der Ort der Kunst ungewiß geworden" (Adorno 1973, 9). In diesem ungewissen Status verbindet sich für Adorno mit der Kunst ein utopischer Anspruch: der, im falschen Ganzen das Wahre als Negation des Bestehenden zu retten. „Die Wahrheit der Kunstwerke haftet daran, ob es ihnen gelingt, das mit dem Begriff nicht Identische, nach dessen Maß Zufällige in ihrer immanenten Notwendigkeit zu absorbieren" (Adorno 1973, 155). Rettung von Wahrheit sind Kunstwerke, wie Adorno im Anschluss an Benjamin emphatisch formuliert, aufgrund ihres Scheincharakters, der dem gesellschaftlichen Sein ein unbestimmtes Anderes entgegenhält: „Darum wäre das Zentrum von Ästhetik die Rettung des

Wahrheit und Schein

Scheins" (Adorno 1973, 164), hält Adorno fest, um mit dem für seine Theorie zentralen Begriff des Scheins die Negation des Wirklichen zur Grundlage der Kunst zu erheben: „Schein sind die Kunstwerke dadurch, daß sie dem, was sie selbst nicht sein können, zu einer Art von zweitem, modifiziertem Dasein verhelfen; Erscheinung, weil jenes Nichtseiende an ihnen, um dessentwillen sie existieren, vermöge der ästhetischen Realisierung zu einem wie immer auch gebrochenen Dasein gelangt" (Adorno 1973, 167). Im Lichte dieser Utopie, die gerade in der gebrochenen Autonomie des Kunstwerks ihr Recht erkennt, begreift Adorno Kunst als Korrektur am philosophischen Begriff und an der Trennung von Subjekt und Objekt, die der Geschichte der Philosophie zugrundeliege. Im Rahmen von Adornos ästhetischer Theorie wird die Kunst zum Statthalter des Absoluten, wenn man unter diesem eine Form des Wirklichen verstehen will, das von gesellschaftlichen Zwängen frei wäre.

Literaturtheoretisch hat Adorno seine prinzipiellen Überlegungen zum Doppelcharakter der Kunst zwischen Autonomie und fait social eindringlich am Status moderner Dichtung dargelegt. In seiner *Rede über Lyrik und Gesellschaft* aus dem Jahr 1957 geht er dem Versuch einer Vermittlung von absoluter und engagierter Dichtung nach, indem er bei der Frage nach der gesellschaftlichen Bedeutung auch des scheinbar von allen Fremdbestimmungen reinen artistischen Gedichts in der Tradition Mallarmés ansetzt. Er folgt dabei einer Prämisse, die an modernen Gedichten keineswegs selbstverständlich ist: dass „ihre Beziehung auf Gesellschaftliches an ihnen selber etwas Wesentliches, etwas vom Grund ihrer Qualität aufdeckt" (Adorno 1981, 49). Adornos Bestimmung des Zusammenhangs von Lyrik und Gesellschaft steht im Kontext eines umfassenden dialektischen Modells, demzufolge das Gedicht als Partikulares immer schon mit dem Allgemeinen vermittelt ist. Definiert Adorno das Allgemeine dabei als das Gesellschaftliche, so arbeitet er am Gedicht ein paradoxes Verhältnis von Individuellem und Allgemeinem, von Subjektivität und Objektivität heraus: „Die spezifische Paradoxie des lyrischen Gebildes, die in Objektivität umschlagende Subjektivität, ist gebunden an jenen Vorrang der Sprachgestalt in der Lyrik, von dem der Primat der Sprache in der Dichtung überhaupt, bis zur Form von Prosa, herstammt" (Adorno 1981, 56). Durchaus in der Tradition avantgardistischer Kunsttheorien ist es der Vorrang der sprachlichen Ausdrucksform vor jeder inhaltlichen Bestimmung, den Adorno dem dialektischen Verhältnis von Lyrik und Gesellschaft zugrundelegt:

> Die höchsten lyrischen Gebilde sind darum die, in denen das Subjekt, ohne Rest von bloßem Stoff, in der Sprache tönt, bis die Sprache selber laut wird. Die Selbstvergessenheit des Subjekts, das der Sprache als einem Objektiven sich anheimgibt, und die Unmittelbarkeit und Unwillkürlichkeit seines Ausdrucks sind dasselbe: so vermittelt die Sprache Lyrik und Gesellschaft im Innersten. Darum zeigt Lyrik dort sich am tiefsten gesellschaftlich verbürgt, wo sie nicht der Gesellschaft nach dem Munde redet, wo sie nichts mitteilt, sondern wo das Subjekt, dem der Ausdruck glückt, zum Einstand mit der Sprache selber kommt, dem, wohin diese von sich aus möchte (Adorno 1981, 56).

Adorno übersetzt den artistischen Anspruch der modernen Kunst unmittelbar in einen gesellschaftlichen Anspruch. Einer gewagten dialekti-

Lyrik und Gesellschaft

Die Sprache und das Nichtidentische

schen Konstruktion zufolge sollen Gedichte nur dort gelingen, wo sie am reinsten sich zeigen, weil in ihrer sprachlichen Reinheit zugleich ihr Gesellschaftsbezug beschlossen liege: als Einspruch des Partikularen gegen das sich zur Totalität bildende Allgemeine. In seiner Funktion als Statthalter des Nichtidentischen erscheint das moderne Gedicht bei Adorno noch immer als Träger einer Utopie, die allerdings nicht länger die Kunst allein betreffen soll, sondern die sich gerade auch auf den Bereich der Gesellschaft erstreckt.

Hält Adorno damit anders als der vor allem am Realismus des 19. Jahrhunderts orientierte Lukács an den Prämissen der klassischen Moderne fest, die für ihn vor allem mit Namen wie Kafka, Joyce und Beckett verbunden ist (vgl. Adorno 1973, 286, vgl. Lindner 1980), so repräsentiert die *Ästhetische Theorie* zugleich den letzten Versuch zu einer Begründung der Ästhetik, die die Literatur letztlich der Philosophie überantwortet. In ähnlicher Weise wie bei Heidegger wird das von Adorno postulierte Abhängigkeitsverhältnis von Philosophie und Literatur besonders an seinen Überlegungen zur Dichtung Hölderlins deutlich. „Das Dunkle an den Dichtungen, nicht, was in ihnen gedacht wird, nötigt zur Philosophie" (Adorno 1981, 450), formuliert Adorno, um damit letztlich die scheinbar selbstverständliche Aufhebung der Kunst in der Philosophie zu rechtfertigen: „Während indessen die Hölderlinsche Dichtung, gleich jeder nachdrücklichen, der Philosophie als des Mediums bedarf, das ihren Wahrheitsgehalt zutage fördert, taugt dazu ebensowenig der Rekurs auf eine wie immer auch ihn beschlagnahmende" (Adorno 1981, 452). In Anknüpfung an Benjamin geht Adorno von dem Zusammenhang zwischen Kritik und Wahrheitsgehalt aus. Im Unterschied zu Benjamins Poetik aber verweist er die Aufgabe der Kritik ganz in den Bereich der Philosophie: Erst dieser sei es vergönnt, den Wahrheitsgehalt der Dichtung zu erfassen. Vor diesem Hintergrund fördert Adorno in Übereinstimmung mit seiner zusammen mit Horkheimer ausgearbeiteten Dialektik der Aufklärung an Hölderlin eine Auseinandersetzung des modernen Gedichts mit der mythischen Struktur des Denkens zutage, derzufolge Hölderlins parataktische Lyrik die Einsicht in das Unwahre an der Versöhnung von Allgemeinem und Besonderem verkörpere, die der deutsche Idealismus einseitig proklamiert habe. Unterscheidet sich Adorno auch in wesentlichen Punkten von Heidegger, indem er nicht das unverstellte Sein, sondern die Dialektik von Mythos und Aufklärung an den Ursprung von Hölderlins Dichtung setzt, so verbindet beide Denker doch die Selbstverständlichkeit des philosophischen Zugriffs auf die Dichtung. Hatte Hölderlin in seinen Anmerkungen zur griechischen Tragödie nach einer genuin poetologischen, nach den Regeln der Kunst fragenden Begründung der modernen Literaturtheorie Ausschau gehalten, die die Trennung von Theorie und Praxis der Dichtung aufheben könnte, so erfüllt sich für Adorno wie für Heidegger die Dichtung allein in der philosophischen Reflexion. Insbesondere im Kontext der neuen Literaturtheorien ist jedoch gerade der lange Zeit fast selbstverständlich erfolgende Zugriff der Philosophie auf die Literatur fragwürdig geworden. „Vom Begriff der philosophischen Ästhetik geht ein Ausdruck des Veralteten aus, ähnlich wie von dem des Systems oder der Moral" (Adorno 1973, 493), hatte Adorno noch in seiner

Adorno und Heidegger über Hölderlin

Ende der Ästhetik?

frühen Einleitung zu seiner *Ästhetischen Theorie* festgehalten. Nimmt man seine Diagnose ernst, dann steht mit ihr auch der von Kant errichtete Bund zwischen Dichtkunst und philosophischer Ästhetik in Frage. Vor diesem Hintergrund emanzipieren sich die neuen Literaturtheorien im 20. Jahrhundert zunehmend von Fragen der philosophischen Ästhetik, um nach anderen Möglichkeiten des Verständnisses von Literatur zu fragen.

III. Hermeneutik

1. Ästhetik und Hermeneutik im 18. Jahrhundert

Wie schon Kants *Kritik der Urteilskraft* gezeigt hat, bildete sich die Ästhetik im 18. Jahrhundert in einer Absetzbewegung von der rhetorischen Tradition heraus. Das Verhältnis der Ästhetik zur Literatur erwies sich dabei als zwiespältig. Einerseits etabliert die Ästhetik eine Theorie, die auf dem modernen Autonomiegedanken gründet und der Dichtkunst einen Vorrang vor anderen Formen der Kunst zuspricht. Andererseits trennt die Ästhetik die beiden bisher im Begriff der Poetik vereinigten Momente der Theorie und der Praxis der Dichtkunst: Während die Dichter vor allem für die Produktion des literarischen Diskurses zuständig sind, erarbeitet die philosophische Ästhetik eine systematische Theorie der Dichtkunst, die bei Hegel ihre Vollendung finden sollte. Im Rahmen der Trennung von philosophischer Reflexion und dichterischer Produktion etabliert sich neben der Ästhetik auch die moderne Hermeneutik. Sie tritt dabei zugleich als Mittler zwischen den beiden getrennten Bereichen der Theorie und der Praxis der Dichtkunst ein: Als eine differenzierte Kunstlehre des Verstehens übersetzt sie den auf Individualität und Autonomie ausgerichteten literarischen Diskurs in eine philosophische Begrifflichkeit (vgl. Grondin 1991). Zugleich macht sie die Literatur einer breiten Öffentlichkeit zugänglich, indem sie einen allgemein verbindlichen Begriff des Verstehens etabliert, dem sich sowohl die Texte als auch die Leser verpflichten. Die Hermeneutik, die sich im Zuge der allgemeinen Säkularisierungsbewegung des 18. Jahrhunderts von ihrem theologischen Erbe zunehmend zu emanzipieren versucht, verkörpert damit nicht nur die eigentliche historische Grundlage der modernen Literaturtheorie (vgl. Nassen 1982). Im Diskurssystem des 18. Jahrhunderts bildet sie zusammen mit der philosophischen Ästhetik und der Literatur einen stabilen Bund, der erst im 20. Jahrhundert durch die Herausbildung der modernen Linguistik in seinen Grundfesten erschüttert wird.

Geschichte der Hermeneutik

Vor diesem Hintergrund ergibt sich die Geschichte der Hermeneutik als die der historischen Veränderungen, denen der Begriff des Verstehens von Schleiermacher bis Gadamer unterlegen war. Hatte der Theologe Schleiermacher in der geschichtlichen Sattelzeit um 1800 den Begriff der modernen Hermeneutik begründet, indem er sie als eine Kunstlehre des Verstehens definierte, so erweiterte sich der Begriff der Hermeneutik im 20. Jahrhundert mit Diltheys geisteswissenschaftlicher Bestimmung des historischen Verstehens zur Einsicht in den Sinn, der einem literarischen Text in der Geschichte zukomme. Ist Diltheys moderne Begründung der Hermeneutik, die bald zum Paradigma der Geisteswissenschaften avancierte, auch zugleich als eine Entfernung von den philologischen Grundlagen des Faches zu werten, so konnten Martin Heidegger und Hans-Georg Gadamer an der Tendenz zu einer Universalisierung des hermeneutischen Denkens anknüpfen, indem der eine den philosophischen Begriff der Wahrheit auf das Gebiet der Kunst und der Literatur übertrug und der andere die Form der Wahrheit, die in der Literatur zur Erscheinung komme, zum Paradigma der Geisteswissenschaften überhaupt erhob. Mit Gadamer etablierte sich die philosophische Hermeneutik seit den sechziger Jahren des vergangenen Jahrhunderts als ein dialogischer Entwurf des Verstehens, der sich zugleich der Autorität der geschichtlichen Überlieferung und der kanonischen Texte der Vergangenheit sicher sein konnte.

Die Universalisierung der Hermeneutik führte diese jedoch zugleich an ihre Grenzen. Insbesondere die antihermeneutischen Versuche des poststrukturalistischen Denkens richteten sich gegen die hermeneutische Suche nach dem wahren Wort der Literatur. Postmoderne Denker wie Foucault und Derrida konnten dabei an ein Moment anknüpfen, das der modernen Hermeneutik seit Nietzsche, Freud und Heidegger selbst innewohnte: der Gewalt, die dem philologischen Geschäft der Auslegung uneingestanden inhärent ist. Vor diesem Hintergrund nennen die traditionellen Bestimmungen der Hermeneutik als einer Kunstlehre des Verstehens von Schleiermacher bis zu Kant, Heideggers Hermeneutik der Gewalt und Peter Szondis Entwurf einer literarischen Hermeneutik am Leitfaden des Ideals philologischer Erkenntnis unterschiedliche Begründungsversuche, um die Interpretation als die wesentliche Leistung der Textauslegung darzustellen. Steht der Universalitätsanspruch der Hermeneutik seit dem Einbruch des strukturalistischen und poststrukturalistischen Denkens in die Episteme der Moderne kritisch zur Disposition, so bleibt die Hermeneutik auch im Wandel der Moderne eine zentrale Vermittlungsinstanz zwischen Literatur und Gesellschaft: „Hermeneutik könnte jene ‚Deutungen' der Literatur liefern, ohne die eine Kommunikation zwischen Individuen in unserer Gesellschaft nicht funktioniert und so belanglos ist wie eine Literaturwissenschaft, die auf sie vollständig verzichtet" (Bogdal 1999, 27).

Vielfalt der Hermeneutik

2. Hermeneutische Wende um 1800: Friedrich Schleiermacher

Die Entstehung der modernen Hermeneutik im 18. Jahrhundert steht im Kontext eines Epochenumbruchs, der nicht nur die Literatur, sondern alle Bereiche des Wissens betrifft. Michel Foucault hat die historische Zäsur, die die Zeit um 1800 auf entscheidende Weise veränderte, auf den Begriff der Geburt des Menschen als Träger von transzendentalem und empirischem Wissen gebracht und dabei vor allem Kants kritische Philosophie für die bahnbrechenden epistemologischen Veränderungen verantwortlich gemacht (vgl. Foucault 1974, 298f.). Kants Vorschlag, dass sich die Gegenstände nach den menschlichen Erkenntnisvermögen richten und nicht umgekehrt, stellt für Foucault zum ersten Male das menschliche Subjekt in den Mittelpunkt des Wissens. Damit löst Kant einen Modernisierungsschub aus, der sich von der Philosophie aus auf alle Bereiche des Wissens erstreckt.

Subjekt und Moderne

Von den epistemologischen Veränderungen, die das neue Wissen vom Menschen seit dem 18. Jahrhundert mit sich brachte, war die Hermeneutik in besonderem Maße betroffen. Vor dem 18. Jahrhundert existierte die Hermeneutik in der Zweiteilung einer theologischen *hermeneutica sacra* und einer juristischen *hermeneutica profana* (vgl. Eagleton 1994 a, 31). Seit 1800 macht sich im Rahmen einer umfassenden Säkularisierungsbewegung die Tendenz zu einer Aufhebung der Spezialhermeneutiken bemerkbar, die seither untrennbar mit dem Namen Friedrich Schleiermachers verbunden ist (vgl. Birus 1980). Zwar existierten bereits vor Schleiermacher, insbesondere bei Chladenius und Meier, wichtige Versuche, die in die Richtung einer allgemeinen Hermeneutik wiesen, so dass Peter Szondi gegen die alleinige Inthronisierung Schleiermachers behaupten konnte: „mit Schleiermacher beginnt, ideengeschichtlich gesehen, nichts Neues" (Szondi 1975, 135). Trotzdem herrscht in der Forschung weitgehende Übereinstimmung darüber, dass erst Schleiermacher die moderne Hermeneutik begründet habe, indem er sie als eine allgemeine „Kunst des Verstehens" definiert, die dem Bereich der speziellen Hermeneutiken vorausgehe und sich zugleich in die drei Stufen der Geschichte, Kunst und Religion ausdifferenziere. „Seit Beginn des 19. Jahrhunderts läßt sich ein deutlicher Wandel im Verständnis von ‚Hermeneutik' beobachten, und er ist entscheidend durch das Wirken Friedrich Schleiermachers geprägt worden", hält Hendrik Birus fest (Birus 1982, 7).

Ist Schleiermachers epochale Leistung vor allem darin begründet, dass er eine allgemeine und von ihrem eigenen Anspruch her universale Hermeneutik schafft, so liegen die Grundlagen für das neue Verständnis der Hermeneutik in ihrer Definition als Kunst, „die Rede eines andern richtig zu verstehen" (Schleiermacher 1977, 75). Es sind die Begriffe des Verstehens und der Auslegung, die bei Schleiermacher zentrale Bedeutung gewinnen. Schleiermacher unterteilt die Hermeneutik dabei in die beiden Bereiche der grammatischen und der psychologischen Auslegung. Unter dem Psychologischen versteht Schleiermacher die Sprache als das Instrument, durch dessen Hilfe der einzelne Mensch seine Gedanken mitteilt, unter dem Grammatischen dagegen wird die „Sprache insofern betrachtet, als sie das Denken aller Einzelnen bedingt, den einzelnen Menschen aber nur als den Ort für die Sprache und seine Rede nur als das, worin sich diese offenbart" (Schleiermacher 1977, 79). Wie Manfred Frank gezeigt hat, verkörpert das Grammatische den allgemeinen, das Psychologische den individuellen Aspekt der Sprache (vgl. Frank 1985). Schleiermacher erkennt die Vollendung des Grammatischen im Klassischen, die des Psychologischen im Originellen, die Identität beider im Genialischen. Damit setzt er nicht nur wie später Hegel einen Vorrang der klassischen Kunstform ein, der die hermeneutischen Theorien bis ins 20. Jahrhundert begleiten wird. Das Verstehen definiert Schleiermacher in einer für die Syntheseanstrengungen des 18. Jahrhunderts charakteristischen Weise als das Zusammengehen von grammatischer und psychologischer Auslegung: *„Das Verstehen ist nur ein Ineinandersein dieser beiden Momente (des grammatischen und psychologischen)"* (Schleiermacher 1977, 79).

In der Geschichte der Hermeneutik wurde dabei auf keineswegs unpro-

blematische Weise das Moment der psychologischen Auslegung zum Ausgangspunkt. Die psychologische Auslegung hat Schleiermacher wiederum
in die beiden Momente des Divinatorischen und des Komparativen unterteilt: „Die *divinatorische* ist die, welche, indem man sich selbst gleichsam
in den andern verwandelt, das Individuelle unmittelbar aufzufassen sucht.
Die *komparative* setzt erst den zu Verstehenden als ein Allgemeines und
findet dann das Eigentümliche, indem mit andern unter demselben Allgemeinen Befaßten verglichen wird" (Schleiermacher 1977, 169). Wie die
grammatische und die psychologische Ordnung der Sprache, so sind auch
die divinatorische und die komparative Auslegung eng miteinander verknüpft. Nicht nur verdankt sich die Sicherheit der Divination der Vergleichung. Zugleich verweist die komparative Auslegung auf die Divination
zurück: „Das Allgemeine und Besondere müssen einander durchdringen,
und dies geschieht immer nur durch die Divination" (Schleiermacher
1977, 170). Mit der psychologischen Auslegung rückt der Begriff der Divination in das Zentrum der Hermeneutik.

Mit dem Begriff der Divination hat Schleiermacher einen der folgen-
reichsten, zugleich aber einen der umstrittensten Begriffe der Hermeneutik
geprägt. Die zwiespältige Bedeutung der Divinationslehre für die moderne
Hermeneutik hat schon Manfred Frank festgehalten: „Das Divinations-
Theorem bezeichnet eines der heikelsten Themen seines Denkens und
gewiß dasjenige, dessen wirkungsgeschichtliche Berühmtheit in der auffäl-
ligsten Disproportion zur Kenntnis seiner ursprünglichen und kontextge-
mäßen Bedeutung steht" (Frank 1985, 314). Die Bedeutung der Divination
besteht in einer Form der Einfühlung in den individuellen Geist eines
Autors. Damit scheint die Divination zunächst einzig das Moment des Individuellen abzudecken: *„Die glückliche Ausübung der Kunst beruht auf
dem Sprachtalent und dem Talent der einzelnen Menschenkenntnis"*
(Schleiermacher 1977, 81). Wie Frank betont, wäre es jedoch falsch, den
Geltungsbereich der Divination auf die Ordnung des Individuellen einzu-
schränken. Vielmehr sei das Divinationstheorem „Ausdruck seiner Einsicht
in die Irreduzibilität individueller Sinnstiftung auf das von der grammatischen Auslegung Erfaßbare" (Frank 1990, 115). Die Divination fördere
demnach nicht, wie Schleiermacher immer wieder vorgeworfen wird, eine
psychologisch motivierte Einheit des Sinnes zutage, sie stelle diese Einheit
vielmehr erst in der Differenz von Grammatik und Psychologie, von Allgemeinem und Individuellem her. Vor diesem Hintergrund deutet Frank
Schleiermachers Lehre vom individuellen Allgemeinen als „geheime Interaktion zwischen der Individualität des Sinns […] und der Universalität der
signifikanten Ordnung" (Frank 1985, 10): „Das Allgemeine (Identische)
existiert nur als Einzelnes; aber es geht in ihm nicht unter; eine unüber-
schreitbare Barriere trennt es von der Bedeutung, die der Sinn ihm einschreibt, ohne seine Sphäre je zu erschöpfen (kein Einzelnes ist dem Sein
adäquat). Das Sein kündigt sich vielmehr in der Tatsache des Streits als die
permanente Alternative eines mit keiner Aussage einholbaren *Anderen
Sinns* zu jeder individuellen Sinngebung (signification) an" (Frank 1985,
132). Im Rahmen seiner grundsätzlichen Würdigung Schleiermachers geht
Frank sogar so weit, dieser sei als „ein ‚genetischer Strukturalist' avant la

Divination
als Grund
der Hermeneutik

Manfred Frank:
Das Individuelle
Allgemeine

lettre" (Frank 1985, 248 f.) zu begreifen, da er mit der Verknüpfung von grammatischer und psychologischer Auslegung die Saussuresche Unterscheidung von *langue* und *parole* vorwegnehme. Im Zusammenhang mit der allgemeinen Forderung nach einer „Rückbesinnung auf Schleiermacher" (Frank 1985, 14) kommt Frank daher zu dem Schluss, der Schleiermacherschen Hermeneutik einen Vorrang vor der strukturalistischen Sprachtheorie zuzusprechen. „Dabei stellt sich als Vorzug der Schleiermacherschen Position heraus [...], daß sie die strukturalistische These eines Primats des Signifikanten vor dem Signifikat anerkennt" (Frank 1985, 147).

Schleiermacher und der Strukturalismus

Franks ambitionierter Rettungsversuch hat dazu beigetragen, viele Unklarheiten in der Rezeptionsgeschichte von Schleiermachers Theorie aus dem Weg zu räumen. Er überzeugt insbesondere dort, wo die historische Leistung Schleiermachers im Vergleich zu neueren Theorien der Hermeneutik herausgearbeitet wird. Die These, dass Schleiermacher neben der Begründung der Hermeneutik auch noch die Grundlagen der modernen Linguistik vorweggenommen habe, entspricht jedoch kaum dem Anspruch oder der Leistung Schleiermachers als vielmehr dem nicht unproblematischen Wunsch Franks nach einer Aufhebung des Streits zwischen Hermeneutik und Strukturalismus auf dem Boden einer kritischen Revision Schleiermachers. So lässt die grundsätzlich berechtigte Aufwertung Schleiermachers durch Frank einige kritische Fragen offen, die insbesondere die Definition der Hermeneutik als eine universale Lehre des Verstehens betreffen. Die Kritik zielt vor allem auf das von Schleiermacher angegebene Ziel der Auslegung, den Nachweis der Einheit von Autor, Werk und Leser. Wenn Schleiermacher den für die gesamte Geschichte der Hermeneutik folgenreichen Satz formuliert, „daß wir den Verfasser besser verstehen als er selbst, denn in ihm ist vieles dieser Art unbewußt, was in uns ein bewußtes werden muß" (Schleiermacher 1977, 104), dann gründet er die Kunst des Verstehens letztlich auf eine „Analogie zwischen der Kombinationsweise des Verfassers und der des Auslegers" (Schleiermacher 1977,

Vollkommenheit des Verstehens und Einheit des Worts

182). Aufgabe der hermeneutischen Interpretation sei es, nach dem Ideal der „Vollkommenheit des Verstehens" (Schleiermacher 1977, 110) *„die wahre vollkommene Einheit des Wortes"* (Schleiermacher 1977, 106) und die „Einheit des Werkes" (Schleiermacher 1977, 167) zu finden. Zwar hat Frank selbst die Invarianz des Werk-Begriffes bei Schleiermacher kritisiert. Dennoch weigert er sich, die hermeneutische Prämisse der Einheit von Autor, Werk, Leser endgültig aufzugeben, wie es postmoderne Literaturtheorien vorgeschlagen haben. Nicht nur die Geschichte der Literatur von dem von Schleiermacher wie von Hegel gleichermaßen bevorzugten Ideal des Klassischen bis hin zu desintegrativen Formen der Moderne widerspricht der romantischen Suche der Hermeneutik nach der Einheit von Autor, Werk und Leser. Schon die zeitgenössische Rezeption Schleiermachers zeigt, dass die Hermeneutik ihre Grenzen an einem Begriff des Nichtverstehens findet, der durch keine Übersetzungsleistung mehr aufhebbar ist. In einem Brief, den Walter Benjamin zum Abschluss seiner Sammlung *Deutsche Menschen* zitiert, schreibt Friedrich Schlegel an seinen Freund Schleiermacher:

Es wäre gut, wenn Du etwas dabei fühltest, denn es könnte Dich veranlassen, wenigstens ein einziges Mal eine Ausnahme von Deiner Exegese zu machen und es allenfalls, wenn es Dein Verstand zuläßt, als Hypothese zu denken, daß Du mich vielleicht von Anfang bis zu Ende durchaus nicht verstanden hättest. Und so bliebe wenigstens die Hoffnung, daß wir uns in künftigen Zeiten einmal verstehen lernten. Und ohne einen Schimmer dieser Hoffnung würde es mir an Mut fehlen, jenes Lebewohl zu sagen. Beantworte es nicht (Benjamin 1980, IV 233).

Schlegels Brief ist nicht nur das biografische Dokument einer wachsenden Entfremdung der ehemaligen Weggefährten. Er weist zugleich darauf hin, dass der hermeneutischen Suche nach der Einheit des Sinns ein Moment der Gewalt innewohnt, das sie nicht einfach ablegen kann. So endet das Gespräch zwischen zwei Freunden in einem Schweigen, das nach einem anderen Modus der Auslegung als dem des divinatorischen Verstehens verlangt.

Schweigen und Verstehen

3. Hermeneutik und Geschichte: Wilhelm Dilthey

Schleiermacher hatte die Hermeneutik im 18. Jahrhundert als eine allgemeine Lehre des Verstehens begründet, die einen Anspruch auf Wissenschaftlichkeit stellt, der sich in den philosophischen Theorien seiner Zeit erfüllt. Im 20. Jahrhundert gerät die Hermeneutik angesichts der stark expandierenden Naturwissenschaften in die Defensive. Sie sieht sich dazu gezwungen, den Begriff des Verstehens auf die Theorie einer allgemein verbindlichen Form der Wahrheit hin auszuweiten, die hinter naturwissenschaftlichen Modellen nicht zurücksteht. „Als allgemeine Theorie des Verstehens gefaßt, erweitert Hermeneutik hier zugleich ihre Fragestellung. Sie fragt nicht: Wie ist Verstehen möglich?, sondern sie will erklären, wie wahres, d. h. allgemeingültiges Verstehen möglich sei, stellt also das Verstehen des Individuellen von vornherein unter den Vorgriff der Frage nach der Wahrheit im Sinne allgemeiner Gültigkeit, Nachprüfbarkeit und Verbindlichkeit" (Anz 1982, 62). Den ersten Schritt zu einer Erweiterung der Hermeneutik im Zeichen des modernen Wahrheitsbegriffes unternimmt Wilhelm Dilthey, indem er die Geschichtlichkeit des Verstehens in den Mittelpunkt seiner Überlegungen stellt.

Hermeneutik und Naturwissenschaften

Diltheys Entwurf der Hermeneutik kann als Erweiterung der Schleiermacherschen Lehre, zugleich aber auch als ihre verfremdende Umwandlung gesehen werden. Beides, Erweiterung und Verfremdung, geht auf Diltheys Interpretation von Schleiermachers Begriff der Divination zurück. In seiner einflussreichen Schrift *Die Entstehung der Hermeneutik* aus dem Jahre 1900 deutet Dilthey die Divination auf eine neue Weise als das „Nachfühlen fremder Seelenzustände: die ganze philologische und geschichtliche Wissenschaft ist auf die Voraussetzung gegründet, daß dies Nachverständnis des Singulären zur Objektivität erhoben werden könne" (Dilthey 1964, 317). Mit der Forderung nach dem „Nachfühlen fremder Seelenzustände" stellt Dilthey das Moment der psychologischen Auslegung in das Zentrum der Hermeneutik. Indem er die Hermeneutik durch den Wegfall des grammatischen Moments auf eine psychologische Lehre des

Diltheys Universalisierung der Hermeneutik

Nachfühlens festlegt, reduziert Dilthey die Leistung des Verstehens jedoch auf das Erkennen eines unbestimmten Inneren: „Wir nennen den Vorgang, in welchem wir aus Zeichen, die von außen sinnlich gegeben sind, ein Inneres erkennen: Verstehen" (Dilthey 1964, 318). Wie schon Schleiermacher definiert Dilthey die Auslegung als das „kunstmäßige Verstehen" (Dilthey 1964, 319) und die hermeneutische Wissenschaft als „Kunstlehre der Auslegung von Schriftdenkmalen" (Dilthey 1964, 320), wobei er dem Verstehen eine kontinuierliche Stufenlehre unterlegt, die vom „Auffassen kindlichen Lallens bis zu dem des Hamlet oder der Vernunftkritik" (Dilthey 1964, 318) führt. Grundlage der Hermeneutik ist nur noch die Divination als eine rein individuelle Kraft, die Autor und Ausleger verbinde: „Die Auslegung ist ein Werk der persönlichen Kunst, und ihre vollkommenste Handhabung ist durch die Genialität des Auslegers bedingt; und zwar beruht sie auf Verwandtschaft, gesteigert durch eingehendes Leben mit dem Autor, beständiges Studium" (Dilthey 1964, 332). Dilthey gründet seine Lehre des Nachfühlens letztlich auf die geistige Ähnlichkeit von Autor und Ausleger. Die Aufgabe der Auslegung bestehe in einem Nachbilden oder Nacherlebnis des Autors, das prinzipiell der gleichen Genialität bedarf, die dessen Kunst auszeichnet. Wie schon Schleiermacher und Hegel orientiert sich Dilthey dabei vor allem an der klassischen Literatur. Gegenstand der Auslegung sei die schriftliche Überlieferung geistiger Größe in literarischen Texten: „Darin liegt nun die unermeßliche Bedeutung der Literatur für unser Verständnis des geistigen Lebens und der Geschichte, daß in der Sprache allein das menschliche Innere seinen vollständigen, erschöpfenden und objektiv verständlichen Ausdruck findet. Daher hat die Kunst des Verstehens ihren Mittelpunkt in der Auslegung oder Interpretation der in der Schrift enthaltenen Reste menschlichen Daseins" (Dilthey 1964, 319). Kritisch bemerkt Matthias Jung, dass „diese psychologische Interpretation von Kunst als Lebensausdruck die Unterschätzung der transindividuellen Bedeutungen der Kunstwerke begünstigt, die in ihrer Symbolstruktur enthalten sind, ist ein berechtigter und häufig erhobener Einwand" (Jung 1996, 91). Die zwiespältige Rede von den Resten menschlichen Daseins, die sich in der Literatur dokumentieren, verdeutlicht mehr als alles andere den antiquarischen Charakter von Diltheys geschichtlicher Wendung der Hermeneutik. Die Grundprämisse, der Diltheys Überlegungen folgen, liegt in der Überzeugung der Identität von Leben und Werk des großen Schriftstellers: „Aber das Werk eines großen Dichters oder Entdeckers, eines religiösen Genius oder eines echten Philosophen kann immer nur der wahre Ausdruck seines Seelenlebens sein" (Dilthey 1964, 320). Indem er das Werk als unmittelbaren Ausdruck des Seelenlebens versteht, vollendet Dilthey die bereits im Begriff der Divination angelegte Reduktion der Schleiermacherschen Hermeneutik auf das Moment des Psychologischen. Wie er in der späten Schrift *Der Aufbau der geschichtlichen Welt in den Geisteswissenschaften* darlegt, soll der unaufhebbare „Zusammenhang von Erleben, Ausdruck und Verstehen" (Dilthey 1981, 99) zugleich als Fundament für die Geisteswissenschaften in Abgrenzung von den Naturwissenschaften dienen. Dem engen Zusammenhalt von Werk und Seelenleben folgend, orientiert sich

Marginalien:

Kunstmäßiges Verstehen und Nachfühlen

Erlebnis und Dichtung

Dilthey vor allem an der problematischen Sonderform der literarischen Autobiografie, die er als „die höchste und am meisten instruktive Form, in welcher uns das Verstehen des Lebens entgegentritt" (Dilthey 1981, 246), begreift, um die hermeneutische Einheit von Autor, Werk und Leser zu sichern. Vor diesem Hintergrund kann es keineswegs überraschen, dass Diltheys Hermeneutik ihren bevorzugten Gegenstand in der Dichtung Goethes findet. In dem in seiner Zeit äußerst erfolgreichen Werk *Das Erlebnis und die Dichtung* bewundert Dilthey an Goethes Werk „die wunderbare Einheit und Harmonie in diesem Dasein. Es gibt in ihm kaum Rätsel und Dissonanzen" (Dilthey 1988, 167). Unabhängig von der Frage, ob Diltheys tendenziell mystifizierender Deutung Goethes zuzustimmen ist, zeigt sich die Fragwürdigkeit seines Ideals von klassischer Einheit und Harmonie in seiner Hölderlin-Auslegung, die zwar einerseits Hölderlins neue, über Goethes Erlebnisdichtung hinausgehende lyrische Sprache rühmt, andererseits jedoch das Bild Hölderlins zu dem einer „fromm behüteten Reinheit" und der Vorstellung „lauterer Schönheit des Wesens" (Dilthey 1988, 287) stilisiert. Die philologische Analyse literarischer Werke hat Diltheys geistesgeschichtliche Umwandlung der Schleiermacherschen Hermeneutik damit kaum vorantreiben können.

Vor diesem Hintergrund bleibt Diltheys Erweiterung der Hermeneutik aus heutiger Sicht problematisch. Die Grundlegung der Hermeneutik in der Idee einer nachfühlenden Ineinssetzung von Leben und Werk ist zwar von einer Unklarheit freizuhalten, die den Begriff der sprachlichen Bedeutung betrifft: Nach Dilthey verkörpert die Bedeutung des sprachlichen Ausdrucks nicht etwa das vom Autor Gemeinte, wie etwa der amerikanische Theoretiker Eric Donald Hirsch behauptet (vgl. Hirsch 1972), sondern das im Text Gesagte. Dilthey ist durchaus bereit zuzugestehen, dass es Differenzen zwischen der Aussage des Autors und der Aussage des Textes gibt. Ungeklärt bleibt bei ihm aber die Frage, wie der Schritt vom subjektiven Auffassen zu einem objektiv gerichteten Verständnis des Textes zu denken ist. Indem die Lehre des Verstehens sich ganz auf das psychologische Moment des Nachfühlens konzentriert, geht ihr die Frage nach dem objektiven Gehalt des einzelnen literarischen Textes verloren. Das philologische Moment der Auslegung verschwindet hinter einer allgemeinen Theorie des Verstehens. Das hat schon Peter Szondi kritisch angemerkt: „Weil aber die Hermeneutik im Sinne der von Dilthey aufgewiesenen Entwicklung, insbesondere aber durch die von Dilthey selbst vorgenommene Änderung der hermeneutischen Fragestellung, immer mehr zur Grundlagenwissenschaft wurde, fühlt sie sich erhaben über das, was einst ihre Aufgabe war, nämlich eine materiale Lehre von der Auslegung zu sein" (Szondi 1975, 11). Liegt der Grund für dieses Defizit in der Reduktion der Auslegung auf das psychologische Moment, das letztlich zu einem rational nicht mehr ausweisbaren Begriff des Nachfühlens führt, so ist die unmittelbare Folge der Vernachlässigung von Schleiermachers Moment des Grammatischen die problematische Vermittlung von Singularität und Objektivität des Verstehens. Mehr noch als in früheren Theorien stellt sich dieses Problem bei Dilthey in der für die Hermeneutik unabweisbaren Frage nach dem Zirkelcharakter des Verstehens: „Aus den einzelnen Worten und deren Verbindungen soll das Ganze eines Wer-

Hermeneutik und Philologie

Hermeneutischer Zirkel

kes verstanden werden, und doch setzt das volle Verständnis des einzelnen schon das des Ganzen voraus" (Dilthey 1964, 330), lautet die Formulierung des hermeneutischen Zirkels, der eine Vermittlung von individuellem Vorwissen und objektiver Wahrheit leisten soll. Im Anschluss an Dilthey eine Theorie des Verstehens vorzulegen, die auf dieses Problem eine Antwort zu geben vermag, indem sie in die Richtung einer allgemeinen Ontologie weist, ist der Anspruch, dem Martin Heideggers Entwurf einer philosophischen Hermeneutik des Daseins folgt.

4. Hermeneutik und Wahrheit: Martin Heidegger

Heideggers Radikalisierung des hermeneutischen Zirkels

Hatte Dilthey das Problem des hermeneutischen Zirkels in das Zentrum der Hermeneutik gestellt, so ist Heidegger berühmt geworden mit der Forderung: „Das Entscheidende ist nicht, aus dem Zirkel heraus-, sondern in ihn nach der rechten Weise hineinzukommen" (Heidegger 1984, 153). Während der hermeneutische Zirkel zumeist als ein unter allen Umständen zu vermeidender Teufelskreis erscheint, betont Heidegger die Ursprünglichkeit des Verstehens, um dessen Zirkelhaftigkeit positiv zu wenden: „Dieser Zirkel des Verstehens ist nicht ein Kreis, in dem sich eine beliebige Erkenntnisart bewegt, sondern er ist der Ausdruck der existenzialen *Vor-Struktur* des Daseins selbst. Der Zirkel darf nicht zu einem vitiosum und sei es auch nur zu einem geduldeten herabgezogen werden. In ihm verbirgt sich eine positive Möglichkeit ursprünglichsten Erkennens" (Heidegger 1984, 153). Gadamer referiert daher nur Heideggers Anspruch, wenn er feststellt: „Der Zirkel des Verstehens ist also überhaupt nicht ein ‚methodischer' Zirkel, sondern beschreibt ein ontologisches Strukturmoment des Verstehens" (Gadamer 1990, 298 f.). Heidegger begreift den hermeneutischen Zirkel dementsprechend nicht so sehr als eine philologische oder philosophische Auslegungstechnik, sondern als einen Teil der Verstehensstruktur des Daseins: Im Vorgriff auf die Zukunft erschließt der hermeneutische Zirkel dem Dasein dessen eigene Möglichkeiten. In ähnlicher Weise wie bei Dilthey nimmt der durch den hermeneutischen Zirkel auf das menschliche Dasein im Ganzen bezogene Begriff des Verstehens für Heidegger dabei nicht nur eine zentrale Stellung im Begründungszusammenhang der historisch ausgerichteten Geisteswissenschaften ein. Er nennt

Kritik der Naturwissenschaften

zugleich die Differenz zwischen Geistes- und Naturwissenschaften: „Weil Verstehen seinem existenzialen Sinn nach das Seinkönnen des Daseins selbst ist, übersteigen die ontologischen Voraussetzungen historischer Erkenntnis grundsätzlich die Idee der Strenge der exaktesten Wissenschaften" (Heidegger 1984, 153). Mit der scharfen Abgrenzung der hermeneutischen Lehre des Verstehens von dem Erkenntnisideal der Naturwissenschaften führt Heidegger Diltheys Versuch einer Abgrenzung der Geistes- von den Naturwissenschaften zu Ende. Wie Hendrik Birus festgehalten hat, wurde der moderne Begriff der Hermeneutik von Heidegger so entscheidend geprägt, dass „die Hermeneutik ohne *Sein und Zeit* schwerlich zu einem wesentlichen Thema der Philosophie des 20. Jahrhunderts geworden wäre" (Birus 1982, 11).

Kommt dem Husserl-Schüler Heidegger eine derart herausragende Stellung in der Geschichte der Hermeneutik zu, so stellt sich zugleich die Frage, wie seine ontologische Begründung des Verstehensbegriffs im Vergleich zu traditionellen hermeneutischen Positionen zu bewerten ist. Der Schritt, der Heidegger über bisherige Versuche einer Begründung der Hermeneutik im Begriff des Verstehens hinausführt, besteht darin, die Hermeneutik gegen eine phänomenologische Wesensontologie in die Existenz des Daseins selbst einzubetten. Wie Gadamer hervorgehoben hat, liegt Heideggers Theorie der Versuch zugrunde, die Existenz selbst in ihren wesentlichen Möglichkeiten als einen Prozess des Verstehens zu interpretieren: „Verstehen ist hier nicht mehr ein Verhalten des menschlichen Denkens unter anderen, sondern die Grundbewegtheit des menschlichen Daseins" (Gadamer 1974, 1067). Verstehen gilt Heidegger als ein wesentliches Strukturmoment des Daseins und die Aufgabe der philosophischen Reflexion besteht darin, den allem menschlichen Verhalten zugrundeliegenden Akt des Verstehens durchsichtig zu machen.

Verstehen und Dasein

Indem er den Akt des Verstehens derart grundsätzlich fasst, bettet Heidegger ihn zugleich in eine ontologische Theorie des Daseins ein, die er in deutlicher Absetzung von den Selbstbewusstseinsmodellen des deutschen Idealismus formuliert hat. Wie Ernst Tugendhat gezeigt hat, ist Heidegger mit dem Begriff des Daseins als Sichzusichverhalten ein entscheidender Schritt über die Reflexionsmodelle bisheriger Selbstbewusstseinsbegriffe gelungen. Tugendhat zufolge besteht Heideggers Grundeinsicht darin, „daß der Mensch sich zu sich verhält, indem er sich so zu seinem *Sein* verhält und nicht in einer nach dem Subjekt-Objekt-Modell konzipierten reflexiven Relation" (Tugendhat 1979, 189). Im Unterschied zu traditionellen Subjektivitätsmodellen denkt Heidegger das Dasein nicht mehr als eine vorliegende Substanz, die sich im Denken und Verstehen reflexiv auf sich selbst bezieht, sondern als den prozessualen Vollzug des Sich-auf-sich-selbst-Beziehens. Dabei unterscheidet er zwei grundsätzlich verschiedene Weisen, in denen sich das Dasein zu sich selbst und damit zu seinem Sein verhält: das Verstehen, das die Existenz als Worumwillen (Möglichkeit) erschließt, und die Stimmung als das Zu-Sein (Faktizität) des Daseins (vgl. Tugendhat 1979, 197).

Dasein als Sichzusichverhalten

Entscheidend für den hermeneutischen Ansatz Heideggers ist demnach die Tatsache, dass das Verstehen ein Grundmoment des Daseins als Sichzusichverhalten ist, und zwar ein solches, das dem Dasein dessen eigene Möglichkeiten erschließt. In Heideggers eigenwilliger Terminologie heißt das: „*Verstehen ist das existenziale Sein des eigenen Seinkönnens des Daseins selbst, so zwar, daß dieses Sein an ihm selbst das Woran des mit ihm selbst Seins erschließt*" (Heidegger 1984, 144). Erst das Verstehen macht dem Dasein demnach seine eigenen Möglichkeiten zugänglich, indem es in einer Form des zeitlichen Entwurfs bestimmt, was dieses eigentlich sein will. Heidegger unterteilt das Verstehen daher in zwei unterschiedliche Formen: das uneigentliche Verstehen, das sich nicht am Leitfaden der eigenen Möglichkeiten des Daseins bewegt, sondern dieses aus der Welt heraus versteht, und das eigentliche Verstehen, in dem sich das Dasein auf ein Ziel hin entwirft, das mit seinen eigenen Möglichkeiten übereinstimmt.

Eigentliches und uneigentliches Verstehen

Verstehen
und Auslegung

Erst von dem ursprünglichen Begriff des Verstehens aus, der die Struktur des Daseins als Sichzusichverhalten betrifft, leitet Heidegger das Moment der Auslegung ab, das in den einzelnen Wissenschaften eine Rolle spielt: „Auslegung gründet existenzial im Verstehen, und nicht entsteht dieses durch jene" (Heidegger 1984, 148). Für Heidegger konstituiert sich das Verstehen nicht im Prozess des Auslegens, vielmehr ist die Auslegung ein Derivat des Verstehens. Im Rahmen der ontologischen Theorie des Verstehens wird das technische Moment der Auslegung zurückgedrängt. Der Prozess des Verstehens vollzieht sich in der Auslegung, und zwar durch die drei Weisen: „Vorhabe, Vorsicht und Vorgriff" (Heidegger 1984, 150). Heideggers maniert anmutendes Spiel mit Anaphern ist mehr als bloße Willkür. Im Rahmen des ontologischen Ansatzes von *Sein und Zeit* lässt sich das Präfix „Vor-" als ein Verweis auf die Zukünftigkeit verstehen, auf die hin sich das Dasein als Erschließung der Möglichkeit seiner selbst entwirft. Entspricht dem Verstehen dabei der hermeneutische Grundbegriff des „Sinns", so bettet Heidegger die Kategorie des Sinns analog zum Verstehen in die Grundstruktur des Daseins ein:

Sinn ist das, worin sich Verständlichkeit von etwas hält. Was im verstehenden Erschließen artikulierbar ist, nennen wir Sinn. Der *Begriff des Sinnes* umfaßt das formale Gerüst dessen, was notwendig zu dem gehört, was verstehende Auslegung artikuliert. *Sinn ist das durch Vorhabe, Vorsicht und Vorgriff strukturierte Woraufhin des Entwurfs, aus dem her etwas als etwas verständlich wird.* Sofern Verstehen und Auslegung die existenziale Verfassung des Seins des Da ausmachen, muß Sinn als das formal-existenziale Gerüst der dem Verstehen zugehörigen Erschlossenheit begriffen werden. Sinn ist ein Existenzial des Daseins, nicht eine Eigenschaft, die am Seienden haftet, ,hinter' ihm liegt oder als ,Zwischenreich' irgendwo schwebt. Sinn ,hat' nur das Dasein, sofern die Erschlossenheit des In-der-Welt-seins durch das in ihr entdeckbare Seiende ,erfüllbar' ist. *Nur Dasein kann daher sinnvoll oder sinnlos sein* (Heidegger 1984, 151).

Verstehen und Sinn

Mit der Frage nach dem Sein stellt Heidegger die des Sinns in den Mittelpunkt seiner Philosophie. Sinn soll entsprechend nicht etwa eine bloße Eigenschaft verkörpern, sondern das Woraufhin des Entwurfs des Daseins, letztlich also das intentionale Ziel, worauf das Dasein seine eigene Möglichkeit hin entwirft. Mit der ontologischen Verknüpfung von Verstehen und Sinn im Rahmen einer allgemeinen Theorie des Daseins als Sichzusichverhalten geht Heidegger weit über Diltheys Verstehensbegriff des Nachfühlens hinaus. Die besondere Bedeutung Heideggers liegt vor allem darin begründet, dass er sowohl moderne hermeneutische Entwürfe wie den Gadamers als auch antihermeneutische Positionen wie die Derridas erst möglich gemacht hat. Darauf hat bereits Frank hingewiesen: „Heideggers Entwurf einer ,Hermeneutik der Faktizität' hat nicht nur unabsehbare Wirkung auf das Selbstverständnis der im traditionellen Sinne interpretierenden Disziplinen ausgeübt (auf ihn geht die gesamte hermeneutische Diskussion der Moderne zurück); er hat eine durchaus affirmative Beachtung auch bei einigen Vertretern des französischen Strukturalismus (wie Derrida und Lacan) gefunden" (Frank 1985, 14 f.). Als ihr gemeinsamer Ausgangspunkt steht Heideggers ontologische Begründung der Hermeneutik zugleich am Anfang des Widerstreites von Hermeneutik und Dekonstruktion in der Postmoderne.

Auch Heideggers Ansatz wirft aber kritische Fragen auf. Sie erwachsen aus der beeindruckenden und zugleich gewaltsamen Radikalität, mit der Heidegger sein ontologisches Vorhaben vorantreibt. Im Zusammenhang mit der Frage nach den Konsequenzen von Heideggers Definition des Verstehens für die Theorie der Literatur bereitet insbesondere die Lösung des ontologischen Verstehensbegriffes von der philologischen Auslegungskunst Probleme. Indem Heidegger einen allgemeinen Begriff des Verstehens entwirft und die Auslegung nur noch als dessen Derivat darstellt, hat auch er an dem Zurückdrängen der literarischen Hermeneutik teil, das sich bereits bei Dilthey beobachten ließ. So entfernt sich Heideggers ontologischer Begriff der Hermeneutik trotz der programmatischen Aussage „Phänomenologie des Daseins ist *Hermeneutik* in der ursprünglichen Bedeutung des Wortes, wonach es das Geschäft der Auslegung bezeichnet" (Heidegger 1984, 37), nicht nur von den spezifischen Fragen der literarischen Hermeneutik. Auch die später von Heidegger selbst vorgelegten Interpretationen zu Gedichten von Hölderlin, Rilke, Trakl und George lassen sich mit seinem frühen Entwurf einer Hermeneutik des Daseins kaum in Übereinstimmung bringen. Wie schon bei Dilthey klafft bei Heidegger eine Lücke zwischen dem philosophischen Anspruch der Hermeneutik und ihrer literaturwissenschaftlichen Relevanz, die sich nicht einfach durch den Verweis auf die ontologische Neubegründung der Hermeneutik schließen lässt.

Ontologie der Kunst und literarische Hermeneutik

Schwerer noch wiegt eine grundsätzliche Unklarheit, die Heideggers ontologischen Ansatz im Ganzen betrifft. Wenn Heideggers Revolution des philosophischen Denkens darin besteht, das Dasein auf sein Sein hin zu befragen, dann öffnet sich in dieser Fragestellung zugleich eine Doppeldeutigkeit, die in der zweifachen Kennzeichnung der Seinsfrage als Frage nach dem Sein und als Frage nach dem Sinn von Sein zum Ausdruck kommt. Fragt Heidegger nun nach dem Sein oder nach dem Sinn von Sein als der Wahrheit des Seins? Wie immer diese Frage auch zu beantworten ist: In jedem Fall weist der Begriff des Seins wie der des Sinns des Seins von sich aus keinen erkennbaren Bezug zu Fragen der Kunst und der Literatur auf. Auch mit Heideggers ontologischer Begründung der Hermeneutik bleibt die für die Theorie einer literarischen Hermeneutik entscheidende Frage offen, wie eine Überführung des philosophischen Wahrheitsbegriffs auf das Feld von Kunst und Literatur zu denken wäre. Vor dem Hintergrund von Heideggers eigenen ästhetischen Überlegungen zur Kunst ist es daher vor allem das Verdienst von Hans-Georg Gadamer, die ontologische Wahrheitsfrage für das Denken von Kunst und Literatur fruchtbar gemacht zu haben.

Sein oder Sinn von Sein?

5. Hermeneutik und die Wahrheit der Kunst: Hans-Georg Gadamer

Dass Gadamers Hermeneutik „ohne Heideggers Einfluß undenkbar" (Figal 1982, 90) gewesen wäre, steht außer Frage. Wie bereits Diltheys Universalisierung der Hermeneutik zugleich als Radikalisierung und Verkürzung von Schleiermachers Position erscheint, so lässt sich Gadamers Entwurf

Hermeneutik und Kunst

einer modernen Hermeneutik als Erweiterung wie als Reduktion von Heideggers Position verstehen. In seinem Hauptwerk *Wahrheit und Methode* aus dem Jahr 1960 mit dem Untertitel „Grundzüge einer philosophischen Hermeneutik" vollzieht Gadamer eine Spezifizierung von Heideggers Frage nach der Wahrheit auf das Gebiet der Kunst. Indem er gerade in der Kunst einen privilegierten Ort der Wahrheit erkennt, verkürzt Gadamer jedoch nicht nur die Bedeutung der Kunst auf den Zusammenhang von Schönheit und Wahrheit. Zugleich reduziert er Heideggers ontologischen Ansatz, der das Problem des Verstehens in die Struktur des menschlichen Daseins einzubetten versuchte, auf die Frage nach dem Zusammenhang von Kunst und Wahrheit. Als privilegierter Ort der Wahrheitsfindung wird die Kunst bei Gadamer zum Statthalter der Metaphysik.

Verstehen und Wahrheit

Wie schon Dilthey folgt Gadamer einem geistesgeschichtlichen Ansatz, der das Verstehen auf universale Weise als eine Form der Welterfahrung begreift: „Verstehen und Auslegen von Texten ist nicht nur ein Anliegen der Wissenschaft, sondern gehört offenbar zur menschlichen Welterfahrung insgesamt" (Gadamer 1990, 1). Gadamer geht jedoch über Dilthey hinaus, indem er seine Theorie der Hermeneutik am Leitfaden von Heideggers Wahrheitsbegriff entwickelt:

> Die folgenden Untersuchungen setzen daher mit einer Kritik des ästhetischen Bewußtseins ein, um die Erfahrung von Wahrheit, die uns durch das Kunstwerk zuteil wird, gegen die ästhetische Theorie zu verteidigen, die sich vom Wahrheitsbegriff der Wissenschaft beengen läßt. Sie bleiben aber bei der Rechtfertigung der Wahrheit der Kunst nicht stehen. Sie versuchen vielmehr, von diesem Ausgangspunkte aus einen Begriff von Erkenntnis und von Wahrheit zu entfalten, der dem Ganzen unserer hermeneutischen Erfahrung entspricht (Gadamer 1990, 3).

Wahrheit der Kunst

Gadamers ambitioniertes Unterfangen beruht auf zwei aufeinander aufbauenden Schritten. Keiner von ihnen ist selbstverständlich. Der erste besteht darin, eine Erfahrung von Wahrheit auszumachen, die speziell in der Kunst zutage tritt und die dem Wahrheitsbegriff der Naturwissenschaften gleichgeordnet wäre. Nicht selbstverständlich ist dieser Schritt, da nicht geklärt ist, inwiefern eine Form der Wahrheit überhaupt in der Kunst von Relevanz sein kann. Traditionell wird Kunst ja nicht als Ort des Wahren, sondern als der des Schönen oder des Erhabenen verstanden. Der zweite Schritt Gadamers besteht darin, den auf dem Boden der Kunst erarbeiteten Begriff der Wahrheit auf das Ganze der Hermeneutik und damit auf den Bereich der Geisteswissenschaften überhaupt auszuweiten. Nicht selbstverständlich ist dieser Schritt, da fraglich ist, inwiefern eine spezifisch ästhetische Erfahrung von Wahrheit das Fundament für die historischen Geisteswissenschaften insgesamt abgeben kann. Zu Recht hält Birus in diesem Zusammenhang fest: „Denn die Transformation des ‚Verstehens' zum basalen Begriff der Philosophie führt zwangsläufig zur Überlastung, wenn

Universalität des Hermeneutischen

nicht gar zur Entleerung des Verstehensbegriffs" (Birus 1982, 9). Dass die Hermeneutik „nicht etwa eine Methodenlehre der Geisteswissenschaften, sondern der Versuch einer Verständigung über das, was die Geisteswissenschaften über ihr methodisches Selbstbewußtsein hinaus in Wahrheit sind und was sie mit dem Ganzen unserer Welterfahrung verbindet" (Gadamer 1990, 3), sein soll, fasst zwar das programmatische Selbstverständnis der modernen Hermeneutik im Sinne Gadamers zusammen. Als Wahrheit und Methode der Geisteswissenschaften verkörpert die Hermeneutik aber zugleich einen problematischen Anspruch auf Universalität, der dazu neigt, alles, und insbesondere die philosophische Ästhetik, vollständig in der Hermeneutik aufgehen zu lassen.

So wenig selbstverständlich Gadamers grundlegender Schritt zum Nachweis der Erfahrung von Wahrheit auf dem Gebiet der Kunst auch sein mag, so konsequent führt er ihn in *Wahrheit und Methode* durch, indem er den Begriff des Verstehens im Kunstwerk selbst ansiedelt: „Vielmehr gehört das Verstehen der Begegnung mit dem Kunstwerk selber zu, so daß nur von der *Seinsweise des Kunstwerks* aus diese Zugehörigkeit aufgehellt werden kann" (Gadamer 1990, 106). Das Kunstwerk fordert schon von sich aus sein Verstehen, so lautet Gadamers voraussetzungsreiche Ausgangsthese. Nicht minder entschieden ist die damit verbundene zweite These, dass das Ziel des Verstehens die Verständigung sei: „Das Ziel aller Verständigung und alles Verstehens ist das Einverständnis in der Sache. So hat die Hermeneutik von jeher die Aufgabe, ausbleibendes oder gestörtes Einverständnis herzustellen" (Gadamer 1990, 297). Indem er das Einverständnis in der Sache als Ziel allen Verstehens ausgibt, stellt Gadamer die Hermeneutik in den Kontext einer ästhetischen Theorie des Konsenses, die insbesondere von postmodernen Theorien des Widerstreits in Frage gestellt wurde (vgl. Forget 1984).

Ausgangspunkt von Gadamers konsensueller Theorie der Wahrheit ist die Sprache. Gadamers Hermeneutik des Verstehens liegt die Erkenntnis zugrunde, *„daß dieser ganze Vorgang ein sprachlicher ist"* (Gadamer 1990, 387). Die Erfahrung der Wahrheit, die Gadamer dem Verstehensbegriff der Hermeneutik zugrundelegt, ist dementsprechend ganz an die Vermittlungsleistung der Sprache gebunden: „Das hermeneutische Problem ist also kein Problem der richtigen Sprachbeherrschung, sondern der rechten Verständigung über eine Sache, die im Medium der Sprache geschieht" (Gadamer 1990, 388). Im Unterschied zu dekonstruktiven Theorien der Schriftlichkeit orientiert sich Gadamers Theorie der Verständigung an einem Moment der lebendigen Rede, das er im Lesen als der Verlebendigung des geschriebenen Wortes erfüllt sieht: „Schriftlichkeit ist Selbstentfremdung. Ihre Überwindung, das Lesen des Textes, ist also die höchste Aufgabe des Verstehens" (Gadamer 1990, 394). Indem er das Verstehen und den Akt des Lesens miteinander verknüpft, vollzieht Gadamer einen Schritt, der zugleich auf die rezeptionsgeschichtlichen Modelle der Konstanzer Schule um Jauß und Iser vorausweist. Im Mittelpunkt seiner Theorie des verstehenden Lesens steht dabei ganz in Übereinstimmung mit der Tradition der Begriff des Sinns: „Die Aufgabe des Verstehens geht in erster Linie auf den Sinn des Textes selbst" (Gadamer 1990, 378). Wie schon bei Schleiermacher dient Gadamer die Kategorie des Sinns als Garant für die hermeneutische Theorie der Einheit von Autor, Text und Leser. Der privilegierte Bereich von Gadamers Theorie der Hermeneutik bleibt entsprechend die humanistische Tradition und der Bildungsgedanke der Klassik. „Klassisch ist, was der historischen Kritik gegenüber standhält, weil seine geschichtliche Herrschaft, die verpflichtende Macht seiner sich überliefernden und bewahrenden

Hermeneutischer Konsens

Verstehen und Sprache

Geltung, aller historischen Reflexion schon vorausliegt und sich in ihr durchhält" (Gadamer 1990, 292). Machte sich bereits bei Dilthey eine einseitige Orientierung an der Philosophie und Literatur der Klassik bemerkbar, so vollendet Gadamer diese Tendenz in der Auslegung des Klassischen als einer Herrschaftsmacht, die sich im Lauf der Geschichte scheinbar zeitlos erhält. Bewahrung der klassischen Tradition ist Gadamers keineswegs unumstrittenes ästhetisches Anliegen: „Man sollte Gadamer fragen, wessen und was für eine ‚Tradition‘ er eigentlich meint. Denn seine Theorie steht und fällt mit der ungeheuren Annahme, daß es wirklich nur einen einzigen zentralen Traditionsfluß gibt; daß alle ‚wertvollen‘ Werke an ihm teilhaben" (Eagleton 1994a, 38), gibt Terry Eagleton zu bedenken, und auch Manfred Frank spricht von einer fragwürdigen „Ermächtigung des Traditionsgeschehens zum alleinigen Subjekt der Geschichte" (Frank 1985, 23).

Der unbestrittene Vorteil von Gadamers sprachtheoretischem Ansatz liegt darin begründet, dass er als Ansprechpartner für moderne wie für postmoderne Textmodelle attraktiv geblieben ist. Gerade im Vergleich zu modernen linguistischen Theorien mutet Gadamers Auffassung der Sprache jedoch reichlich konventionell an. In der Tradition Schellings und Hegels geht Gadamer davon aus, „daß die Sprache eine Mitte ist, in der sich Ich und Welt zusammenschließen" (Gadamer 1990, 478). Vor dem Hintergrund von Heideggers ontologischem Ansatz, der ihm ursprünglich als Fundament diente, bedeutet die von Gadamer angeführte Dialektik von Sprache, Ich und Welt nicht nur einen Rückfall in die Reflexionsmodelle des deutschen Idealismus. Frank erkennt das Hauptproblem der Gadamerschen Hermeneutik in der „Widersprüchlichkeit einer Vermittlung des Gedankens der Irreduzibilität des Seins auf die Selbstbeziehung der Vernunft mit der gleichwohl am Leitfaden des Subjektbegriffs der Reflexionslogik entworfenen Reziprozität und Homogenität von Traditionsgeschehen und Selbstheit" (Frank 1985, 22). Gadamer tendiert darüber hinaus dazu, den Zusammenhang von Sein und Sprache durch das Moment der verstehenden Vernunft zu erläutern: *Sein, das verstanden werden kann, ist Sprache"* (Gadamer 1990, 478). Zwar ging es auch Heideggers Ansatz um das Sein und um das rechte Verstehen des Sinns von Sein. Aber Heideggers Leitfaden war nicht der Begriff des Verstehens als der vernünftigen Einsicht in die Sache, sondern der ekstatische, sich allem Verstehen letztlich entziehende Zusammenhang zwischen Sein und Zeit. Michael Theunissen fasst den Unterschied zwischen Heidegger und Gadamer daher folgendermaßen zusammen: „Nicht auf Ontologisierung der Hermeneutik geht er im Grunde aus, sondern auf Hermeneutisierung der Ontologie" (Theunissen 2001, 76). Indem Gadamer Sein und Sprache gerade durch das Verstehen zu vermitteln versucht, reduziert er sowohl das Sein als auch die Sprache auf ein Modell der Wahrheit, das sich in der Kunst erfülle: das „'wahre' Wort, das *verbum cordis"* (Gadamer 1990, 424), ist der Leitfaden von Gadamers hermeneutischer Theorie, für die Dichtung den Ort verkörpert, an dem die Wahrheit zur Erscheinung kommt.

Die Grenzen von Gadamers an dem Zusammenhang von Wahrheit und Kunst und dem Vorbild des Klassischen ausgerichteten Begriffs der Hermeneutik zeigen sich daher gerade an der Frage nach der Deutbarkeit moder-

---

Gadamers Klassizismus

Idealistische Prämissen: Sprache und Vernunft

Das wahre Wort der Dichtung

Gadamer und Celan

ner Kunst. Nicht zufällig hat Gadamer seine Theorie der Hermeneutik an einem meist als Vertreter der hermetischen Lyrik geltenden Dichter, an Paul Celan, zu bestätigen versucht. In seiner Interpretation von Celans spätem Gedichtzyklus *Atemkristall* nimmt sich Gadamer den Prämissen seines hermeneutischen Ansatzes folgend zum Vorsatz, „das wahre Wort" (Gadamer 1993, 388) der Dichtung zutage zu fördern. Dabei verweigert er sich von vornherein dem philologischen Rückgriff auf Lexika und Enzyklopädien, da diese das wahre Wort der Dichtung nur verstellen würden. Im Kontext einer allgemeinen Theorie des Verstehens mag dieser Schritt nur zu verständlich sein. Im Rahmen der philologisch relevanten Frage nach dem Wortsinn literarischer Texte zeigt Gadamers Ansatz jedoch zugleich, dass er die Arbeit der Textauslegung einem Ideal des Verstehens unterstellt, das sich letztlich nur durch das subjektive Genie des Auslegers rechtfertigt. In der Applikation der allgemeinen Theorie des Verstehens auf die Literatur findet Gadamers Entwurf der Hermeneutik daher eher seine Grenzen als seine Bestätigung (vgl. Gumbrecht 2001). Mit der Universalisierung der philosophischen Hermeneutik zu einer allgemeinen Theorie des Verstehens geht ihm die Gestalt einer spezifisch literarischen Hermeneutik verloren. Die philosophische Hermeneutik wieder auf den Boden der Philologie zurückzuführen, ist dagegen das gemeinsame Anliegen von Peter Szondis literarischer Hermeneutik und der Rezeptionsästhetik.

6. Literarische Hermeneutik und philologische Erkenntnis: Peter Szondi

In ähnlicher Weise wie Dilthey und Gadamer knüpft auch Peter Szondi an Schleiermachers Entwurf der Hermeneutik an. Er gibt der Hermeneutik aber von vornherein eine andere Wendung. Im Rahmen der Suche nach einer spezifisch literarischen Hermeneutik stellt Szondi an die Adresse der Literaturwissenschaft die kritische Frage: „warum nämlich die Literaturwissenschaft, die im *vollkommenen Verstehen einer Schrift* ihre Aufgabe sehen muß, die von Schleiermacher geforderte und in theologischen Vorlesungen auch entworfene Lehre nicht nur nicht weiterentwickelt hat, sondern sich den Problemen der Hermeneutik so gut wie ganz verschließt" (Szondi 1978a, 263). Szondi teilt Schleiermachers Prämisse, dass es der Hermeneutik um das Verstehen gehen muss. Die Entwicklung der modernen Hermeneutik über Dilthey und Heidegger bis zu Gadamer sucht er jedoch zugleich zu korrigieren: Bisher sei die Hermeneutik zu sehr an philosophischen Fragen interessiert gewesen, ohne auf die spezifisch literaturwissenschaftliche Relevanz der Lehre des Verstehens einzugehen.

> Probleme der Hermeneutik

Auch Szondi verpflichtet sich dabei einem Begriff der Hermeneutik als Auslegung: „Literarische Hermeneutik ist die Lehre von der Auslegung, interpretatio, literarischer Werke" (Szondi 1975, 9). Von der philosophischen Hermeneutik, insbesondere der Diltheys, grenzt er sich jedoch ab: „Daß es eine literarische Hermeneutik heute dennoch kaum gibt, hat seinen Grund vielmehr in der Beschaffenheit der Hermeneutik, die es heute gibt" (Szondi 1975, 9). Szondi macht nicht nur den historischen

> Literarische Hermeneutik zwischen Philologie und Philosophie

Wandel des Verstehensbegriffes für das Fehlen einer literarischen Hermeneutik verantwortlich. Er betont darüber hinaus: „es geht nicht an, an die Stelle der fehlenden literarischen Hermeneutik unserer Zeit unkritisch die aus früheren Jahrhunderten überlieferte philologische Hermeneutik zu setzen, erstens weil diese, gegen ihre Intention, historische Prämissen hat, zweitens weil wir unter literarischer Hermeneutik zwar nicht eine unphilologische, aber die Philologie mit der Ästhetik versöhnende Auslegungslehre verstehen wollen" (Szondi 1975, 25). Der geisteswissenschaftlichen Ausprägung der modernen Hermeneutik begegnet Szondi mit einem Plädoyer für eine hermeneutische Lehre, die philosophische Grundlagen mit philologischen Ansprüchen verbindet: „gerade eine philosophisch fundierte Philologie wird sich weigern müssen, alles, was mit Geist zu tun hat, als das eo ipso Höhere gegenüber dem Buchstaben anzusehen" (Szondi 1975, 141). Mit der Forderung nach einem Zusammengehen von philosophischer Hermeneutik und philologischer Kritik verpflichtet er sich insgesamt weit mehr dem ästhetischen Denken Walter Benjamins als dem Diltheys oder Heideggers.

Grammatische und allegorische Auslegung So verwundert es auch nicht, dass Szondi mit Benjamin an einer Aufwertung der allegorischen Deutung interessiert ist. In durchaus traditioneller Weise unterscheidet Szondi zunächst die Aufgabe der Hermeneutik als Sicherung der wörtlichen und der übertragenen Bedeutung eines Textes: „Die eine Intention zielt auf die Feststellung von dem, was in einer Stelle die Wörter besagen, auf die Bestimmung des *sensus litteralis*. Die andere fragt darüber hinaus nach dem, was in der Stelle gemeint ist, worauf die Wörter selbst nur als Zeichen verweisen: es ist die Auslegung des *sensus spiritualis*, die allegorische Deutung" (Szondi 1975, 14f.). Dabei geht Szondi davon aus, dass die Feststellung des *sensus litteralis* der Grammatik obliegt. Ihr Ziel sei es nicht nur, unverständliche Textpassagen verständlich zu machen, sondern zugleich die, einen kanonischen Text in seiner Gegenwartsbezogenheit zu sichern. Angesichts der Bemühungen der Grammatik um die Feststellung des Wortsinns sei die allegorische Deutung jedoch in der Geschichte allmählich ins Hintertreffen geraten: Der geschichtliche Verlauf der hermeneutischen Lehre zeuge vom „Sieg des Prinzips der grammatischen Interpretation über die allegorische" (Szondi 1975, 22). Szondi selbst geht dagegen davon aus, dass erst die grammatische und die allegorische Auslegung zusammen einen gültigen Begriff der Hermeneutik zu definieren vermögen, der allerdings wiederum auf einem gewissen Vorrang der allegorischen Deutung beruht: „Die grammatische Interpretation zielt auf das einst Gemeinte und will es konservieren" (Szondi 1975, 19), schreibt Szondi: „Die allegorische Interpretation hingegen entzündet sich an dem fremd gewordenen Zeichen, dem sie eine neue Bedeutung unterlegt, die nicht der Vorstellungswelt des Textes, sondern der seines Auslegers entstammt. Sie braucht dabei den *sensus litteralis* nicht in Frage zu stellen, da sie auf der Möglichkeit eines mehrfachen Schriftsinns beruht" (Szondi 1975, 19). Während die grammatische Sicherung des Wortsinns die allegorische Deutung in der Geschichte der Hermeneutik zunehmend verdrängt hat, liegt der Vorteil der allegorischen Deutung nach Szondi darin, dass sie

Mehrfacher Schriftsinn die grammatische Deutung am Leitfaden der Lehre des mehrfachen Schriftsinns miteinschließe. Was Szondi von einer literarischen Hermeneutik fordert, ist daher die Verbindung der philologischen Bestimmung des Wortsinns mit der philosophischen Kunst der Interpretation. Mit der These vom Widerstreit der grammatischen und der allegorischen Auslegung hat er zugleich wesentliche Thesen von Paul de Mans rhetorischem Begriff der Dekonstruktion vorweggenommen. Mit der Forderung nach einer Versöhnung von grammatischer und allegorischer Auslegung stellt Szondi seine Theorie der Literatur jedoch anders als de Man weiterhin auf den Boden der Hermeneutik.

Dass Szondis differenzierter Begriff einer literarischen Hermeneutik gerade gegenüber einer allzu einseitigen Orientierung an einer philosophischen oder rhetorischen Auslegung literarischer Texte Vorteile bietet, zeigt seine Interpretation von Gedichten Paul Celans, die anders ausfällt als die Gadamers. Zwar geht Szondi wie Gadamer zunächst von dem Attribut der Unverständlichkeit aus, das Celans Gedichte kennzeichne. Szondi deutet die Unverständlichkeit jedoch nicht als Aufforderung zu einer philosophischen Durchdringung der Texte Celans, sondern als Eingeständnis der Grenzen der traditionellen Hermeneutik. Er betont daher, dass das Fehlen von Eindeutigkeit in Celans Texten kein Mangel sei, sondern ihr Strukturgesetz: „Die Ambiguität ist nicht Mangel noch bloßes Stilmittel, sondern die Struktur des poetischen Textes selbst" (Szondi 1978 b, 347). Daher könne es der Interpretation von Celans Gedichten nicht darum gehen, den Sinn des in ihnen Gesagten hermeneutisch zu entschlüsseln. „Interpretationen sind hier Schlüssel" (Szondi 1978 a, 266), stellt Szondi zwar in seinem vielbeachteten Traktat über philologische Erkenntnis am Beispiel Hölderlins fest, aber solche, die den literarischen Text nicht einfach in einen klar verständlichen Sinn übersetzen: „Denn obwohl auch das hermetische Gedicht verstanden werden will und ohne Schlüssel oft nicht verstanden werden kann, muß es doch in der Entschlüsselung als verschlüsseltes verstanden werden, weil es nur als solches das Gedicht ist, das es ist" (Szondi 1978 a, 266). In seiner Celan-Interpretation trägt Szondi diesem Sachverhalt Rechnung, indem er die Prämisse formuliert, „daß nicht so sehr der Sinn der Wörter in Betracht gezogen werde als ihre Funktion" (Szondi 1978 b, 363). Mit der Funktion der Wörter meint Szondi dem Begriff der allegorischen Deutung folgend deren Zeichenstruktur als Ausdruck einer Ambiguität des Sinns, die nicht eindeutig aufgelöst, sondern nur in der ihr eigenen Unauflösbarkeit nachgewiesen werden kann. Zwischen der hermeneutischen Entschlüsselung Celans bei Gadamer und ihrer dekonstruktiven Verschlüsselung bei de Man und Derrida hält Szondis Begriff der literarischen Hermeneutik die Mitte.

Szondi und Celan

Philologische Erkenntnis und moderne Dichtung

7. Hermeneutik des Lesens: Rezeptionsästhetik

Der englische Literaturkritiker Terry Eagleton erkennt in der Geschichte der Literaturtheorie eine Schwerpunktverlagerung, die nach der Konzentration auf den Autor und den Text schließlich beim Leser ankommt: „Man könnte die Geschichte der modernen Literaturtheorie grob in drei Phasen untertei-

Vom Autor zum Leser

len: eine vorrangige Beschäftigung mit dem Autor (Romantik und 19. Jahrhundert); eine ausschließliche Konzentration auf den Text (New Criticism); und eine deutliche Hinwendung zum Leser in den letzten Jahren" (Eagleton 1994a, 40). Man mag dieses Urteil in seiner Generalität anzweifeln. Eagletons Beobachtung trifft aber den Kern der Rezeptionstheorie, wie sie vor allem von den Konstanzer Literaturwissenschaftlern Hans Robert Jauß und Wolfgang Iser entwickelt wurde.

Verstehen und Lesen   Trotz einiger grundsätzlicher Differenzen zu Gadamer kann Jauß an dem Zusammenhang von Verstehen und Lesen anknüpfen, den dieser in *Wahrheit und Methode* in Anschlag brachte. Dabei ist es insbesondere der kommunikative Aspekt der Rezeption, der Jauß interessiert: Es gehe darum, „das Werk aus seiner Wirkung und Rezeption, die Geschichte einer Kunst als Prozeß der Kommunikation zwischen Autor und Publikum, Vergangenheit und Gegenwart zu begreifen" (Jauß 1991, 20). Damit deutet sich bei Jauß die Wende vom Werk zum Leser an, in der Eagleton das auffälligste Merkmal moderner Literaturtheorien erkennt.

Ästhetische   Die Wende von der Werkästhetik zur Rezeptionsästhetik vollzieht Jauß
Erfahrung   mit der These, ästhetische Erfahrung sei in Berufung auf Kants Geschmacksurteil nicht allein als Hervorbringung, sondern auch als Rezeptivität zu verstehen. Scheint Jauß damit auch an die Autonomieästhetik des 18. Jahrhunderts anknüpfen zu wollen, so kritisiert er diese jedoch andererseits: „Der Begriff des autonomen Kunstwerks schließt die Frage nach seiner Wirkung und gesellschaftlichen Funktion aus seiner Wesensbestimmung aus" (Jauß 1991, 736). Erst aus dem Zerfall der Autonomieästhetik heraus leitet Jauß die Möglichkeit einer Rezeptionsästhetik ab, die nicht mehr das Werk selbst, sondern dessen geschichtliche Wirkung in den Mittelpunkt rückt.

Rezeptionsästhetik   Dennoch versteht sich die Rezeptionsästhetik nicht als bloße Wirkungs-
und Werkgeschichte   geschichte. Vielmehr beruft sie sich auf das im poetischen Text selbst enthaltene Erfahrungspotential, das sich erst in der Geschichte entfalte: „Was der poetische Text vorgängig, dank seines ästhetischen Charakters, zu verstehen gibt, geht aus seiner prozessualen Wirkung hervor und kann darum aus einer Beschreibung seiner fertigen Struktur als ‚Artefakt', so vollständig sie auch seine ‚Schichten' und ästhetischen Äquivalenzen erfaßt haben mag, nicht geradezu abgeleitet werden" (Jauß 1991, 814). Jauß geht es um eine Rückübersetzung der Erfahrung, die das lesende Subjekt mit dem Text macht, in diesen selber: „Der poetische Text wird in seiner ästhetischen Funktion erst dann erschließbar, wenn die poetischen Strukturen, die als Merkmale am fertigen ästhetischen Gegenstand abgelesen wurden, aus der Objektivation der Beschreibung wieder in den Prozeß der Erfahrung am Text zurückübersetzt werden, die den Leser an der Genese des ästhetischen Gegenstandes teilnehmen läßt" (Jauß 1991, 815).

Ästhetischer Genuss   Eine zentrale Funktion kommt dabei dem von Adorno scharf kritisierten Begriff des ästhetischen Genusses zu. Im Rückgang auf die aristotelischen Bestimmungen über das Vergnügen an tragischen Gegenständen als Zusammenführung von sinnlichem und geistigem Affekt hält Jauß an einem engen Zusammenhang von Genuss und Erkennen fest. Bewegt er sich damit einerseits in der Nähe von poststrukturalistischen Theorien wie Roland Barthes' *Die Lust am Text* (1984), so unterscheidet er sich von ihnen andererseits durch das Postulat einer durch das Lesen vermittelten Identitätserfahrung. Jauß definiert das ästhetische Genießen als Dialektik von Selbst- und Fremdgenuss, gedacht als „Einheit von verstehendem Genießen und genießendem Verstehen" (Jauß 1991, 85). Den drei Seiten des Hervorbringens (Poiesis), des Wahrnehmens (Aisthesis) und der Identifikation (Katharsis) entsprechend geht er von drei Grundkategorien der ästhetischen Erfahrung aus:

Ästhetisch genießendes Verhalten, das zugleich Freisetzung *von* und Freisetzung *für* etwas ist, kann sich in drei Funktionen vollziehen: für das produzierende Bewußtsein im Hervorbringen von Welt als seinem eigenen Werk (Poiesis), für das rezipierende Bewußtsein im Ergreifen der Möglichkeit, seine Wahrnehmung der äußeren wie der inneren Wirklichkeit zu erneuern (Aisthesis), und schließlich – damit öffnet sich die subjektive auf intersubjektive Erfahrung – in der Beipflichtung zu einem vom Werk geforderten Urteil oder in der Identifikation mit vorgezeichneten und weiterzubestimmenden Normen des Handelns (Jauß 1991, 88f.).

Am Leitfaden der ursprünglichen Bedeutung von Aisthesis als Wahrnehmung legt Jauß die Rezeptionsgeschichte eines Werkes in der Tradition der Phänomenologie als das Erreichen einer Bedeutungsfülle aus, die sich in der geschichtlichen Entwicklung vollende: „das vollendete Werk entfaltet in der fortschreitenden Aisthesis und Auslegung eine Bedeutungsfülle, die den Horizont seiner Entstehung bei weitem übersteigt" (Jauß 1991, 89). Das Ziel der Hermeneutik sei es daher, die Bedeutungsfülle eines literarischen Werkes im Akt des verstehenden Lesens einzuholen, wobei „der hermeneutische Vorgang als eine Einheit der drei Momente des Verstehens (intelligere), des Auslegens (interpretare) und des Anwendens (applicare) zu begreifen ist" (Jauß 1991, 813). In ähnlicher Weise wie bei Gadamer vollzieht sich das Verstehen als ein Akt der Horizontverschmelzung, demzufolge die Vergangenheitsdimension eines Textes in den gegenwärtigen Akt der Auslegung aufgenommen und über sich selbst hinausgeführt wird.

Bedeutungsfülle und Horizontverschmelzung

Der von Jauß postulierte Prozess des historischen Verstehens gehorcht dabei der Eingangsprämisse, „daß die historisch fortschreitende Konkretisation des Sinns literarischer Werke einer gewissen ‚Logik' folgt, die sich in der Bildung und Umbildung des ästhetischen Kanons niederschlägt" (Jauß 1991, 823). Schon die eigentümlich unbestimmte Anspielung auf eine „gewisse ‚Logik'", die hier im Spiel sein soll, verrät eine grundsätzliche Unsicherheit des rezeptionsgeschichtlichen Ansatzes. Sie weist darauf hin, dass auch Jauß noch an einem teleologischen Begriff von Geschichte festhält, der die Bedeutungsdimension des Kunstwerks in den Mittelpunkt rückt: „Das Werk der Vergangenheit erscheint uns darum als ‚noch sprechend', weil die *Form*, verstanden als Kunstcharakter, der die praktische Funktion als Zeugnis einer bestimmten Zeit überschießt, über den Wandel der Zeiten hinweg die *Bedeutung*, verstanden als implizite Antwort, die das Werk für uns sprechend macht, offen und damit gegenwärtig hält" (Jauß 1991, 739).

Teleologie der Geschichte

Die nicht unproblematischen Voraussetzungen einer geschichtlichen Kontinuität teilt Jauß mit Wolfgang Iser. Auch Iser definiert seinen Ansatz als eine Theorie der literarischen Wirkung, die mit der Figur des „impliziten Lesers" bei dem „im Text vorgezeichneten Aktcharakter des Lesens" (Iser

Wolfgang Iser und der Akt des Lesens

1972, 9) ansetzt. In der Gemeinsamkeit ergeben sich jedoch auch Differenzen. Iser versteht seine Theorie nicht als Rezeptions-, sondern als Wirkungsästhetik, da sie vom Text ausgehe und dessen Wirkung auf den Leser untersuchen will: „Da ein literarischer Text seine Wirkung erst dann zu entfalten vermag, wenn er gelesen wird, fällt eine Beschreibung dieser Wirkung weitgehend mit einer Analyse des Lesevorgangs zusammen" (Iser 1976, 7). Damit setzt Iser von vorneherein einen anderen Akzent als Jauß. Auch er verpflichtet sich jedoch letztlich einer phänomenologischen Theorie der Wahrheit als Übereinstimmung von Text und Lektüre, die sich an Husserls „Ideal der letzten Erfüllung" (Husserl 1990, 116f.) ausrichtet. „Textstruktur und Aktstruktur verhalten sich zueinander wie Intention und Erfüllung" (Iser 1976, 63), formuliert Iser in der Tradition der Husserlschen Phänomenologie. Im Mittelpunkt seines Interesses steht dabei der Begriff der Fiktionalität als Mitte zwischen dem lesenden Subjekt und der mitgeteilten Wirklichkeit (vgl. Sill 1997). Wie bei Jauß ist es die kommunikative Form der Literatur als Interaktion zwischen Text und Leser, die in das Zentrum der Untersuchung rückt. Isers Analysen, die sich am Leitfaden des Begriffes der Fiktionalität insbesondere an der Tradition der erzählenden Literatur ausrichten und dabei wichtige Ergebnisse zur Entwicklung des modernen Romans hervorgebracht haben, weisen damit zugleich in die Richtung einer allgemeinen Anthropologie des Lesens: Zur Debatte steht die Funktion der als Fiktion verstandenen und durch das Lesen vermittelten Literatur für das menschliche Leben.

Gunter E. Grimm: Rezeptionsgeschichte statt Rezeptionsästhetik

Einen anderen, stärker empirisch ausgerichteten Ansatz als Jauß und Iser hat Gunter E. Grimm in seiner Untersuchung *Rezeptionsgeschichte* (1977) verfolgt. Dabei ist es zunächst die Forderung nach Wertneutralität, die Grimm für den rezeptionsgeschichtlichen Ansatz erhebt: „Das Urteil über Ästhetizität sollte nicht am Anfang einer rezeptionsbedingten Sichtweise stehen; konsequenter stünde es am Schluß: als Resultat (unter anderen), nicht als fixiert normgebundene Prämisse von Rezeptionsforschung" (Grimm 1977, 17). Mit dieser Forderung entfernt sich Grimm von den philosophischen Vorgaben der Rezeptionsästhetik zugunsten einer stärker philologisch ausgerichteten Begründung der Rezeptionsforschung. Gegen die Annahme einer von allen Kontextzusammenhängen unabhängigen und in sich stabilen Leserfunktion erkennt Grimm in der „Reflexion der kommunikativen Situation, in der sich der Rezipient befindet" (Grimm 1977, 21), eine der wesentlichen Grundlagen der Rezeptionsforschung. Grimm weist in diesem Zusammenhang nicht nur auf den Unterschied zwischen einer Rezeptions- und einer Wirkungsästhetik hin (vgl. Grimm 1977, 24f.). Im Rahmen einer Neubestimmung der Begriffe „Wirkungsgeschichte" und „Rezeptionsgeschichte", derzufolge die Wirkungsgeschichte nach der Wirkung der Werke, die Rezeptionsgeschichte aber sowohl nach der Rezeption der Texte als auch nach der „Geschichte der rezipierenden Subjekte" (Grimm 1977, 30) fragt, orientiert sich Grimm in größerem Ausmaß als Jauß und Iser es getan haben an der Frage nach den historischen und empirischen Rahmenbedingungen der Rezeption literarischer Texte: „Im Rahmen einer Rezeptionsgeschichte interessiert ja nicht so sehr die potentielle Rezeption eines Textes als vielmehr die historisch stattgefundene" (Grimm

1977, 34), lautet das Argument, das Grimm gegen eine allzusehr an philosophischen Rahmenbedingungen orientierte Form der Rezeptionsforschung vorbringt. Vor diesem Hintergrund kommt Grimm das Verdienst zu, die Grundlagen für eine historisch-philologisch ausgerichtete Rezeptionsanalyse geliefert zu haben, die viele Missverständnisse der rein ästhetischen Begründung der Rezeptions- und Wirkungsgeschichte aus dem Weg geräumt hat.

In eine ganz andere Richtung weist der konstruktivistische Ansatz von Siegfried J. Schmidt. Zwar ist auch Schmidt an den empirischen Hintergründen der Rezeption literarischer Texte interessiert. Schmidt aber orientiert sich letztlich nicht an einem literaturwissenschaftlichen, sondern an einem „naturwissenschaftlichen Paradigma" (Bogdal 1996, 152): dem des biologischen und psychologischen Kognitivismus. Für den Konstruktivismus existieren die Instanzen Autor und Text nicht als erfahrbare Gegenstände, sondern allein als Zuschreibungsordnungen des jeweiligen Lesers. Die Erkenntnisleistung des Lesers bestimmt Schmidt daher auch nicht als die Erschließung einer wie auch immer gearteten objektiv vorgegebenen Wirklichkeit, sondern als einen selbständigen Akt des Erlebens und Erfahrens, der Realität erst erfindet: „Das Verstehen von Texten erscheint aus konstruktivistischer Sicht nicht mehr als eine, wie auch immer geartete Bedeutungs-‚Entnahme‘, sondern von Anfang an als Bedeutungs-Zuschreibung" (Scheffer 1993, 147). Wirklichkeit werde im Akt der Wahrnehmung vom rezipierenden Subjekt erst erzeugt, so lautet die umstrittene Prämisse des konstruktivistischen Ansatzes: „Rezipienten erzeugen Lesarten […] ohne Original" (Schmidt 1988, 151), formuliert Schmidt in Übereinstimmung mit poststrukturalistischen Ansätzen. Dem literarischen Text kommt damit nicht mehr wie in traditionellen hermeneutischen Modellen die Funktion einer ursprünglichen Bedeutungsstiftung zu, er erscheint im Rahmen kognitiver Systeme vielmehr als ein bloßer Reiz, der vom Leser aufgenommen und interpretativ verarbeitet wird. Für den Konstruktivismus verkörpert der empirische Leser daher die einzige Instanz, die überhaupt noch den Ausgangspunkt für wissenschaftliche Aussagen zulassen kann, Aussagen allerdings, die sich nicht auf die traditionellen Gegenstände der Literaturwissenschaft wie die Struktur und die Geschichte literarischer Texte richten, sondern nur noch – darin liegt zugleich die Nähe des Konstruktivismus zu systemtheoretischen Ansätzen (vgl. Sill 2001, 60f.) – auf die Beobachtung des Beobachters Leser. Literatur wird damit zu einer Funktion im kognitiven Wahrnehmungsprozess reduziert (vgl. Bogdal 1996, 153f.). In dem Maße, in dem Schmidt in einem letztlich biologisch fundierten Modell die Reizauslösung als Matrix für die Wirklichkeitserfahrung des Subjekts begreift, vollzieht er zugleich einen Übergang zur modernen Medienwissenschaft: Neue Medien übernehmen die Funktion der Wirklichkeitserzeugung, die in traditionellen Erklärungsmodellen den Subjekten vorbehalten geblieben war. Hat Schmidt der Literaturtheorie auch wichtige Impulse geben können, die zugleich in die Richtung einer allgemeinen Kulturwissenschaft weisen, so krankt der konstruktivistische Ansatz doch insgesamt an der Verkürzung literaturwissenschaftlicher Fragen auf biologisch und psychologisch begründete Kognitionszusammenhänge, die ihrer-

Konstruktivistische Ansätze: S. J. Schmidt

Konstruktivismus und Medientheorie

seits kritische Fragen aufwerfen, die letztlich nicht mehr auf dem Boden der Literaturtheorie, sondern dem der Naturwissenschaft beantwortet werden können.

Rezeptionsästhetik und Dekonstruktion

Nachdem Autor- und Werkbegriff im Laufe der Zeit immer stärker in die Kritik geraten waren, hat die Rezeptionsästhetik mit der Frage nach der Funktion des Lesers in gewisser Weise die letzte Karte der Hermeneutik ausgespielt. Gelöst hat sie die Probleme der Hermeneutik damit allerdings nicht, sie hat sie bestenfalls in den Bereich des lesenden Subjekts verschoben. Traditionellen hermeneutischen Entwürfen verpflichtet bleibt die Rezeptionsästhetik, da sie sowohl den Begriff des lesenden Subjekts als auch den der Wirkungsgeschichte einer Form der Identitätserfahrung unterstellt, die im Laufe der Theorie und Geschichte der Literatur immer fragwürdiger geworden ist. An diesem Punkt setzt etwa die Kritik der Rezeptionsästhetik von seiten der Dekonstruktion an. Rückt auch für amerikanische Theoretiker wie Stanley Fish oder Paul de Man der Akt des Lesens in das Zentrum der Literaturtheorie, so unterstellt etwa de Man seinen Ansatz ganz im Gegensatz zu hermeneutischen Entwürfen einer Melancholie des Scheiterns, da das Lesen keine Form der Identität herstelle, sondern die unaufhebbare Trennung von Subjekt, Text und Geschichte aufzeige. Husserls Ideal der letzten Erfüllung, das Isers Überlegungen zur Funktion des Lesers leitet, verkehrt sich zu einem „Ideal der letzten Enttäuschung", wenn de Man voraussetzt, die Sprache „stößt immer und trifft nie. Sie referiert, aber nie auf den richtigen Referenten" (de Man 1988, 227). In Frage steht damit die Grundvoraussetzung des hermeneutischen Ansatzes: dass es so etwas wie das Verstehen eines Textes überhaupt gebe. Dass diese kritische Frage an die eigenen Grundlagen der Hermeneutik selbst nicht unbekannt ist, zeigt der Entwurf einer Hermeneutik der Gewalt bei Nietzsche, Freud und Heidegger.

8. Hermeneutik der Gewalt: Nietzsche, Freud, Heidegger

Antihermeneutik

Heideggers Versuch einer ontologischen Begründung der Hermeneutik kommt nicht nur als Vorbild moderner hermeneutischer Positionen des 20. Jahrhunderts eine herausragende Bedeutung zu. Er lässt sich ebenso als Ansatz für eine „antihermeneutische" Wendung der Literaturtheorie verstehen, die sich nicht länger dem Begriff der geschichtlichen Kontinuität und Identität verschreibt, sondern die Momente von Diskontinuität und Gewalt zutage fördert. Zu Heideggers frühem Entwurf der Hermeneutik in *Sein und Zeit* bemerkt schon Günter Figal: „Heidegger gibt bereits in seinem Hauptwerk dem für die Hermeneutik zentralen Begriff des ‚Verstehens' eine antihermeneutische Wendung" (Figal 1982, 91). Die antihermeneutische Wende Heideggers offenbart sich vor allem in seinem Buch *Kant und das Problem der Metaphysik* aus dem Jahre 1929. In seinem Vorwort zur zweiten Auflage aus dem Jahre 1950 schreibt Heidegger:

Unablässig stößt man sich an der Gewaltsamkeit meiner Auslegungen. Der Vorwurf des Gewaltsamen kann an dieser Schrift gut belegt werden. Die philosophiehistorische Forschung ist mit diesem Vorwurf sogar jedesmal im Recht, wenn er sich gegen Versuche richtet, die ein denkendes Gespräch zwischen Denkenden in Gang bringen möchten. Im Unterschied zu den Methoden der historischen Philologie, die ihre eigene Aufgabe hat, steht ein denkendes Zwiegespräch unter anderen Gesetzen. Diese sind verletzlicher. Das Verfehlende ist in der Zwiesprache drohender, das Fehlende häufiger (Heidegger 1991, XVII).

In keineswegs unproblematischer Weise grenzt Heidegger den Bereich des philosophischen Denkens von den Methoden der historischen Philologie ab. Wo es dieser um ein Einverständnis in der Sache geht, lasse sich das Denken von keinem einfühlenden Verstehensakt Grenzen vorschreiben. Unabhängig von der philologischen Forderung nach dem angemessenen Verstehen der zu verhandelnden Sache verschreibe sich das philosophische Denken vielmehr einer Gewalt der Auslegung, deren Notwendigkeit Heidegger in deutlichen Worten herausstreicht: „Um freilich dem, was die Worte sagen, dasjenige abzuringen, was sie sagen wollen, muß jede Interpretation notwendig Gewalt brauchen" (Heidegger 1991, 202). Das Ziel der Auslegung liege entsprechend nicht darin, das Gesagte zu deuten, sondern durch die „Kraft einer vorausleuchtenden Idee […] das Ungesagte" (vgl. Bogdal 1999, 17 f.) des Textes zutagezufördern. Im konkreten Fall bedeutet das für Heidegger, Kants Trennung von Anschauung und Verstand gegen das neukantianische Denken auf die gemeinsame Wurzel der Zeit als einer ursprünglichen Form der Selbstaffektation zurückzuführen. Heideggers Affirmation der Gewalt lässt sich nicht mehr mit der hermeneutischen Forderung nach einer vernünftigen Einsicht in die Sache vereinbaren. Mit Longins Einsicht, dass „das Großartige unwiderstehliche Macht und Gewalt ausübt und jeglichen Hörer überwältigt" (Longinus 1988, 7), führt sie vielmehr historisch zu einer rhetorischen Strategie der Überwältigung zurück, die sich in der antiken Poetik meist mit dem Begriff des Erhabenen verband, der in der modernen Ästhetik insbesondere von Kant und Nietzsche wiederaufgegriffen wurde (vgl. Zelle 1995). Der philologischen Bemühung um die rechte Einsicht in die Sache läuft Heideggers Berufung auf die Gewalt der Auslegung zuwider, da sie sich einer anderen als der hermeneutischen Tradition verdankt: der rhetorischen Infragestellung des hermeneutischen Imperativs im Zeichen des Erhabenen (vgl. Hamacher 1998).

Heideggers Berufung auf Gewalt mag auf den ersten Blick skandalös klingen, und so ist die philosophische Berechtigung seiner Kantkritik, die darauf abzielt, im Horizont der Fragestellung von *Sein und Zeit* das Problem der Zeit in den Mittelpunkt der Kantischen Kritik zu stellen, auch in überzeugender Weise von seiten der philosophiehistorischen Forschung angegriffen worden (vgl. Henrich 1955, Düsing 1992). Unabhängig von der Frage nach der grundsätzlichen Berechtigung von Heideggers Kantinterpretation ist sein explizit „gewaltsamer" Zugriff auf die Geschichte der Metaphysik jedoch zugleich als Alternative zu herkömmlichen hermeneutischen Verfahren zu verstehen. Heidegger will einen Begriff der Auslegung etablieren, dem es nicht mehr darum geht, den Sinn eines Textes zu erfassen und in seiner verallgemeinerbaren Objektivität und Geschichtlichkeit auszuweisen. Er vertritt vielmehr die Überzeugung, dass in den überliefer-

Die Gewalt
der Auslegung

Gewalt
und Erhabenes

Literatur
und Ungedachtes

ten Texten der Metaphysik und der Literatur ein Ungedachtes zur Sprache kommt, das sich nicht vollständig in Verstehen übersetzen lässt.

Interpretation als Wille zur Macht

Diese Einsicht teilt Heidegger mit Nietzsche und Freud. Wie Werner Hamacher gezeigt hat, lässt sich schon Nietzsche von einem Begriff der Hermeneutik leiten, der mit der Prämisse des Verstehens bricht (vgl. Hamacher 1998, 77 f.) Mit der umstrittenen Theorie des Willens zur Macht formuliert Nietzsche zum einen die These, dass letztlich alles auf Interpretationen zurückgeht, zum anderen aber die Vorstellung, dass sich hinter den Interpretationen keine Form der Wahrheit mehr verberge. Nietzsches Gleichsetzung von Macht und Interpretation deutet Hamacher daher als Subversion der traditionellen Hermeneutik zugunsten einer Hermeneutik der Gewalt, die Nietzsche und Heidegger verbindet: *„Der Wille zur Macht interpretiert*, besagt also, daß das Interpretieren, das er ist, sich als *Selbst-Vergewaltigung* zunächst auf ihn selbst und auf ihn als auf einen anderen bezieht" (Hamacher 1998, 100). Im Rahmen eines genealogischen Ansatzes, den Michel Foucault von Nietzsche übernehmen konnte (vgl. Foucault 1987, 69–90), geht es Nietzsches Hermeneutik des Willens darum, die Herrschaftsregeln zu rekonstruieren, die zu einer bestimmten historischen Konstellation geführt haben. Die Implikationen von Nietzsches Genealogie des Willens für die Theorie der Interpretation hat Foucault hervorgehoben:

Wenn Interpretieren hieße, eine im Ursprung versenkte Bedeutung langsam ans Licht zu bringen, so könnte allein die Metaphysik das Werden der Menschheit interpretieren. Wenn aber Interpretieren heißt, sich eines Systems von Regeln, das in sich keine wesenhafte Bedeutung besitzt, gewaltsam oder listig zu bemächtigen, und ihm eine Richtung aufzuzwingen, es einem neuen Willen gefügig zu machen, es in einem anderen Spiel auftreten zu lassen und es anderen Regeln zu unterwerfen, dann ist das Werden der Menschheit eine Reihe von Interpretationen. Und die Genealogie muß ihre Historie sein: die Geschichte der Moralen, der Ideale, der metaphysischen Begriffe, die Geschichte des Begriffs der Freiheit oder des asketischen Lebens als der verschiedenen Interpretationen, welche auf dem Theater der Handlungen und der Gerichtsverfahren auftreten (Foucault 1987, 78).

Kritik des Ursprungs

Was Foucault an Nietzsches Genealogie hervorhebt, ist die Absage an die hermeneutische Kategorie der Ursprünglichkeit des Verstehens und der Bedeutung zugunsten der Anerkennung einer in der Geschichte der Metaphysik verborgenen Form der Gewalt, die die unterschiedliche Interpretation der Wahrheit in der Geschichte bestimmt habe. Indem Nietzsche den hermeneutischen Willen zur Wahrheit aus dem Willen zur Macht ableitet, vollzieht er eine Subversion der Hermeneutik im Zeichen eines Denkens der Macht, das zwar noch Interpretation ist, aber eine solche, die sich ihres Gewaltpotentials bewusst ist.

Schrift und Unbewusstes

In ähnlicher Weise lässt sich bei Freud ein Moment der Gewalt der Auslegung ausmachen. Indem er das dynamische Prinzip des Unbewussten in das Zentrum seiner Theorie stellt, entfernt sich auch Freud, darin einer der wesentlichen Vorläufer der Dekonstruktion, von den Vorgaben der traditionellen Hermeneutik. Zwar stellt auch Derrida fest, dass „die Traumdeutung zunächst eine Lektüre und eine Entzifferung" (Derrida 1972, 317) ist. Aber er unterstreicht zugleich, dass es Freuds Theorie der Entzifferung so wenig wie Nietzsche oder Heidegger um die Restitution eines ursprünglichen

Sinns geht. Der energetische Charakter des psychischen Apparats verrate vielmehr die Spuren des Unbewussten als Resultat eines durch einen Gewaltakt hervorgerufenen Einschreibeprozesses, demzufolge die hermeneutische Kategorie des Sinnes nur von ursprünglich destruktiv ausgerichteten Kräfteverhältnissen abgeleitet sei. Am Ursprung des tiefenhermeneutisch zu bestimmenden Sinns steht bei Freud wie bei Nietzsche eine unhintergehbare Form der Gewalt: „Die Kraft erzeugt den Sinn" (Derrida 1972, 326), formuliert Derrida im Blick auf Freuds Begriff des Unbewussten als dem Schauplatz einer Einschreibung, deren ursprüngliche Gewalt sich nur an den versprengten Spuren rekonstruieren lasse, die sie in der Psyche hinterlassen habe.

Die philologische Berechtigung von Freuds, Nietzsches und Heideggers Revision der klassischen Hermeneutik ist zwar oft bezweifelt worden. Trotzdem kann gerade der ihnen gemeinsame Rekurs auf ein der Auslegung inhärentes Moment der Gewalt als eine der wesentlichen Grundlagen für antihermeneutische Ansätze verstanden werden, die im Zuge poststrukturalistischer Texttheorien zunehmend an Bedeutung gewonnen haben. Wie Bogdal zu Recht hervorgehoben hat, handelt es sich insbesondere bei Heideggers Kantbuch, das die Grundlagen für eine antihermeneutische Hermeneutik der Gewalt legt, daher noch immer „um einen in Zusammenhang mit der Debatte um Hermeneutik und Antihermeneutik zu wenig beachteten Text" (Bogdal 1999, 17).

Hermeneutik der Gewalt und Poststrukturalismus

9. Möglichkeiten der Hermeneutik heute

Mit dem Streit um die Grenzen der Hermeneutik im Zeichen neuer Literaturtheorien stellt sich zugleich die Frage nach ihren aktuellen Möglichkeiten. Schätzte Birus den Status der modernen Hermeneutik noch 1982 als „changierend zwischen dem Hautgout des historisch Abgetanen und der Verheißung neuer Horizonte" (Birus 1982, 6) ein, so forderte Szondi angesichts der Herausforderungen der neuen französischen Literaturtheorien bereits 1970 die Kontur einer „noch ausstehenden neuen Interpretationslehre, zu deren Ausarbeitung die Literaturwissenschaft mit der neueren Sprachwissenschaft sich verbünden muß, um über jene heute übliche Praxis der Interpretation hinauszugelangen" (Szondi 1978b, 109). Es ist der zeitgeschichtliche Horizont einer Verbindung von Literaturwissenschaft und Linguistik, der Szondis kritische Überlegungen zur literarischen Hermeneutik leitet. Die von Szondi geforderten Vermittlungsversuche sind jedoch zu großen Teilen ausgeblieben. Offenbar ist die Hermeneutik zu tief in der philosophischen Tradition verwurzelt, um sich anderen Disziplinen auf gewinnbringende Weise öffnen zu können. Zwar haben sich Uwe Japp und Manfred Frank um eine Neubegründung der Hermeneutik und zugleich um eine Verständigung zwischen den traditionellen hermeneutischen Modellen und den Theorien des Poststrukturalismus bemüht. Aber auch Japps Entwurf einer *Hermeneutik der Entfaltung* (Japp 1977, 10), die bei dem Begriff der Polysemie ansetzt, um nicht aus der Einheit, sondern der Differenz des Sinns heraus zu operieren, verpflichtet sich in der

Hermeneutik heute

Hermeneutik der Entfaltung: Uwe Japp

Frage nach dem Zusammenspiel von sprachlichem Zeichen, Zeit und Sinn letztlich einem Begriff der literarischen Präsenz, der bei aller Luzidität von dekonstruktiven Theorien eine überzeugende Kritik hat erfahren müssen, während Franks Bemühungen von einem einseitigen Festhalten an der romantischen Tradition Schleiermachers und Fichtes überschattet wird. Frank übersieht dabei insbesondere, dass bereits in der geschichtlichen Begründung der Hermeneutik bei Schleiermacher ihre Grenzen deutlich werden. Wie Norbert Altenhofer betont hat, lautet die Voraussetzung der Hermeneutik von Schleiermacher bis heute: „Es gehört zu den Grundannahmen des hermeneutischen Umgangs mit Texten, daß die Verfahrensweise der Auslegung ihrem Gegenstand nicht [...] äußerlich bleiben dürfe" (Altenhofer 1993, 39). Schon die Entstehungsgeschichte der Hermeneutik im 18. Jahrhundert verweist aber auf Bedingungen, die ihr selbst äußerlich sind. Das hat bereits Klaus-Michael Bogdal hervorgehoben. Bogdal betont in kritischer Absicht, „daß die neuzeitliche Hermeneutik nach Schleiermacher [...] ihre historischen Konstituierungsbedingungen weitgehend ausgeblendet hat" (Bogdal 1999, 13 f.). Als autonome Disziplin, deren Aufgabe in der Vermittlung zwischen Philosophie und Literatur auf der einen Seite und zwischen Literatur und Öffentlichkeit auf der anderen Seite liegt, verweise die Herausbildung der modernen Hermeneutik vielmehr auf einen grundlegenden Wandel des Wissens, innerhalb dessen das hermeneutische Denken sich überhaupt erst habe konstituieren können. „Die hermeneutische Wende zu Beginn des 19. Jahrhunderts läßt sich vom Wandel des Wissens und der Ausdifferenzierung der Schriftlichkeit um 1800 nicht trennen" (Bogdal 1999, 14). Die Überantwortung der Hermeneutik an die diskursiven Rahmenbedingungen, denen ihre Entstehungsgeschichte unterworfen war, verdeutlicht nicht nur noch einmal den Grund für Szondis Forderung nach einer Vermittlung von hermeneutischen und modernen linguistischen Theorien. Im Rahmen der umfassenden diskursiven Veränderungen, die die letzten Jahrzehnte erschüttert haben und die insbesondere zur Herausbildung von kulturwissenschaftlichen und medientheoretischen Ansätzen geführt haben, steht die Möglichkeit einer modernen Hermeneutik weiter kritisch in Frage.

Hermeneutik und Diskursanalyse

IV. Strukturalismus

1. Literaturwissenschaft und Linguistik

Seit ihrer Begründung durch Schleiermacher ist die Geschichte der Hermeneutik unlösbar mit der der Philosophie verbunden, die im 18. und 19. Jahrhundert eine kaum zu erschütternde Vormachtstellung im Systemverbund der Geisteswissenschaften einnahm. Erst im 20. Jahrhundert verliert die Philosophie ihre zentrale Position innerhalb der historisch ausgerichteten Geisteswissenschaften und damit auch ihre Vorbildfunktion für die Theorie der Literatur. Dafür ist nicht allein die Herausbildung der modernen Naturwissenschaften verantwortlich. Entscheidende Impulse für eine neue Auffassung von Sprache und Literatur gehen vielmehr von der modernen Linguistik aus, die sich zu Beginn des 20. Jahrhunderts mit dem Werk des Genfer Sprachwissenschaftlers Ferdinand de Saussure als ein eigenständiges Arbeitsgebiet zu konstituieren beginnt. Im Rahmen des „linguistic turn" (Rorty 1967), der die Grundlagen der Geisteswissenschaften im 20. Jahrhundert entscheidend verändert, etabliert sich neben der sprachanalytischen Philosophie das strukturalistische Denken, das sich ausgehend von einer breiten Rezeption Saussures bald zu einem internationalen Phänomen ausweitet. (vgl. Schiwy 1969, Dosse 1999, Albrecht 2000) Gewinnt der Strukturalismus insbesondere im Paris der fünfziger und sechziger Jahre eine zentrale Funktion für alle Bereiche des Wissens, so wurde in Deutschland dagegen „die ‚klassische' Phase des Strukturalismus übersprungen" (Albrecht 2000, 2), da die vornehmlich historisch ausgerichtete Sprachwissenschaft einer Rezeption des Strukturalismus lange Zeit entgegenstand. Legt schon der Grundbegriff der *structura* in der architektonischen Bedeutung „schichten, aufbauen, ordnen" die Idee nahe, dass es sich beim Strukturalismus um eine räumliche Ordnungswissenschaft handelt, so konnte sich der Strukturalismus in Deutschland von Beginn an nur gegen einen erheblichen Widerstand von seiten der historisch ausgerichteten Sprach- und Literaturwissenschaften durchsetzen, der zu einer signifikanten Verspätung der Rezeption und auf dem Feld der Literaturtheorie zu einem Streit zwischen hermeneutischen und strukturalistischen Positionen führte, der in gewisser Weise noch bis heute andauert.

Dabei offenbart sich die Erfolgsgeschichte des Strukturalismus im 20. Jahrhundert zugleich als die einer Entfernung von den linguistischen Grundlagen, die der Genfer Sprachwissenschaftler Ferdinand de Saussure bereitgestellt hatte. Lässt sich Saussures Werk auch keineswegs eindeutig auf den Begriff der Struktur festlegen, so arbeitete Roman Jakobson auf den sprachwissenschaftlichen Grundlagen Saussures eine Theorie der Literatur aus, deren Ziel im Nachweis der poetischen Funktion der Sprache lag. Erscheint die poetische Funktion der Sprache bei Jakobson als ein selbstreferentieller Bezug des Zeichens zur eigenen sprachlichen Funktion, so konn-

Linguistic turn

Begriff der Struktur

Saussure und der Strukturalismus

ten der Psychoanalytiker Jacques Lacan, der Marxist Louis Althusser und die Literaturwissenschaftler Roland Barthes und Gérard Genette in Anknüpfung an die textsemiotischen Arbeiten von A. J. Greimas das Wissensgebiet des Strukturalismus auf beinahe alle Gebiete erweitern, die traditionell den Geisteswissenschaften vorbehalten waren.

Strukturalismus und Poststrukturalismus

So erfolgreich die Geschichte des Strukturalismus bis in die sechziger Jahre hinein verlief, so spektakulär endete sie jedoch im Jahr 1966 mit dem zeitgleichen Erscheinen einer neuen Denkbewegung, die sich zwar noch von einigen Vorgaben der Strukturalisten beeinflussen ließ, die aber insgesamt mit den wissenschaftlichen Idealen des strukturalistischen Denkens brach. Erscheint die Rede von der poetischen Funktion der Sprache, die im Strukturalismus im Anschluss an Jakobson gang und gäbe war, aus heutiger Sicht oft nur noch als eine Tautologie, derzufolge das Poetische der Sprache eben darin liegt, dass es eine poetische Funktion der Sprache gibt, so wendeten sich sowohl die Diskursanalyse Michel Foucaults als auch die Dekonstruktion Jacques Derridas gegen die Prämissen des strukturalistischen Denkens, indem sie den Gedanken der Strukturalität der Struktur kritisch auflösten und durch ein unabschließbares System von Differenzen ersetzten, das die Sprache bestimmt. Auf einer ganz anderen Grundlage formulierte der Pariser Sprachwissenschaftler Henri Meschonnic eine linguistische Poetik, die den Kernbegriff der Struktur in einer durch Benveniste vermittelten Revision Saussures durch den des offenen Systems zu ersetzen versuchte. Vor diesem Hintergrund verkörpert der Strukturalismus nicht nur eine der wirkungsmächtigsten Literaturtheorien des 20. Jahrhunderts, sondern zugleich die Grundlage, auf der auch die neuen Literaturtheorien der Postmoderne aufbauen konnten.

2. Ferdinand de Saussure und die Begründung der modernen Linguistik

Linguistik und Strukturalismus

Ist die Geschichte der Hermeneutik vor allem mit dem Namen Schleiermachers verbunden, so die des Strukturalismus mit dem Namen Saussures. „Wenn das Wort Strukturalismus irgend etwas entspricht, dann vor allem einer neuen Art und Weise, die Probleme in den Wissenschaften zu stellen und zu erforschen, die von Zeichen handeln: eine Art und Weise, die mit der Saussureschen Linguistik begonnen hat" (Wahl 1973, 7), stellt François Wahl 1968 rückblickend fest. Die Behauptung, Saussure sei als Begründer der modernen Linguistik zugleich der des Strukturalismus, bedarf jedoch einer Einschränkung. In seinem zentralen Werk, den posthum erschienenen *Grundfragen der allgemeinen Sprachwissenschaft*, geht Saussure nicht vom Begriff der Struktur aus. Der Begriff, den er in das Zentrum seiner Überlegungen stellt, ist vielmehr der des Systems (vgl. Albrecht 2000, 233). Saussure definiert die Sprache als ein System von Zeichen, das sich in die drei Bereiche von *langue*, *langage* und *parole* differenzieren lasse. Insbesondere den beiden Bereichen *langue* (Sprache) und *parole* (Sprechen) kommt dabei eine zentrale Bedeutung zu. Unter der *langue* versteht Saussure das sprachliche System der Zeichen, unter der *parole* hingegen den individuellen Akt des Sprechens. Die Unterscheidung von *langue* und *parole*, von Sprache und Sprechen, nennt damit eine Basisdifferenz, die weiteren Differenzierungsversuchen vorsteht: „Indem man die Sprache vom Sprechen scheidet, scheidet man zugleich: 1. das Soziale vom Individuellen; 2. das Wesentliche vom Akzessorischen und mehr oder weniger Zufälligen." (Saussure 1967, 16) Der Schwerpunkt von Saussures Untersuchung liegt daher zunächst auf dem Begriff der *langue*: „man muß sich von Anfang an auf das Gebiet der Sprache [langue] begeben und sie als die Norm aller andern Äußerungen der menschlichen Rede gelten lassen" (Saussure 1967, 11). Der Grund für die für das strukturalistische Denken äußerst folgenreiche Privilegierung der *langue* bei Saussure ist ihr Anspruch der Autonomie: „die Sprache ist ein System, das nur seine eigene Ordnung zuläßt" (Saussure 1967, 27). Saussure versteht die *langue* als ein selbständiges System von Zeichen, das er wie Wittgenstein mit einem Schachspiel vergleicht, um dessen Eigengesetzlichkeit als „ein System unterschiedlicher Zeichen, die unterschiedenen Vorstellungen entsprechen" (Saussure 1967, 12), aufzuzeigen.

Der Begriff, den Saussure mit dem Systemcharakter der Sprache verbindet, ist der des sprachlichen Zeichens. Das Zeichen unterscheidet Saussure wiederum in die zwei Seiten von Signifikant und Signifikat. Der Signifikant umfasst die lautliche, das Signifikat hingegen die konzeptuelle Seite des Zeichens: „Das sprachliche Zeichen vereinigt in sich nicht einen Namen und eine Sache, sondern eine Vorstellung und ein Lautbild" (Saussure 1967, 77). Indem er mit der Einführung der Begriffe des Signifikanten und des Signifikats der traditionellen Definition des sprachlichen Zeichens als der Verbindung von Ding und Namen begegnet, wendet sich Saussure insbesondere gegen eine Sprachauffassung, die er als Nomenklatur bezeichnet: „Für manche Leute ist die Sprache im Grunde eine Nomenklatur, d. h. eine Liste von Ausdrücken, die ebensovielen Sachen entsprechen" (Saussure 1967, 76). Saussure geht dagegen von der radikalen Arbitrarität des sprachlichen Zeichens aus. „Das Band, welches das Bezeichnete mit der Bezeichnung verknüpft, ist beliebig [arbitraire]" (Saussure 1967, 79). Arbiträr sei das Zeichen, da die Verbindung von Signifikant und Signifikat, von Lautbild und Vorstellung, auf keinen Ursprung in der Sache zurückgehe und weil es trotz des immer wieder angeführten Beispiels der Lautmalerei keinen natürlichen Grund gebe, warum ein bestimmtes Lautbild einer bestimmten Vorstellung zugeordnet sei.

So zentral Saussures Theorie von der Arbitrarität des sprachlichen Zeichens als Grundlage des Systemcharakters der Sprache auch ist, so sehr hat sie in der Rezeptionsgeschichte der modernen Linguistik zu Missverständnissen geführt. Missverstanden wurde sie, da Saussure mit der Arbitrarität des sprachlichen Zeichens allein die Verbindung von Lautbild und Vorstellung meint, nicht aber die des Zeichens mit einem wirklichen Gegenstand. Die Definition des Zeichens als Doppel von Signifikant und Signifikat legt zunächst den Gedanken nahe, Saussure sei von einem strikt binären Charakter der Sprache ausgegangen. Wie Jörg Albrecht festgehalten hat, geht es bei Saussure jedoch um ein triadisches Modell. „Saussure steht somit in der langen Traditionsreihe triadischer Zeichenmodelle, die sich über die

Saussures Begriff der langue

Das sprachliche Zeichen

Arbitrarität des Zeichens

Stoiker hinaus zurückverfolgen lassen dürfe" (Albrecht 2000, 44 f.). Um ein triadisches Modell handelt es sich, da das Signifikat nicht allein vom Signifikanten unterschieden werden muss, sondern ebenso vom Referenten, dem bezeichneten Gegenstand. In der Unterscheidung von Signifikant, Signifikat und Referent liegt zugleich das zentrale Missverständnis beschlossen, das die Arbitrarität des Zeichens betrifft: Willkürlich ist allein die Verbindung von Signifikant und Signifikat, die von Zeichen und Referent hingegen ist konventionell, sie ist durch eine Sprachgemeinschaft festgelegt (vgl. Benveniste 1974, 61–68). Ungeachtet der innovativen Leistung seines Ansatzes nimmt Saussure mit der Unterscheidung der Arbitrarität des sprachlichen Zeichens und der Konventionalität des referentiellen Bezugs von der Sprache daher zugleich Aspekte des aristotelischen Sprachdenkens auf.

Arbitrarität und Differentialität
Revolutionär gewirkt hat vor diesem Hintergrund nicht der Gedanke der Arbitrarität allein, sondern die Verbindung von Arbitrarität und Differentialität des sprachlichen Zeichens: „Beliebigkeit und Verschiedenheit sind zwei korrelative Eigenschaften" (Saussure 1967, 141). In dem Maße, in dem sich die *langue* als ein System von arbiträren Zeichen konstituiert, kann Saussure daher sagen: „Alles Vorausgehende läuft darauf hinaus, daß es in der Sprache nur Verschiedenheiten [différences] gibt" (Saussure 1967, 143). Mit dem Gedanken der Differentialität des sprachlichen Zeichens spricht Saussure zugleich den Grundgedanken des Strukturalismus an: dass sich die sprachliche Bedeutung in einem geschlossenen System von Zeichen nur durch die Differenz ergibt, die ein Zeichen von allen anderen Zeichen des Systems unterscheidet. Entscheidend ist also nicht, was ein Zeichen von sich aus zu bedeuten vorgibt, sondern der Differenzcharakter, der das gesamte System der Sprache bestimmt. Damit formuliert Saussure eine Einsicht, die nicht nur für den Strukturalismus, sondern auch für den Poststrukturalismus von zentraler Bedeutung geblieben ist.

Syntagma und Paradigma
Zu dem zentralen Begriff der Differentialität tritt ein zweiter ergänzend hinzu: der der Abwesenheit. Saussure verbindet ihn mit der Einführung des Begriffsgegensatzes von Syntagma und Paradigma. Unter dem Syntagma versteht Saussure eine lineare, zeitlich geordnete Kette von Zeichen, unter dem Paradigma hingegen eine räumlich-vertikal geordnete Assoziationskette. Dabei sei das Syntagma durch das Merkmal der Präsenz, das Paradigma hingegen durch das der Absenz bestimmt: „Die syntagmatische oder Anreihungsbeziehung besteht *in praesentia*: sie beruht auf zwei oder mehreren in einer bestehenden Reihe neben einander vorhandenen Gliedern. Im Gegensatz dazu verbindet die assoziative Beziehung Glieder *in absentia* in einer möglichen Gedächtnisreihe." (Saussure 1967, 148) Präsentisch ist das Syntagma, da es unterschiedliche Zeichen in einer zeitlichen Folge miteinander verbindet. Dem Paradigma liegt hingegen ein Begriff der Absenz zugrunde, da aus dem System der *langue* und dessen verschiedenen Möglichkeiten nur ein Element ausgewählt wird, alle anderen Zeichen aufgrund des differentiellen Charakters des Systems der Sprache also nur in der Form der Abwesenheit eine Rolle spielen. Es ist gerade die Verbindung von Differentialität und Abwesenheit bei Saussure, die für das poststrukturalistische Denken zur entscheidenden Grundlage wurde.

Die Revolution, die Saussures Theorie für das moderne Denken der Sprache bedeutet, lässt sich vor diesem Hintergrund in einem Satz zusammenfassen: „die Sprache ist eine Form und nicht eine Substanz" (Saussure 1967, 146). Saussures Hinweis auf den Formcharakter der Sprache betrifft zunächst allein die Linguistik als die neue Wissenschaft der Sprache. Saussure legt jedoch zugleich die Grundlage für eine Theorie der Literatur, die nicht mehr wie etwa die Hermeneutik an der substantiellen Bedeutung der Sprache als einer geistig zu fassenden Idee festhält, sondern die mit dem Systemcharakter der Sprache die Unterscheidung von Signifikant und Signifikat in den Mittelpunkt ihres Ansatzes stellt und davon ausgeht, dass Bedeutungsstrukturen sich erst durch die Differentialität des Zeichens konstituieren. Die sprachtheoretischen Grundlagen, die das Werk Saussures bereithält, sind von Roman Jakobson weiterentwickelt und im engeren Sinne auf den Bereich der Literatur bezogen worden.

Form und Substanz

3. Roman Jakobson und die poetische Funktion der Sprache

In Saussures Werk spielte der Begriff der Struktur kaum eine Rolle. Die eigentliche Begründung des Strukturalismus vollzieht erst der russische Sprachwissenschaftler Roman Jakobson. Als Mitbegründer der 1926 nach dem Vorbild des Moskauer Linguistenkreises gegründeten Prager Schule steht Jakobson für die Forderung nach einer Verbindung von Linguistik und Literaturwissenschaft ein, die für sich in Anspruch nehmen kann, die Theorie der Literatur auf neue Grundlagen gestellt zu haben.

Linguistik und Literaturwissenschaft

Ausgangspunkt von Jakobsons Überlegungen zur Literatur ist die Einbettung der Poetik in die Linguistik: „Die Linguistik als umfassende Wissenschaft der Struktur der Sprache behandelt die Poetik als einen integralen Bestandteil ihres Forschungsgebietes" (Jakobson 1979, 84). Im Unterschied zu Saussure formuliert Jakobson von vorneherein ein Interesse an literarischen Fragen, das sein sprachwissenschaftliches Werk schon von den Anfängen her begleitet hat (vgl. Jakobson 1982, 9).

Poetik und Linguistik

Im Mittelpunkt von Jakobsons Aufmerksamkeit steht die Frage nach der spezifisch poetischen Funktion der Sprache. In seinem zentralen Aufsatz *Was ist Poesie?* unterstreicht Jakobson: „Was wir betonen, ist nicht der Separatismus der Kunst, sondern die Autonomie der ästhetischen Funktion" (Jakobson 1979, 78). Mit der Autonomie des Ästhetischen scheint Jakobson zunächst nur den Grundgedanken der Ästhetik des 18. und 19. Jahrhunderts aufzunehmen. Wie Harald Weinrich gezeigt hat, begründet er ihn jedoch auf eine ganz neue Weise: „Die ästhetische oder auch poetische oder künstlerische Funktion der Sprache ist nach Jakobson eine sich selbst als Zweck setzende, ‚autotelische' Funktion, in der die alltägliche Intransivität der Sprache auf sich selbst zurückgebogen ist" (Weinrich 1985, 234). Von einer autonomen Funktion der poetischen Sprache spricht Jakobson im Blick auf eine Form der Bedeutung, die nicht mehr etwas in der Welt meint, sondern die sich auf sich selbst und die eigene Sprachlichkeit bezieht: „Dadurch, daß das Wort als Wort, und nicht als bloßer Repräsentant

Die poetische Funktion der Sprache

des benannten Objekts oder als Gefühlsausbruch empfunden wird" (Jakobson 1979, 79). Es ist diese selbstbezügliche Form der Autonomie der ästhetischen Funktion, die Jakobson im Sinne einer linguistischen Begründung der Poesie als einer besonderen Form der Sprachverwendung mit dem zentralen Begriff der *„Poetizität"* (Jakobson 1979, 78) der Sprache benennt.

Poetizität und Selbstreferentialität

Indem Jakobson die Poetizität der Sprache in den Mittelpunkt seiner Theorie stellt, greift er zunächst auf Bühlers Unterscheidung der referentiellen (denotativen), emotiven und konnotativen Funktion der Sprache zurück (vgl. Bühler 1982). Von ihnen unterschieden seien jedoch sowohl die Metasprache der Wissenschaften als auch die poetische Funktion der Sprache in literarischen Texten: „Die *Einstellung* auf die BOTSCHAFT als solche, die Ausrichtung auf die Botschaft um ihrer selbst willen, stellt die POETISCHE Funktion der Sprache dar" (Jakobson 1979, 92). Die poetische Funktion deckt sich demnach weder mit der denotativen noch erschöpft sie sich in der konnotativen oder emotiven Funktion der Sprache. Vielmehr zeichne sie sich dadurch aus, dass nicht das Mitzuteilende im Mittelpunkt ihrer Aufmerksamkeit stehe, sondern das Wie der Mitteilung. Den Begriff der Poetizität der Sprache begründet Jakobson durch ein selbstreferentielles Sprachmodell, das sich in der Literatur offenbare. Mit der Idee von der Selbstreferentialität der dichterischen Sprache stellt Jakobson nicht nur eine wesentliche Grundlage postmodernen Denkens bereit. Während der Poststrukturalismus dazu neigt, die poetische Funktion der Sprache mit dem Hinweis auf Mallarmé als die Negation ihres referentiellen Bezuges zu begreifen (vgl. Kristeva 1978, Derrida 1995), geht Jakobson vom hermeneutischen Prinzip der Mehrdeutigkeit der Sprache aus: „Der Vorrang der poetischen Funktion vor der referentiellen löscht den Gegenstandsbezug nicht aus, sondern macht ihn mehrdeutig" (Jakobson 1979, 111). Mit dem Prinzip der Mehrdeutigkeit der poetischen Funktion der Sprache zeigt sich zugleich ein Berührungspunkt zwischen strukturalistischem und hermeneutischem Denken, der häufig durch ihre polemische Gegenüberstellung verdeckt wird (vgl. Ricœur 1973).

Selektion und Kombination

Von entscheidender Bedeutung für Jakobsons Begriff der poetischen Funktion der Sprache ist die Differenzierung zwischen den beiden Ebenen der „Selektion und Kombination" (Jakobson 1979, 94). Mit der Unterscheidung von Selektion und Kombination nimmt Jakobson zunächst die Saussuresche Unterscheidung von Paradigma und Syntagma wieder auf. Wie das Paradigma besteht die Selektion in der Auswahl eines Wortes aus einer assoziativen Kette (etwa aus dem Wortfeld „Kind" die verschiedenen Möglichkeiten Kind, Baby, Knirps, Bengel etc.), die Kombination beruht hingegen wie das Syntagma auf der Zusammenstellung der ausgewählten Wörter zu einer Aussage. Die Unterscheidung von der selektiven und der kombinatorischen Achse der Sprache fasst Jakobson in einer folgenreichen Definition zusammen: „Die Selektion vollzieht sich auf der Grundlage der Äquivalenz, der Ähnlichkeit und Unähnlichkeit, der Synonymie und Antinomie, während der Aufbau der Sequenz auf Kontiguität basiert. *Die poetische Funktion projiziert das Prinzip der Äquivalenz von der Achse der Selektion auf die Achse der Kombination*" (Jakobson 1979, 94). Indem er der paradigmatischen Achse der Selektion den Begriff der Ähnlichkeit, der syntagmatischen Achse der Kombination hingegen den der Kontiguität unterlegt, greift Jakobson über Saussures Unterscheidung von Syntagma und Paradigma auf die rhetorischen Figuren Metapher und Metonymie zurück. Jakobson zufolge funktioniert die paradigmatische Ebene der Selektion nach dem Prinzip der Metapher, die syntagmatische Funktion der Kombination hingegen nach dem Prinzip der Metonymie. Die poetische Funktion der Sprache beruhe demnach auf der Übertragung der metaphorischen Achse der Selektion auf die metonymische Achse der Kombination. Belegt hat Jakobson diese für seine Theorie der Literatur zentrale These von der Überlagerung der Metapher durch die Metonymie vor allem anhand der Prosa Pasternaks. Dass Jakobsons eigene Interpretation literarischer Texte nicht immer so innovativ war wie die Erweiterung der Saussureschen Unterscheidung von Paradigma und Syntagma auf die rhetorischen Begriffe von Metapher und Metonymie und die Definition der poetischen Funktion der Sprache als Kombination beider Achsen, zeigt die immer wieder als strukturalistische Modellinterpretation zitierte und gemeinsam mit Claude Lévi-Strauss veröffentlichte Analyse von Baudelaires Gedicht *Les chats*, die eine enge Verbindung von Reim und Grammatik herauszustellen versucht, letztendlich jedoch nur eine genaue, aber relativ konventionelle Versanalyse vornimmt (vgl. Jakobson/Lévi-Strauss 1972). Trotz dieser Einschränkungen kann Jakobson mit seiner Theorie von der Poetizität aber beanspruchen, ein neues Paradigma geschaffen zu haben, das die nächsten Jahrzehnte der literaturtheoretischen Diskussion in entscheidender Weise bestimmen sollte: das einer Verbindung von Linguistik und Literaturwissenschaft: „Denn wir alle begreifen jetzt, daß ein Linguist, der sich gegenüber der poetischen Funktion der Sprache verschließt, und ein Literaturwissenschaftler, der sich über linguistische Fragen und Methoden hinwegsetzt, gleicherweise krasse Anachronismen sind" (Jakobson 1979, 119), formuliert Jakobson im vollen Selbstbewusstsein der Veränderungen, die sein Ansatz für die Theorie der Literatur bedeutete.

Metapher und Metonymie

Linguistik und Literaturtheorie

4. Strukturalismus und Psychoanalyse: Jacques Lacan

Jakobsons Theorie der Literatur ruht noch ganz auf dem Boden der Linguistik als einer Wissenschaft, die ihre Erklärungsmodelle allein auf die Sprache bezieht. Mit der Herausbildung des strukturalistischen Denkens im Paris der fünfziger und sechziger Jahre erweitert die Linguistik ihren Erkenntnisanspruch auch auf andere Felder des Wissens wie die Ethnologie oder die Psychoanalyse. Aus sprachwissenschaftlicher Sicht bedeutet der Pariser Strukturalismus daher zunächst eine kaum zu verantwortende Entfernung von der Linguistik. „Was in den sechziger Jahren, vorwiegend von Frankreich ausgehend, als modischer und oft auch mondäner Strukturalismus die *Intelligenzija* mit Diskussionsstoff versorgte und sich in den Feuilletons der Zeitungen ausbreitete, hatte mit dem sprachwissenschaftlichen Strukturalismus fast nichts mehr zu tun" (Albrecht 2000, 6). Mit Autoren wie dem Ethnologen Claude Lévi-Strauss, der eng mit Jakobson befreundet war, dem Psychoanalytiker Jacques Lacan, dem marxistischen

Linguistik und Psychoanalyse

Philosophen Louis Althusser, seinem Schüler Michel Foucault sowie den Literaturwissenschaftlern Roland Barthes und Gérard Genette zieht der Strukturalismus in beinahe alle Wissensbereiche der modernen Geisteswissenschaften ein (vgl. Schiwy 1969, Dosse 1999). Gemeinsam ist den genannten Autoren die programmatische Berufung auf die von Saussure und Jakobson geleistete Begründung einer strukturalistischen Formanalyse und die damit verbundene Übertragung der strukturalistischen Erkenntnisse über die Sprache auf die Wissensfelder der Ethnologie, der Psychoanalyse, der Philosophie und der Literatur.

Rückkehr zu Freud   Eine besondere – und im übrigen auch besonders umstrittene – Bedeutung innerhalb der strukturalistischen Bewegung kommt dem französischen Psychoanalytiker Jacques Lacan zu. Lacan verbindet eine von ihm selbst als „Rückkehr zu Freud" (vgl. Weber 2000) bezeichnete Neugestaltung der Psychoanalyse mit modernen sprachwissenschaftlichen Erkenntnissen. Verkürzt formuliert besagt das in Lacans Selbstverständnis: Während Freuds Verdienst in der Entdeckung des Unbewussten lag, besteht Lacans Leistung darin, die Struktur des Unbewussten als die einer Sprache erkannt zu haben (vgl. Taureck 1992, 7), wobei Sprache in Übereinstimmung mit dem Strukturalismus als ein System von Zeichen verstanden wird. Mit dieser Idee hat Lacan nicht nur eine beträchtliche Faszination auf seine Zeitgenossen ausgeübt. Er hat zugleich für große Irritationen innerhalb der psychoanalytischen Bewegung Frankreichs gesorgt (vgl. Roudinesco 1996). Der amerikanische Kritiker Malcolm Bowie hat den Einfluss Lacans anhand einer Liste einiger ebenso faszinierender wie umstrittener Formulierungen des französischen Psychoanalytikers zu verdeutlichen versucht:

Das Unbewußte ist strukturiert wie eine Sprache.
Das Unbewußte ist der Diskurs des Anderen.
Eine Letter kommt stets an ihrem Bestimmungsort an.
Die korrumpierendste Bequemlichkeit ist die intellektuelle Bequemlichkeit.
Es gibt kein sexuelles Verhältnis (Bowie 1994, 11).

Die sprachliche Struktur des Unbewussten   Bowies Liste nennt einige zentrale Themen, die Lacans Arbeit prägen: der Zusammenhang zwischen dem Unbewussten und der Sprache, die Rolle des (großgeschriebenen) Anderen für die Ichbildung, die Funktion des Signifikanten in der menschlichen Rede, die Kritik des universitären Intellektualismus und die Theorie der Negativität des Begehrens. Der Hinweis auf diese zentralen Sätze der Lacanschen Lehre offenbart aber noch etwas anderes: den eigentümlichen „Lakonismus" des französischen Psychoanalytikers, Lacans Fähigkeit zu ebenso einprägsamen wie enigmatischen Formeln, mit anderen Worten: den eminent ästhetischen Reiz seiner Theorie, der Kritiker allerdings oft daran hat zweifeln lassen, ob es sich hier überhaupt noch um eine ernsthafte Theorie handelt.

Das Spiegelstadium und die Dezentrierung des Subjekts   Dabei kommt Lacan zweifellos das Verdienst zu, als einer der ersten in Frankreich eine Theorie entwickelt zu haben, die auf einer Erfahrung beruht, von der er in einem seiner bekanntesten Texte, dem Aufsatz über das Spiegelstadium, einleitend behauptet, dass sie „uns jeder Philosophie entgegen[stellt], die sich unmittelbar vom *cogito* ableitet" (Lacan 1991 a, 63). In ganz ähnlicher Weise wie Freud setzt Lacan in seinem Aufsatz über das

Spiegelstadium der cartesianischen Philosophie des Cogito das Modell einer dezentrierten Subjektivität entgegen, die sich an der Erfahrung eines Kindes zwischen sechs und achtzehn Monaten ablesen lasse, das sich selbst im Spiegel erkennt und angesichts dieser Erkenntnis in eine jubilatorische Begeisterung ausbricht. Lacan bestimmt diese frühe Form der Selbsterkenntnis als eine Identifikation im psychoanalytischen Sinne, als die subjektive Verinnerlichung eines Bildes, die zu einer Spaltung des Subjekts führe. Die Form der Spaltung, die das Subjekt im Spiegelstadium erfährt, drückt Lacan später durch einen sprachlichen Kunstgriff aus: „*Das* Ich (je) *ist nicht das* Ich (moi), *das Subjekt ist nicht das Individuum*" (Lacan 1980, 9). Damit meint Lacan zum einen, dass das seiner selbst gewisse Ich (das reflexive Modell des Selbstbewusstseins in der philosophischen Tradition), das *moi*, das Resultat einer Selbsttäuschung ist, die die motorische Unfertigkeit des Kindes in eine nur vermeintliche Einheit führe. Zum anderen deutet Lacans These von der Nichtidentität des Ich mit sich selbst an, dass die Vorstellung von der vollständigen Autonomie des Ich nur möglich ist durch die Preisgabe des Anderen, der in die scheinbare Selbstgewissheit des Ich eingreifen könnte und der dies aufgrund des Eintretens des Individuums in die symbolische Ordnung der Sprache auch jederzeit tut.

In eine grundsätzliche Übereinstimmung mit dem Strukturalismus stellt sich Lacan dabei, wenn er davon ausgeht, dass das Unbewusste wie eine Sprache strukturiert sei: „Wie unsere Überschrift hören läßt, entdeckt die Psychoanalyse im Unbewußten über ein solches Sprechen hinaus die ganze Struktur der Sprache" (Lacan 1991b, 19), betont Lacan in seinem zentralen Aufsatz *Das Drängen des Unbewußten*. In Übereinstimmung mit dem strukturalistischen Denken steht diese These, da Lacans Auffassung der Sprache zunächst dem Saussureschen Zeichenmodell zu folgen scheint. Allerdings legt Lacan in der Folge eine äußerst eigenwillige Auslegung der strukturalistischen Unterscheidung von Signifikant und Signifikat vor. In das Zentrum seiner Überlegungen rückt nicht so sehr die auf dem Gedanken der Arbitrarität des sprachlichen Zeichens beruhende Verbindung von Signifikant und Signifikat, wie Saussure sie betont hatte, sondern deren Trennung. Hatte Saussure die zwei Seiten des Zeichens verdeutlicht, indem er sie graphisch als $\frac{SA}{SE}$ darstellte, so richtet sich Lacans Interesse weder auf die Seite des Signifikats noch auf die des Signifikanten, sondern auf den graphischen Trennstrich zwischen beiden. Den Trennstrich zwischen Signifikant und Signifikat definiert er als „Signifikant über Signifikat, wobei das ,über' dem Balken [barre] entspricht, der beide Teile trennt" (Lacan 1991b, 21). Als Anagramm von Saussures berühmtem Beispiel für das sprachliche Zeichen Baum, französisch „arbre" (vgl. Starobinski 1980), definiert die *barre* dabei „keinen Übergang, sondern zeugt vielmehr von einer Trennung und einem Widerstand; Barriere, Dissymmetrie, von der aus das Saussuresche System hin und her schwankt" (Wahl 1973, 413). Der Widerstand gegen die Bedeutung, den Lacan dem Zeichen zuspricht, liegt darin begründet, dass die *barre* aufgrund einer metonymischen Verschiebungsarbeit verhindere, den Signifikanten auf ein Signifikat zu beziehen. An diesem Punkt seiner Analyse setzt Lacan wiederum bei Jakobsons Unterscheidung von Metapher und Metonymie an. Dabei er-

Das Drängen
des Unbewussten

Die Barriere
der Sprache

weitert er Jakobson zugleich im Sinne seiner sprachorientierten Rückkehr zu Freud. Denn Lacan erkennt in Jakobsons Unterscheidung von Metapher und Metonymie Freuds Begriffe der Verschiebung und der Verdrängung wieder. In Freuds Theorie der Entstellung erblickt er entsprechend ein „Gleiten des Signifikats unter dem Signifikanten" (Lacan 1991b, 36), das eine unabschließbare Signifikantenkette an die Stelle der hermeneutischen Kategorie des Sinnes setze, die etwa Paul Ricœur in Freud zu entdecken meinte (vgl. Ricœur 1974).

Metonymische Verschiebung und metaphorische Verdichtung

Ausgangsvoraussetzung von Lacans Theorie der Sprache im Zeichen des Signifikanten ist die Tatsache, „daß es keine Bedeutung gibt, die nicht notwendig auf eine andere Bedeutung verweise" (Lacan 1991b, 22). Entscheidend für das Gleiten des Signifikats unter den Signifikanten ist die metonymische Arbeit der Verschiebung. Lacan definiert die Metapher wie Jakobson in Übereinstimmung mit der rhetorischen Tradition als eine Figur der auf Substitutionsprozessen beruhenden Ähnlichkeit: Nach Lacan zeigt die Metaphernstruktur an, „daß in der Substitution des Signifikanten durch einen Signifikanten ein Bedeutungseffekt erzeugt wird, der poetisch ist oder schöpferisch" (Lacan 1991b, 41). Die Metonymie definiert er hingegen als eine Figur, die die Bedeutung, das Signifikat, einer unendlichen Verschiebungsarbeit unterwerfe, indem sie zeigt, „daß die Verbindung des Signifikanten mit dem Signifikanten die Auslassung möglich macht, durch die das Signifikante den Seinsmangel (*manque de l'être*) in die Objektbeziehung einführt" (Lacan 1991b, 41). Indem die metonymische Arbeit der Verschiebung das metaphorische Prinzip der Bedeutungsherstellung durch Ähnlichkeit und Substitution nach Lacan überlagert, verhindere sie aber einen gelingenden Bedeutungsprozess. Anders als bei Jakobson, bei dem die Überlagerung der metaphorischen Ebene des Paradigmas durch die syntagmatische Ebene der Metonymie in eine letztlich noch hermeneutisch bestimmte Form der Mehrdeutigkeit mündet, führt die Metonymie als Verschiebung der metaphorischen Ähnlichkeitsbedingungen bei Lacan zu

Mangel des Seins

einem unaufhebbaren „Mangel des Seins" und damit zu einem Nullpunkt der Bedeutung zurück, den der Psychoanalytiker letztlich mit Freud auf die Erfahrung einer Abwesenheit des Phallischen gründet (vgl. Derrida 1987). Was Lacan aus dem Zusammenspiel von Metapher und Metonymie folgert, ist „die Irreduzibilität [...], in der sich in den Beziehungen des Signifikanten zum Signifikat der Widerstand der Bedeutung konstituiert" (Lacan 1991b, 41). Damit deutet sich zugleich „das Primat einer Ordnung des Signifikanten" (Wahl 1973, 413) an, das insbesondere auch die poststrukturalistischen Theorien der Sprache bestimmen wird: Der Signifikant übernimmt die Rolle eines Boten, der eine Mitteilung transportiert, die niemals an ihr Ziel gelangt. Lacan hat diese Auffassung von der sprachlichen Arbeit des Unbewussten an einer brillanten Lektüre von Edgar Allan Poes *Der entwendete Brief* zu belegen versucht und damit nicht nur dekonstruktiven Modellen von Sprache als einer fehlgehenden Botschaft vorgegriffen, sondern zugleich auf die besondere Stellung der Literatur im System der Sprache verwiesen. Wie bei Jakobson lässt sich die Poetizität der Sprache aus Lacans strukturalistischer Reformulierung der Freudschen Psychoanalyse als eine Form der sprachlichen Autonomie beschreiben, die darin besteht, dass sie die zentrale Funktion der Sprache, nämlich die, Enttäuschung von Bedeutung zu sein, paradigmatisch vorführe. So gehen Psychoanalyse, Linguistik und Poetik bei Lacan eine eigenwillige Synthese ein, die zu einer neuen, allerdings mit den Jahren immer esoterischer werdenden Ausprägung der psychoanalytischen Literaturtheorie geführt hat. Deren Aufgabe besteht nach Lacan nicht mehr darin, das Unbewusste des Autors zu rekonstruieren, sondern vielmehr darin, das Unbewusste des Textes als eben jener Bedeutungsverweigerung nachzuvollziehen, die Literatur zu einem reinen Spiel von Signifikanten mache. Damit vollzieht Lacan einen Schritt über Saussure und Jakobson hinaus, der von der Dekonstruktion auf produktive Weise aufgenommen werden konnte.

Die Bedeutung Lacans für die Literaturtheorie lässt sich insbesonders an seiner Deutung von Edgar Allan Poes Erzählung *Der entwendete Brief* nachvollziehen. In seinen Seminaren hat sich Lacan immer wieder zu literarischen Texten geäußert, seinem Aufsatz über Poe hat er aber schon dadurch eine besondere Bedeutung zugewiesen, dass er mit ihm den Band seiner 1966 zum ersten Mal erschienen *Schriften* eröffnete. Lacan interpretiert Poes Erzählung zunächst im Blick auf die eigene Unterscheidung zwischen der Ordnung des Imaginären und der des Symbolischen. Auf der Ebene des Imaginären ist Poes Text Lacan zufolge von der Darstellung unterschiedlicher Instanzen des Blickes beherrscht. Die Ebene des Imaginären wird durch die des Symbolischen konterkariert. In der Formel *„das Unbewußte ist der Diskurs des Andern"* (Lacan 1991 a, 14) stellt Lacan die grundsätzliche Frage, wie sich ein Subjekt im Verhältnis zur Sprache konstituiert. Entscheidend ist für Lacan, dass die in der Erzählung zentrale Instanz des Briefes „nämlich tatsächlich der Dimension der Sprache angehört" (Lacan 1991 a, 17). Die sprachliche Botschaft des Briefes deutet Lacan dabei als die Abhängigkeit des lesenden und interpretierenden Subjekts von seiner Position zum Brief. Den Brief deutet Lacan im Rahmen eines Doppelsinns, demzufolge der französische Begriff *lettre* sowohl den Brief als auch den Buchstaben (und darüber hinaus das Sein) meint, als die Ordnung des sprachlichen Signifikanten. Dabei funktioniere der Signifikant nur als „das Symbol einer Abwesenheit" (Lacan 1991 a, 23), die sich von keiner Entschlüsselungskunst aufheben lasse. Entscheidend sei entsprechend nicht das, was im Brief steht, sondern dass der Brief für etwas steht, das nicht an seinem Platz ist. In diesem symbolischen Ort der Leere erkennt Lacan die dezentrierende Macht des Unbewussten als einer endlosen Wiederholungsreihe wieder, die die Funktion des Signifikanten allein in der Form einer Verschiebung der ursprünglichen Erfahrung der Leere bestimme: Die Aufgabe des Signifikanten liegt nach Lacan darin, eine Botschaft zu senden, die immer ihren Adressaten erreicht und doch nie ans Ziel kommt, weil sich ihr Weg allein durch eine endlose Reihe von Verschiebungen ergibt. Lacans extrem voraussetzungs- und anspielungsreiche Interpretation Poes hat zwar immer wieder zu Widersprüchen herausgefordert. Unabhängig von der Kritik, die Lacans Deutung selbst von seiten des Poststrukturalismus erfahren hat (vgl. Derrida 1987), verdeutlicht das Seminar über Poes *Der entwendete Brief* aber, wie eine psychoanalytische Auslegung der Literatur aussehen kann, wenn sie sich nicht einer Psycho-

Der entwendete Brief

Der Diskurs des Anderen: Sprache und Abwesenheit

Biografik verschreibt, sondern mit der strukturalistischen Einsicht in die Bedeutung des Problems der Textualität zusammengeht.

5. Strukturalismus und Marxismus: Louis Althusser

Symptomale Lektüre

War für den Psychoanalytiker Lacan neben der Sprachtheorie von Saussure und Jakobson vor allem Freud der Referenzpunkt seiner Arbeiten zur Sprache und zum Unbewussten, so nimmt in der Theorie von Louis Althusser die Philosophie von Karl Marx eine ähnliche Schlüsselfunktion ein. In Althussers Werk gehen die strukturalistische Sprachtheorie und die gesellschaftskritische Philosophie von Marx eine faszinierende Synthese ein, die für eine ganze Generation von Intellektuellen zum Vorbild wurde. Vermittelt sind die Momente des Strukturalismus und des Marxismus bei Althusser in dem gerade für die Theorie der Literatur relevanten Begriff der symptomalen Lektüre. Althusser diagnostiziert nicht nur bei Marx eine Lektüre, die er „‚symptomatisch'" (Althusser 1972, 32) nennt, er unterstreicht zudem, dass er die von Marx entworfene Form der symptomalen Lektüre auf dessen eigene Texte anwenden wolle. Entscheidend ist dabei, dass Althusser in Übereinstimmung mit den Prämissen des Strukturalismus von der Geschlossenheit eines taxonomischen Feldes ausgeht, um die Problematik des Verhältnisses von Anwesenheit und Abwesenheit, von Sichtbarkeit und Unsichtbarkeit, zu erläutern: „Es erstreckt sich auf eine notwendi-

Sichtbares und Unsichtbares

ge, aber unsichtbare Relation zwischen dem Feld des Sichtbaren und dem Feld des Unsichtbaren, eine Relation, welche die Notwendigkeit des dem Unsichtbaren eigenen dunklen Feldes als einen notwendigen Effekt der Struktur des sichtbaren Feldes bestimmt" (Althusser 1972, 21). Sichtbares und Unsichtbares stehen in einem Text nicht nur unverbunden nebeneinander, sie sind das gemeinsame Resultat einer Strukturbestimmung des Ganzen, das Anwesenheit und Abwesenheit gleichermaßen umfasst. Mit dem Begriff der symptomalen Lektüre geht es Althusser darum, das im Text Abwesende in die Analyse miteinzubeziehen: „Indem die symptomale Lektüre „das Verborgene in dem gelesenen Text enthüllt und es auf einen anderen Text bezieht, der – in notwendiger Abwesenheit – in dem ersten Text präsent ist" (Althusser 1972, 32), wie Althusser in seinem gemeinsam mit Balibar veröffentlichten Werk *Das Kapital lesen* formuliert, schreibt auch sie sich in die strukturalistische Rekonstruktion einer Geschichte des Abwesenden ein. In ähnlicher Weise wie in Saussures Überlegungen zur Arbitrarität und Differentialität des sprachlichen Zeichens gründet die Theorie der symptomalen Lektüre auf einem Spiel von Anwesenheit und Abwesenheit, das einen Text in seinem Verhältnis zu einem anderen Text bestimme. Erst von seinem konstitutiven Anderen her erschließe sich die Bedeutungsdimension eines Textes, lautet Althussers voraussetzungsreiche Bestimmung der symptomalen Lektüre, deren Relevanz für die Literaturwissenschaft Bogdal herausgestellt hat: „Damit zeichnet sich der Umriß einer Theorie der Literatur ab, die ihre Begriffe nicht der *empirischen Realität der Überlieferung* entnimmt, sondern in einem Erkenntnisprozeß neu produziert, indem sie das, was Literatur als historische Evidenz formiert, im

Sinne einer strukturalen Kausalität als determinierendes Abwesendes bestimmt" (Bogdal 1997, 99). Zugleich kommt Althusser zu einer Neubewertung der hermeneutischen Trias von Autor, Werk und Leser, die wesentliche Erkenntnisse der Diskursanalyse vorwegnimmt: Die symptomale Lektüre fragt nicht mehr wie die Hermeneutik nach der Kategorie des Sinnes eines Textes, sondern nach den (ideologischen) Rahmenbedingungen, die Sinn erst produzieren. Mit der Einsicht in die Abhängigkeit eines Textes von Rahmenbedingungen, die sich nicht über die hermeneutische Kategorie des Sinnes erschließen, hat Althusser zugleich in seiner Funktion als akademischer Lehrer an der École Normale Supérieure einen kaum zu überschätzenden Einfluss auf eine ganze Generation von Intellektuellen ausgeübt, die später unter dem umstrittenen Sammelbegriff der „Postmoderne" (vgl. Welsch 1987, Zima 1997, Neumann 1997) zusammengefasst wurden: So unterschiedliche Autoren wie Michel Foucault, Gilles Deleuze und Jacques Derrida haben ihre Theorien in einer komplexen Auseinandersetzung mit Althussers Werk und akademischer Lehre entworfen.

Bedeutende Anregungen hat Althusser dabei nicht allein von Marx erfahren, sondern ebenso von der durch Lacan vermittelten Freudschen Psychoanalyse. Insbesondere in Lacans Unterscheidung zwischen dem Symbolischen, dem Imaginären und dem Realen konnte Althusser das Moment der Ideologiekritik wiederfinden, das seine eigenen Arbeiten in der Auseinandersetzung mit Marx von Anfang an bestimmte. Eine Schlüsselstellung nimmt dabei der Begriff des Imaginären ein. In Anlehnung an die Lacansche Psychoanalyse stellt Althusser fest, „daß das menschliche Subjekt dezentriert ist, konstituiert durch eine Struktur, die ebensowenig ein ‚Zentrum' besitzt – es sei denn im imaginären Verkennen des ‚Ich', d.h. in den ideologischen Formationen, in denen dieses sich ‚anerkennt'" (Althusser 1976, 35). Der Berührungspunkt zwischen der Psychoanalyse und Althussers Wissenschaftsverständnis liegt in dem mit Lacans Theorie des Imaginären enggeführten Begriff der Ideologiekritik. Vor diesem Hintergrund erscheinen für Althusser neben Freud auch Marx und Nietzsche als Vertreter ein- und derselben Sache: der Aufklärung des Menschen über die ideologischen Vorurteile, denen er unterworfen ist. „Meines Wissens wurden im Verlauf des 19. Jahrhunderts zwei oder drei Kinder geboren, die man nicht erwartete: Marx, Nietzsche, Freud" (Althusser 1976, 9), formuliert Althusser 1964. Mit dieser Aussage steht Althusser Mitte der sechziger Jahre zugleich an einer symbolischen Wegscheide, die sich zwischen dem Strukturalismus und dem postmodernen Denken öffnet. Einerseits hält er an der Psychoanalyse als einer historischen Form der Aufklärung fest, die Freud mit Marx und Nietzsche teile. Andererseits bereitet Althusser mit dem Begriff der dezentrierten Subjektivität den Boden für die endgültige Überschreitung der humanistischen Aufklärungsphilosophie, die Theoretiker wie Foucault und Derrida im unmittelbaren Anschluss an Althusser nicht mehr mit Marx und Freud, sondern mit Nietzsche und Heidegger zu unternehmen versuchen (vgl. Derrida 1994).

Althusser und Lacan

Marx, Nietzsche, Freud

6. Strukturalistische Literaturtheorie: Roland Barthes

Die strukturalistische Tätigkeit

Waren die Theorien von Lacan und Althusser eng mit den Namen von Freud und Marx verknüpft, so leitet sich der Einfluss des strukturalistischen Denkens auf die Theorie der Literatur vor allem von Roland Barthes ab (vgl. Dosse 1999, 303 f.). Barthes' Theorie des Strukturalismus lässt sich allerdings nicht leicht auf einen Begriff bringen. Zwar beruft auch er sich in seinem Aufsatz *Die strukturalistische Tätigkeit* einleitend auf Saussure und die moderne Linguistik. Trotzdem betont er die grundsätzliche Diversität der strukturalistischen Bewegung, die einer theoretischen Vereinheitlichung entgegenstehe: „Was ist der Strukturalismus? Er ist keine Schule, nicht einmal eine Bewegung" (Barthes 1966, 190). Barthes bezeichnet den Strukturalismus daher weniger als eine strenge Wissenschaft denn als eine *„Tätigkeit"* (Barthes 1966, 191), die in die Nähe von avantgardistischen Strömungen wie dem Surrealismus rückt, da ihr als einer allen Schulbildungen fremden lebendigen Tätigkeit der Charakter des Offenen und Unabgeschlossenen zukomme.

Trotz dieses dem Surrealismus entlehnten anarchistischen Grundgestus ist Barthes' Theorie alles andere als willkürlich. Die Aufgabe der strukturalistischen Tätigkeit definiert Barthes im Blick auf den Funktionszusammenhang literarischer Texte: „Das Ziel jeder strukturalistischen Tätigkeit, sei sie nun reflexiv oder poetisch, besteht darin, ein ‚Objekt' derart zu rekonstituieren, daß in dieser Rekonstitution zutage tritt, nach welchen Regeln es funktioniert (welches seine ‚Funktionen' sind)" (Barthes 1966, 191). Mit Barthes nimmt der Strukturalismus in der Literaturwissenschaft eine formalistische Wendung: Nicht die Bedeutung eines Textes steht im Mittelpunkt der Analyse, sondern die Frage nach den Funktionsregeln, denen ein Text gehorcht.

Zerlegung und Arrangement

Barthes unterteilt die strukturalistische Tätigkeit in zwei komplementäre Vorgehensweisen, die wie schon Jakobsons und Lacans Verweise auf die Metapher und die Metonymie letztlich auf Saussures Unterscheidung von Syntagma und Paradigma zurückgehen: „Zerlegung [découpage] und Arrangement [agencement]" (Barthes 1966, 193). Mit dem Begriff der Zerlegung nimmt Barthes zugleich die linguistische These von der Differentialität des sprachlichen Zeichens auf: „Indem man das erste Objekt zerlegt, findet man in ihm lose Fragmente, deren winzige Differenzen untereinander eine bestimmte Bedeutung hervorbringen" (Barthes 1966, 193). Im Anschluss an Saussure leitet Barthes die Bedeutungsdimension der Sprache aus dem Differenzcharakter des Zeichensystems ab: Der Sinn ist abhängig von einzelnen, fragmentarischen Elementen, aus deren Differenz zueinander sich erst ein sinnvolles Ganzes ergebe (vgl. Barthes 1987).

Das Funktionelle

Der analytischen Arbeit der Zerlegung stellt Barthes die synthetische Arbeit des Arrangements zur Seite. Das Arrangement nimmt die von der Zerlegung erarbeiteten Einheiten auf und setzt sie neu zusammen: „Den gesetzten Einheiten muß der strukturale Mensch Assoziationsregeln ablauschen oder zuweisen: das ist die Tätigkeit des Arrangierens, die der Tätigkeit der Nennung folgt" (Barthes 1966, 194). Übernimmt die Zerteilung bei Barthes die Funktion, die das Paradigma bei Saussure und Jakobson innehat, so entspricht das Arrangement der Ebene des Syntagmas: Es geht darum, einmal isolierte Auswahlelemente in eine Form der Folge und Ordnung zu bringen. Beide, Zerlegung und Arrangement, dienen dabei keineswegs zur Rekonstruktion eines im Text verborgenen Sinnes, sondern vielmehr zur Erzeugung eines Simulacrums, das Barthes „das *Funktionelle*" (Barthes 1966, 195) nennt und als das eigentliche Ziel der literarischen Analyse darstellt.

Indem Barthes die traditionelle hermeneutische Kategorie des Sinnes durch die der Funktionalität des sprachlichen Zeichens ersetzt, hält der Strukturalismus endgültig Einzug in die Literaturwissenschaft. Allerdings lässt sich Barthes' Position nicht auf den Strukturalismus reduzieren. Vielmehr vollzieht Barthes in seinen späteren Schriften einen Übergang von strukturalistischen zu poststrukturalistischen Ansätzen (vgl. Röttger-Denker 1989, Münker/Roesler 2000, 22 f.). Ausgangspunkt seiner Theorie bleibt die Semiologie als die moderne Wissenschaft der Zeichen. Aber wie er schon in dem Begriff des Strukturalismus als einer unabgeschlossenen Tätigkeit angedeutet hatte, versteht Barthes unter Semiologie nicht ein vollausgebildetes wissenschaftliches System, sondern ein Abenteuer: das Abenteuer des Zeichens: „Was bedeutet mir also die Semiologie? Sie ist ein *Abenteuer*, das heißt, etwas, was mir *zustößt* (was mir vom Signifikanten widerfährt)" (Barthes 1988, 8). Die Formel vom Abenteuer der Semiologie, die durch ihre enigmatische Definition und die damit verbundene Privilegierung des Signifikanten an Lacan erinnert, führt zu dem zentralen Begriff von Barthes' Theorie der Literatur. Es ist nicht der der Struktur, sondern der der Schrift (*écriture*): „Das Schreiben [écriture] ist die Wahrheit, nicht der Person (des Autors), sondern der Sprache" (Barthes 1988, 12). Mit der Einführung des Begriffes der *écriture*, der als die individuelle Verwirklichung der Sprache zunächst Saussures Begriff der *parole* zu ersetzen scheint, stellt sich Barthes' Theorie nicht nur wie Derridas Entwurf der Dekonstruktion auf die Seite einer Theorie der Schriftlichkeit. Im Zusammengehen von individuellem und allgemeinem Aspekt der Sprache nennt der Begriff der *écriture*, der der ersten Publikation *Le degré zéro de l'écriture* bis zu seinem Spätwerk der Leitfaden von Barthes' Arbeiten bleibt (vgl. Ette 1998, 62–66), zugleich den Grund für die Bestimmung des modernen strukturalistischen Denkens als einer Wissenschaft des Signifikanten: „Die Lust am System ersetzte bei mir das Über-Ich der Wissenschaft" (Barthes 1988, 10), schreibt Barthes, um seiner Arbeit im Kontext einer kritischen Auseinandersetzung mit der Psychoanalyse zugleich den Aspekt einer hedonistisch-lustbetonten Kunst zu geben (vgl. Lindorfer 1998). Das Stichwort der „Lust am Text" soll dabei kein Freibrief für den individuellen Stil einer Lesart literarischer Texte sein, es verkörpert vielmehr ein Gegengewicht zur harten wissenschaftlichen Ausprägung des Strukturalismus. Mit der These von der strukturalistischen Tätigkeit als dem unabgeschlossenen Abenteuer der Semiologie geht Barthes daher zugleich über den Strukturalismus hinaus in Richtung auf eine offene Theorie des sprachlichen Zeichens, die von Autoren wie Derrida, Foucault und Deleuze weiterentwickelt wurde.

Das Abenteuer der Semiologie

Der Begriff der *écriture*

7. Strukturalismus und literarische Kritik: Gérard Genette

Strukturalismus und
Literaturwissenschaft

Als eine Außenseiterfigur im akademischen Leben ist Barthes nicht der einzige Repräsentant des Pariser Strukturalismus auf seiten der Literaturwissenschaft. Eine zentrale Funktion innerhalb der literaturwissenschaftlichen Ausprägung strukturalistischen Denkens kommt auch Gérard Genette zu. Dabei ergeben sich zugleich wesentliche Gemeinsamkeiten zwischen den Ansätzen von Genette und Barthes. In ganz ähnlicher Weise wie Barthes mit den Begriffen Zerlegung und Arrangement unterscheidet auch Genette zwischen der analytischen und der synthetischen Seite der strukturalistischen Tätigkeit. Da die literarische Kritik den gleichen Gegenstand habe wie sie selbst, nämlich den Saussureschen Bereich der *langue*, definiert Genette die Literaturwissenschaft anders als Jakobson, der zwischen der poetischen Funktion der Sprache und dem wissenschaftlichen Metadiskurs unterscheidet, als einen Metadiskurs der Literatur. Und wie Barthes geht auch Genette nicht von dem literarischen Gegenstand als solchem aus, sondern von einer literarischen Funktion, die diesen bestimme: „Man hatte die Literatur lange genug als eine Nachricht ohne Kode betrachtet, so daß

Literatur als Kode
ohne Nachricht

es nachgerade nötig war, sie einen Augenblick lang als einen Kode ohne Nachricht zu betrachten" (Genette 1972, 74). Ein Kode ohne Nachricht, mit dieser Formel nimmt Genette die von Jakobson lancierte These von der Autonomie der literarischen Sprache auf. Dabei interessiert Genette jedoch nicht allein die Funktion des Codes, sondern darüber hinaus auch die Ebene der Botschaft, solange diese nicht als eine ursprüngliche Form des Sinnes verstanden werde: „Die strukturalistische Methode als solche ist genau in dem Moment geboren, da man wieder auf die Nachricht im Kode stößt, freigelegt diesmal durch eine Analyse der immanenten Strukturen und nicht mehr von außen durch ideologische Vorurteile aufgepfropft" (Genette 1972, 74). Vor diesem Hintergrund stellt Genette nicht die Form allein in das Zentrum seiner Untersuchungen, sondern die Verbindung von Form und Bedeutung: „Im Feld zwischen dem reinen Formalismus […] und dem klassischen Realismus […] soll es die strukturale Analyse ermöglichen, die zwischen einem Form- und einem Sinnsystem bestehende Verbindung dadurch freizulegen, daß sie die Suche nach Wort-für-Wort-Analogien durch die nach globalen Homologien ersetzt" (Genette 1972, 75). Damit scheint Genette zwar zunächst Barthes' Ersetzung der Bedeutung durch die Form weiterzuführen. Er nimmt sie jedoch im gleichen Zug zurück: Besteht der erste Schritt der strukturalistischen Analyse in der Erarbeitung der funktionalen Zusammenhänge eines Textes, so geht es im zweiten Schritt darum, die Verbindung zwischen der Form und der Bedeutung des Textes zu sichern. Damit deutet sich zugleich ein Zusammenhang zwischen der strukturalen Analyse der Form und der ästhetischen Analyse des Zusammenhangs von Form und Bedeutung an, der die späteren Arbeiten Genettes leitet.

Metapher und Meto-
nymie bei Proust

Mit der Theorie von der literarischen Funktion der Sprache knüpft Genette zugleich an Jakobsons Unterscheidung von Metapher und Metonymie an. Insbesondere in verschiedenen Aufsätzen zu Proust hat Genette die strukturalistische Unterscheidung von Metapher und Metonymie für die literarische Analyse fruchtbar machen können. Der Untersuchungsgegenstand seiner Überlegungen zu Proust ist „die Rolle der Metonymie *in der Metapher*" (Genette 1966, 42). Damit betont Genette im Anschluss an Jakobsons Äußerungen zu Pasternak die Überlagerung der metaphorischen Achse der Sprache durch die Metonymie als Grundlage der Proustschen Prosa: „Ohne Metaphern, so sagt (zumindest ungefähr) Proust, keine wirklichen Erinnerungen; wir fügen für ihn (und für alle) hinzu: ohne Metonymie, keine Verknüpfung von Erinnerungen, keine *Geschichte*, kein Roman" (Genette 1966, 63). Genette deutet die Funktion der Metonymie jedoch nicht als die metaphorische Erfüllung des Erinnerungszusammenhanges, der Prousts Werk bestimme, sondern vielmehr als die sprachliche Verschiebung der Wahrheitsebene des Textes. Über Prousts *Recherche* sagt Genette: „Indem sie ganz auf die Offenbarung von Wesenheiten ausgerichtet ist, hört sie nicht auf, sich davon zu entfernen, und erst aus dieser verfehlten Wahrheit, aus dieser enteigneten Besitznahme heraus erwächst ihre Möglichkeit als Werk und ihr wahres Besitzrecht. Wie Prousts Schreiben ist sein Werk ein Palimpsest, in dem sich unterschiedliche Figuren und unterschiedliche Bedeutungen vermischen und verschlingen, die alle zugleich präsent sind und die sich nur alle zusammen in ihrer unentwirrbaren Totalität entziffern lassen" (Genette 1966, 67). Indem er das Spiel von Metapher und Metonymie nicht als „Offenbarung von Wesenheiten", sondern als ein Palimpsest, als eine „verfehlte Wahrheit" deutet, greift Genette zugleich auf dekonstruktive Lesarten Prousts voraus, wie sie etwa Paul de Man vorgelegt hat (vgl. de Man 1988, 91–117). Auch das Beispiel Genettes bestätigt damit, dass die Übergänge von strukturalistischen zu poststrukturalistischen Positionen letztlich fließend sind.

Palimpsest

8. Der andere Strukturalismus: Henri Meschonnic

Vor dem Hintergrund der zentralen Bedeutung Saussures für die Geschichte des strukturalistischen Denkens lassen sich zwei gegensätzliche Rezeptionslinien unterscheiden, die den Werdegang der französischen Linguistik bis heute bestimmt haben. Die erste führt von Saussure über Jakobson, Lacan und Barthes zu den poststrukturalistischen Theorien von Kristeva, Derrida und Foucault. Die andere führt von Saussure über Benveniste zu Henri Meschonnic. Wie Jürgen Trabant gezeigt hat (vgl. Trabant 1990), leitet sich aus der Spannung, die diese beiden unterschiedlichen Rezeptionslinien zusammenhält, zugleich die kritische Leistung von Meschonnics Poetik in dreifacher Weise ab: als eine Kritik der Struktur durch das System, eine Kritik des Zeichens durch den Rhythmus und eine Kritik der *langue* durch den *discours*.

Antistrukturalismus

   Angesichts der späten Begeisterung für die „neuen Literaturtheorien" (vgl. Bogdal 1997) aus Frankreich mutet es erstaunlich an, dass das Werk des Pariser Dichters, Linguisten und Literaturwissenschaftlers Henri Meschonnic im internationalen Raum bisher kaum Beachtung gefunden hat.

Meschonnic und der Poststrukturalismus

Der Grund für die weitgehende Nichtbeachtung Meschonnics liegt vor allem in dem spannungsvollen Verhältnis, das dieser zu den im eigenen Lande gewachsenen Theorien des Strukturalismus und Neostrukturalismus aufbaut. Während sich die Linguistik wie die Literaturwissenschaft in den letzten Jahrzehnten gerne von französischen Autoren inspirieren ließen, steht Meschonnic seinen postmodernen Kompatrioten kritisch gegenüber. Im vielbesuchten Hause des Pariser Poststrukturalismus ist Meschonnic eher ein Störenfried als ein ruhiger Mitmieter, ein Querulant, der eine ebenso eigenständige wie unbequeme Position behauptet.

Saussure ohne den Strukturalismus

Die Parole, mit der Meschonnic dem Strukturalismus entgegentritt, ist denkbar einfach: „Saussure ohne den Strukturalismus" (Meschonnic 1995, 88), lautet der in *Politique du Rythme* formulierte Leitsatz von Meschonnics linguistischer Poetik, die Saussure von dessen strukturalistischer Rezeption unterschieden wissen will. „Saussure ohne den Strukturalismus" bedeutet für Meschonnic zunächst: der Strukturgedanke muss durch den des Systems ersetzt werden. Meschonnics Lesart Saussures beruft sich dabei nicht allein auf die Tatsache, dass der Begriff der Struktur bei Saussure im Gegensatz zu dem des Systems nicht vorkommt. Der eigentliche Kritikpunkt Meschonnics ist die Entgegensetzung von Geschichte und Struktur. Während sich der Strukturalismus von der geschichtlichen Dimension der Sprache in Berufung auf die strukturale Verfasstheit der *langue* verabschiedet, verbinde Saussure, so Meschonnic, mit dem zentralen Begriff des Systems den synchronen und den diachronen Aspekt der Sprache: „*System*, Saussures Wort, das überhaupt keine Antinomie zur Historizität bildet, und *Struktur*, der strukturalistische Begriff, der ahistorisch ist" (Meschonnic 1995, 137). Die Ersetzung des Saussureschen Systemgedankens durch den Begriff der Struktur wertet Meschonnic daher nicht im Sinne eines Fortschritts für die Theorie der Sprache, sondern als eine Verkürzung, die die historische Dimension der Sprache ausblende.

Rhythmus und Zeichen

Beruft sich Meschonnic zum einen auf den Systemcharakter der Sprache, so kritisiert er das strukturalistische Zeichenmodell zum anderen im Blick auf den Benveniste entlehnten Begriff des Rhythmus. Der „Politik des Zeichens", die der Strukturalismus verfolge, stellt Meschonnic eine „Politik des Rhythmus" entgegen, die den Weg für eine Poetik der Modernität ebnen soll, die sich gegen die modernen und postmodernen Modelle der Semiotik wendet. „Der Rhythmus begründet eine Anti-Semiotik" (Meschonnic 1982, 72), schreibt Meschonnic, um der vom Strukturalismus ausgehenden Auflösung der Poetik in der Semiotik entgegenzuwirken. Beruht die kritische Leistung des Rhythmusbegriffes von Meschonnic vor allem auf der entschiedenen Zurückweisung des strukturalistischen Zeichenmodells, so ergibt sich die positive Leistung seiner Poetik aus der Begründung einer Theorie der Bedeutung, die sich nicht aus der semiotischen Differenz von Signifikant und Signifikat ableiten lässt. Dem diskontinuierlichen Zeichenmodell des Strukturalismus begegnet Meschonnic mit dem Zusammenhang von Diskurs und Rhythmus als Ausdruck der Bewegung der Sprache in der Rede. Mit dem Begriff des Rhythmus, der vor allem Benvenistes Aufsatz *Der Begriff des ‚Rhythmus' und sein sprachlicher Ausdruck* entlehnt ist, zielt Meschonnics Kritik des Strukturalismus auf das Moment, das er mit der modernen Semiotik teilt: den formalen Aspekt der Sprache, den Saussure in den Mittelpunkt der modernen Linguistik gestellt hat, indem er forderte, die Sprache als Form und nicht als Substanz zu begreifen. Meschonnic bezieht den formalen Aspekt der Sprache allerdings nicht auf das strukturalistische System der *langue*, sondern auf den diskursiven Charakter der Sprache. Bereits Benveniste hatte gezeigt, dass der Ausdruck Rhythmus im Griechischen „immer nur auf den Begriff der ‚Form'" (Benveniste 1974, 369) bezogen sei. Im Unterschied zu den geläufigeren griechischen Formbegriffen wie Schema, Morphè oder Eidos aber meint der Begriff des Rhythmus, wie Benveniste darlegt, eine spezifische „Form" der Form: „Es ist die improvisierte, momentane und veränderliche Form" (Benveniste 1974, 371). Im Unterschied zum Schema als einer Form, „die fest und verwirklicht ist und in gewisser Weise als ein Gegenstand hingestellt wird" (Benveniste 1974, 370), bestimmt Benveniste den Rhythmus daher als eine momentane, prinzipiell jederzeit veränderbare Form, als „die Form in dem Augenblick, in dem sie angenommen wird durch das, was beweglich, bewegend, flüssig ist" (Benveniste 1974, 370f.). Im Anschluss an Benveniste legt Meschonnic den Begriff des Rhythmus als einen Ausdruck sprachlicher Kontinuität aus, der dem philosophischen Begriff des Schemas ebenso entgegengesetzt ist wie dem linguistischen Denken der Struktur. Der Differentialität des Zeichens stellt Meschonnic mit der Kritik des Rhythmus die Theorie einer historischen Anthropologie der Sprache entgegen, die den Zusammenhang von Bedeutung und Subjektivität aus der lebendigen Bewegung des Sprechens abzuleiten sucht:

Rhythmus als Form in Bewegung

> Wenn die Bedeutung eine Tätigkeit des Subjekts ist, wenn der Rhythmus eine Gestaltung der Bedeutung im Diskurs ist, dann ist der Rhythmus notwendigerweise eine Gestaltung oder Konfiguration des Subjekts in seinem Diskurs. Eine Theorie des Rhythmus ist daher zugleich eine Theorie des Subjekts in der Sprache. Eine Theorie des Rhythmus ohne eine Theorie des Subjekts kann es eben so wenig geben wie eine Theorie des Subjekts ohne eine Theorie des Rhythmus. Die Sprache ist ein Bestandteil des Subjekts, sein subjektivster Bestandteil, dessen Subjektivstes wiederum der Rythmus ist (Meschonnic 1982, 71).

Der Skandal, den Meschonnics Sprachauffassung in den Pariser Zirkeln hervorruft, beruht auf der Wiedereinführung all jener Begriffe, die dem Strukturalismus und Poststrukturalismus nur als Zielscheiben ihres Spottes teuer waren. Der dekonstruktiven Dissoziation des Subjekts durch die Sprache (*langue*), die Lacan mit der Bemerkung, das Unbewusste sei wie die Sprache strukturiert, eingeleitet hatte, entgegnet Meschonnic mit dem Zusammenhang von Sprache, Bedeutung und Subjektivität in der Rede (*discours*). Meschonnics Kritik des strukturalistischen Denkens bewegt sich im Horizont einer Poetik der Moderne, die im Anschluss an Humboldt und Benveniste das Ziel einer Neubestimmung des Verhältnisses von Sprache und Subjekt verfolgt. Sprache, so Meschonnic, sei über die Struktur der *langue* keineswegs zureichend beschrieben, vielmehr impliziert der diskursive Charakter der Sprache die Präsenz eines Subjekts, das sich in der Sprache konstituiert. Auf der Basis einer Neubestimmung der Poetik im Zeitalter des modernen Sprachdenkens entwirft Meschonnic damit eine Alternative zum Strukturalismus, deren Möglichkeit noch immer nicht ausgeschöpft ist.

Poetik der Sprache bei Meschonnic

9. Von der Struktur zur Differenz: Gilles Deleuze und die Metapher des leeren Feldes

Woran erkennt man den Strukturalismus?

Trotz aller Unterschiede ist den Vertretern des strukturalistischen Denkens der Rückgang auf die von Jakobson hergeleitete poetische Funktion der Sprache als Grundlage ihrer Arbeiten gemeinsam. 1967, zur Zeit der Wende vom Strukturalismus zum Poststrukturalismus, hat Gilles Deleuze in einem Essay mit dem Titel *Woran erkennt man den Strukturalismus?* noch einmal nach den Rahmenbedingungen des strukturalistischen Denkens gefragt. Deleuze lässt sich dabei von verschiedenen formalen Kriterien leiten, die den Strukturalismus seiner Meinung nach auszeichnen: Zunächst geht es dem strukturalistischen Denken, wie Deleuze in Anknüpfung an Lacan und Althusser formuliert, um die „Setzung einer symbolischen Ordnung, die nicht auf die Ordnung des Realen, nicht auf die des Imaginären reduzibel ist und tiefer reicht als sie" (Deleuze 1975, 272). Das zweite Erkennungszeichen des Strukturalismus besteht nach Deleuze in dem topologischen und relationalen Charakter der Struktur: „Es handelt sich nicht um einen Platz in einer realen Ausdehnung, noch um Orte in imaginären Bereichen, sondern um Plätze und Orte in einem eigentlich strukturellen, das heißt, topologischen Raum" (Deleuze 1975, 274). Darüber hinaus macht er das Differentielle und das Serielle als Kennzeichen des Strukturalismus geltend. Das letzte Kriterium, das Deleuze anführt, ist „das Paradox des leeren Feldes" (Deleuze 1975, 298). Mit dem leeren Feld bezeichnet Deleuze eine paradoxe Grundsituation, die das strukturalistische Denken kennzeichne. Die Frage nach den Grundlagen strukturalistischen Denkens beantwortet Deleuze zunächst mit dem dem Strukturalismus entlehnten Hinweis auf das „System differentieller Verhältnisse, nach denen sich die symbolischen Elemente gegenseitig bestimmen" (Deleuze 1975, 279). Das System differentieller Verhältnisse unterstellt Deleuze allerdings einer Grundbedingung, die mit den Voraussetzungen des strukturalistischen Denkens nicht mehr ohne Widersprüche zu vermitteln ist: In dem Maße, in dem die strukturalistische Theorie der Sprache auf der Differentialität und damit auf der Abwesenheit der einzelnen Elemente innerhalb eines geschlossenen taxonomischen Feldes beruhe, stehe im Zentrum des Zeichensystems ein leerer Fleck, um den herum sich die einzelnen Zeichenelemente erst gruppieren. Indem er das leere Feld in den Mittelpunkt des strukturalistischen Denkens stellt, vollzieht Deleuze den Schritt vom Strukturalismus zum Poststrukturalismus, der sich schon im Werk von Lacan, Althusser und Barthes angedeutet hatte. Er besteht darin, die Vorstellung des Systems der Sprache als eines geschlossenen taxonomischen Feldes aufzulösen, um dagegen die Idee einer offenen Struktur zu entwickeln, die kein Zentrum mehr kenne, da in ihrer Mitte ein leerer weißer Fleck regiere. Bei allen Differenzen zwischen den einzelnen Positionen ist es der gemeinsame Versuch einer Dezentrierung der linguistischen Struktur und der hermeneutischen Theorie der Subjektivität, der das Denken von so unterschiedlichen Autoren wie Foucault, Deleuze, Derrida und de Man miteinander verbindet. Dabei führt die Metapher des leeren Feldes Deleuze

Differenz und Abwesenheit

Dezentrierung der Struktur

zugleich zu einem Schritt, den er ebenfalls mit Foucault und Derrida teilt und den er als den vom Subjekt zur Praxis bezeichnet:

Der Strukturalismus ist keineswegs ein Denken, welches das Subjekt beseitigt, sondern ein Denken, welches es zerbröckelt und es systematisch verteilt, welches die Identität des Subjekts bestreitet, es auflöst und von Platz zu Platz gehen läßt, ein Subjekt, das immer Nomade bleibt, aus Individuationen besteht, aber aus unpersönlichen, oder aus Besonderheiten, aber aus vorindividuellen (Deleuze 1975, 299).

Deleuzes Stichwort des nomadischen Denkens nennt ein Moment, das vom poststrukturalistischen Denken in immer neuen Anläufen variiert wird. Es handelt sich um die Kritik an der Vorstellung eines mit sich identischen Subjekts zugunsten einer offenen Bewegung der Dissemination, der jede Individuation unterstehe. Im Unterschied zur hermeneutischen oder strukturalistischen Theorie der Polysemie, der Vieldeutigkeit des Sinns, meint die Dissemination eine selbst sinnlose, zugleich aber erst Sinn konstituierende Bewegung der Zerstreuung, der jede sprachliche Äußerung unterworfen ist (vgl. Derrida 1998, 294). Auf dem Weg zum Poststrukturalismus versteht Deleuze das strukturalistische Denken als eine Praxis der Zerstreuung von Sinnpartikeln, die es nicht mehr erlaube, von festen Strukturen zu reden, sondern es zur Notwendigkeit erhebe, den Gedanken einer Geschlossenheit der Struktur aufzugeben. Damit gibt er die Richtung eines Denkens der sprachlichen Differenz vor, das sich in den siebziger und achtziger Jahren insbesondere in der Literaturtheorie frei entfalten konnte.

Nomadisches
Denken

V. Dekonstruktion

1. Das postmoderne Wissen

Die Zäsur
der sechziger Jahre

Im Rahmen seiner Geschichte des strukturalistischen Denkens versieht François Dosse das Datum 1966 mit dem sprechenden Titel „Lichtjahr" (Dosse 1999, 456). In der Zeit zwischen 1950 und 1960 hatte der Strukturalismus unbestritten seinen Höhepunkt erreicht. Das Erscheinen so zentraler Texte wie Barthes' *Kritik und Wahrheit* (1966), Lacans *Schriften* (1966), Foucaults *Die Ordnung der Dinge* (1966), Derridas *Grammatologie* (1967) und Deleuzes *Differenz und Wiederholung* (1968) zum Ende der sechziger Jahre kann dagegen nicht mehr einfach nur als Vollendung des Strukturalismus verstanden werden (vgl. Descombes 1989). Was diese Autoren trotz ihrer bisweilen äußerst heterogenen Ansätze verbindet, ist der Versuch einer Überschreitung des strukturalistischen Denkens im Zeichen der Differenz. Insbesondere mit Derridas Philosophie der Dekonstruktion und Foucaults Arbeiten zur Diskursanalyse setzen sich zum Ende der sechziger Jahre in einer politisch bewegten Zeit neue Denkentwicklungen durch, deren gemeinsamer Anspruch unter dem umstrittenen Titel „Poststrukturalismus" (vgl. Frank 1983, Laermann 1986, Weber 1986, Münker/Roesler 2000) zusammengefasst worden ist. Zugleich wäre die

Vom Strukturalismus
zum
Poststrukturalismus

Geschichte des Poststrukturalismus nicht richtig verstanden, wollte man sie einzig als eine historische Fortschreibung des Strukturalismus bezeichnen. Geht es dem Poststrukturalismus wie schon dem strukturalistischen Denken zunächst um eine Kritik des hermeneutischen Zusammenhangs von Sinn und Subjektivität, so treten Foucault, Deleuze und Derrida in der gleichen Weise dazu an, den Strukturalismus zu überwinden. Sie orientieren sich nicht mehr an der Idee eines in sich geschlossenen taxonomischen Feldes, sondern an dem Zusammenhang von Sprache und Differenz. Damit geben sie zugleich das Wissenschaftsideal des linguistischen Strukturalismus auf. Die Differenzen zwischen dem strukturalistischen und dem poststrukturalistischen Ansatz hat Jonathan Culler festzuhalten versucht: „Strukturalisten nehmen die Linguistik als Modell und versuchen, ‚Grammatiken' zu entwickeln – systematische Inventarien von Elementen und ihrer Kombinationsmöglichkeiten –, aus denen die Form und die Bedeutung literarischer Werke ableitbar ist; Poststrukturalisten untersuchen die Art, wie ein solches Projekt durch die Arbeit der Texte selbst subvertiert wird. Strukturalisten sind davon überzeugt, daß systematisches Wissen möglich ist; Poststrukturalisten behaupten die Unmöglichkeit eines solchen Wissens" (Culler 1999, 21). Im Zentrum des poststrukturalistischen Denkens steht nicht mehr der Versuch, eine neue und in sich kohärente Form der Wissenschaft aufzubauen, sondern die Anstrengung, den wissenschaftlichen Anspruch, der den Strukturalismus wie die philosophische Hermeneutik leitete, kritisch zu hinterfragen und letztlich im Begriff der Differenz aufzulösen. Die Einsicht in die systematische Unmöglichkeit wissenschaftlich verbürgten objektiven Wissens verbindet zugleich die unterschiedlichen Theorien der Dekonstruktion, wie sie in Frankreich von dem Philosophen Jacques Derrida und in Amerika von dem Literaturwissenschaftler Paul de Man seit dem Ende der sechziger Jahre entwickelt wurden.

Hatte es die Dekonstruktion wie schon der Strukturalismus zunächst schwer, sich durchzusetzen, so florierte das postmoderne Denken der Differenz insbesondere im Bereich der Literaturtheorie. Dabei formulierte der französische Philosoph Jean-François Lyotard die Rahmenbedingungen des „postmodernen Wissens" im Kontext einer neuen affirmativen Ästhetik der Sinnlichkeit, die er mit Deleuze teilte. Die allgemeinen Grundlagen der Dekonstruktion errichtet Jacques Derrida, indem er im Anschluss an Nietzsche und Heidegger den Logozentrismus der abendländischen Metaphysik offenlegt: In Derridas Augen verpflichtete sich das philosophische Denken seit der Antike einer Vorstellung der lebendigen Präsenz, die ihr Ideal in der Idee einer mit sich identischen und sinnerfüllten Stimme erkannte, gegen das die Dekonstruktion einen neuen Begriff der Schrift geltend zu machen versucht. Derridas Überlegungen zum Verhältnis von Schrift und Text konnten von Julia Kristeva zu einem innovativen Begriff der Intertextualität ausgearbeitet werden, der auch die frühen Arbeiten des amerikanischen Literaturkritikers Harold Bloom bestimmte. Eine besondere Bedeutung für die Literaturtheorie gewann die Dekonstruktion im Werk Paul de Mans. Auf der Grundlage der Unterscheidung zwischen der philosophischen Ordnung des Symbols und der rhetorischen Figur der Allegorie formulierte de Man eine Revision der klassischen Ästhetik im Zeichen einer neuen Rhetorik, die sich insbesondere in Amerika als ein neues Paradigma der Literaturwissenschaft schnell durchgesetzt hat. Zugleich konnte die feministische Literaturtheorie an die Dekonstruktion anschließen, indem sie, meist in einer kritischen Auseinandersetzung mit dem Werk Freuds, die Kritik der abendländischen Metaphysik als der Geschichte des logozentrischen Denkens um die Dimension der Korrektur phallozentrischer Vorurteile erweiterte. Im Rahmen der von Derrida und de Man proklamierten Theorie der sprachlichen Differenz gewann die Dekonstruktion so ein Profil, das ihr trotz vieler Gegenstimmen von seiten der traditionellen Geisteswissenschaften internationales Ansehen verschaffte.

Allerdings erwies sich auch der kritische Gestus der Dekonstruktion als brüchig. Dass der amerikanische Literaturkritiker Geoffrey Hartman, gemeinsam mit Harold Bloom, Paul de Man und J. Hillis Miller einer der Hauptrepräsentanten der „Yale Critics", den Begründer der Dekonstruktion Jacques Derrida in dem Titel eines Aufsatzes halb ironisch, halb liebevoll als „Monsieur Texte" (Hartman 1981, 1) bezeichnet hat, weist neben der Hommage an Derridas luzide Theorie der Schrift zugleich auf ein Problem hin, das der Dekonstruktion von Beginn an zu schaffen machte. Impliziert Derridas Aufwertung der Schrift gegenüber dem Logozentrismus der abendländischen Metaphysik eine Privilegierung des Textes, der zur Matrix jeder möglichen Erfahrung des Subjekts wird, so stellt sich zugleich die Frage nach den außertextuellen Bedingungen des Wissens als Grenze der Dekonstruktion. Sowohl Michel Foucaults Theorie der Diskursanalyse als

Postmoderne als Denken der Differenz

Dekonstruktion und Diskursanalyse

auch die neuen Kulturwissenschaften verfolgen vor diesem Hintergrund die Spur einer Materialität, die sich nicht einfach mit dem dekonstruktiven Begriff der Schrift in Übereinstimmung bringen lässt. Es ist nicht der alte Streit von Hermeneutik und Rhetorik, der dem Paradigma der Dekonstruktion einen Schlag versetzt hat, sondern vielmehr die kritische Frage nach den diskursiven Kontexten, die so etwas wie Texte in der ihnen eigenen Historizität und Materialität überhaupt erst hervorbringen.

2. Affirmative Ästhetik: Jean-François Lyotard

Adorno und Lyotard

Adornos *Ästhetische Theorie* konnte in gewisser Weise als der letzte Versuch gelten, eine Ästhetik in ihrem traditionellen Sinn zu begründen, und das nicht nur, weil Adorno sowohl an Kants Theorie des Naturschönen als auch an Hegels dialektischer Philosophie der Geschichte festhält. Ihre Letztbegründung erfährt die Ästhetik bei Adorno im Begriff der Negativität. Der Begriff der Negativität leistet dabei ein Doppeltes. Indem er die Differenz zwischen dem Ästhetischen und dem Nichtästhetischen betont, fasst er zum einen noch einmal den von Kant formulierten Anspruch auf die Autonomie der Kunst zusammen. Mit dem Grundgedanken der Autonomie, der die philosophischen Ästhetiken seit Kant leitet, bestimmt er die Kunst zum anderen als den Ort, an dem die philosophische Vernunft der Moderne eine Subversion erfahre (vgl. Menke 1991, 13). Über den von Adornos Ästhetik etablierten Vermittlungszusammenhang von Autonomie und Subversion der Kunst geht die postmoderne Ästhetik hinaus, indem sie zwar an dem autonomen und tendenziell subversiven Charakter moderner Kunst festhält, den Begriff der Negativität jedoch aufgibt. An ihre Stelle tritt im Denken Jean-François Lyotards die Idee einer affirmativen Ästhetik im Zeichen des Erhabenen.

Das Ende der großen Erzählungen

Bekannt wurde Lyotard mit seiner Definition der Postmoderne als Ende der großen Erzählungen (vgl. Lyotard 1994). Zu den Meta-Erzählungen der Moderne gehört nach Lyotard auch die Geschichte der Ästhetik als der Versuch, seit Baumgarten und Kant eine sinnliche Form der Erfahrung geltend zu machen, die dem höheren Vernunftvermögen wenn auch untergeordnet zur Seite steht. Schränkt Lyotard die Erfolgsgeschichte des Ästhetischen mit der These vom Ende der großen Erzählungen auch in ihrem Recht ein, so formuliert er jedoch zugleich einen Neuanfang, der in gewisser Weise auf die Ursprünge der Ästhetik zurückführt, indem er sich als Rückgang auf Kant und die Unmittelbarkeit sinnlicher Erfahrung versteht. Lyotards Formel dafür lautet: „das Zeitalter des Experimentierens (das Zeitalter der Satire, die die Sättigung der Werke durch die Gattungen ist) blüht auf; verviel-

Paralogien

fachen wir also die Paralogien" (Lyotard 1982, 8). Paralogien, so erklärt Lyotard in *Das postmoderne Wissen*, sind Regeln, die im Unterschied zu den allgemeingültigen großen Erzählungen der Moderne nur noch eine lokale, strategisch ausgerichtete Gültigkeit für sich beanspruchen (vgl. Lyotard 1994, 175–193). Indem Lyotard die Paralogien zum Paradigma eines jederzeit offenen und unabgeschlossenen Systems erklärt, vollzieht er zugleich jene Öffnung des geschlossenen Feldes der Struktur, die das poststrukturalistische Denken insgesamt auszeichnet. Freigesetzt werden soll dabei das schlechthin Neue als dasjenige Moment, das sich in kein etabliertes Modell des Wissens fügt. „Das einzige unveränderliche Kriterium, dem das Werk heute unterliegt, ist nun aber, ob sich darin etwas Mögliches zeigt, womit noch nicht experimentiert worden ist, das also noch keine Regeln hat – etwas Mögliches für die Empfindung oder die Sprache. Damit wird die Ästhetik zur Para-Ästhetik und der Kommentar zur Paralogie, wie auch das Werk selbst eine Para-Poetik ist" (Lyotard 1986, 72). Die Absage an einmal etablierte Regeln führt Lyotard fast zwangsläufig zu einer radikalen Philosophie der Regellosigkeit. Schon der Begriff des Experimentierens verrät, dass Lyotard einer Logik der Avantgarde vertraut, derzufolge noch gültige Formen ästhetischer Erfahrung allein in der Überbietung des Vergangenen auszumachen sind. Mit dem avantgardistischen Zwang zur Innovation versteht sich Lyotards Ästhetik zugleich als eine Theorie der sinnlichen Affirmation, der es darum geht, das Bestehende zu überwinden, um das Neue und bisher Unbekannte zu schaffen.

Der Leitbegriff der ästhetischen Erfahrung nach Lyotard ist der der Intensität. Als Grundprinzip einer einzig durch den Begriff der Lust vermittelten Form des Sinnlichen meint Intensität die „Affekte in ihrer Präsenz" (Lyotard 1982, 21). In Anknüpfung an Freud verbindet Lyotard vor allem in seinen Schriften der siebziger Jahre die beiden Begriffe der Libido und der Intensität, um die Freisetzung von Energiequantitäten als das Ziel aller Kunst darzustellen: Bestehende, fest besetzte Materie soll in frei zirkulierende Energie zurücküberführt werden. Mit der Freisetzung sinnlicher Intensitäten verfolgt Lyotard zugleich das allerdings nur vage formulierte Ziel einer Philosophie des Singulären. Ist das Sinnliche für Lyotard von sich aus immer schon das subversive Einzelne, das sich im Widerstreit mit dem übergreifenden Allgemeinen des Geistes befindet, so gilt ihm die Kunst als der Versuch, „nicht die Bedeutungen zu dekonstruieren, sondern die Sensibilitäten zu erweitern: das sichtbar (oder hörbar) zu machen, was unsichtbar (oder unhörbar) ist" (Lyotard 1986, 94). Der Versuch der Erweiterung der Sensibilität durch die Versinnlichung des Nichtdarstellbaren nennt den Grund von Lyotards Ästhetik im Zeichen des Erhabenen. Mit dem Plädoyer für das Singuläre verbindet sich dabei konsequenterweise die Absage an die Bestimmung der ästhetischen Theorie als einer Form der Kritik, wie sie noch Adornos Philosophie geleitet hat: „es ist nötig, keine Theorie zu haben" (Lyotard 1986, 105), formuliert Lyotard, um dem hinzuzufügen: „Man muß also auf Kritik vollständig verzichten" (Lyotard 1984, 209). Affirmativ ist Lyotards Ästhetik in ihrem Grundgestus, da sie den regellosen Intensitäten als dem singulären Sinnlichen gar nicht anders als affirmativ begegnen kann: Das bloße Erscheinen ist für Lyotard zugleich schon die Legitimation der sinnlichen Intensitäten. An dieser problematischen Ausgangsprämisse ändert auch die Ästhetik des Erhabenen, die Lyotard in den achtziger Jahren vor allem im Anschluss an Kant entwirft, nur wenig.

Schreiben sich Lyotards Entwürfe zu Beginn der siebziger Jahre noch in die Tradition von Freud und Marx ein, so zeichnet sich schon bald die Tendenz zu einer Rückkehr zu Kants Ästhetik ab, die für Lyotards Denken in den achtziger Jahren zunehmend an Bedeutung gewinnt. Programmatisch

Sinnlichkeit und Intensität

Affirmative Ästhetik

Renaissance des Erhabenen

formuliert er: „Nach zwei Jahrhunderten Herrschaft der dialektischen spe-
kulativen Vernunft beginnt die Philosophie wieder mit Kant, dem Kant der
Urteilskraft" (Lyotard 1982, 9). Mit dem Kant der dritten Kritik ist es insbesondere der Begriff des Erhabenen, der eine zentrale Stellung in Lyotards
Ästhetik für sich in Anspruch nimmt. Im Anschluss an Kant macht Lyotard
das Erhabene zunächst als Gegenbegriff zum Schönen geltend: „Seit hundert Jahren geht es in den Künsten nicht mehr in der Hauptsache um das
Schöne, sondern um etwas, das vom Erhabenen herrührt" (Lyotard 1989,
231). Lyotard, der sich dabei eher an der bildenden Kunst als an der Literatur orientiert, ordnet der Kunst der klassischen Moderne den Begriff des Erhabenen zu, um jene Dialektik von Avantgarde und Überbietung weiter zu
entwickeln, die schon seine Ästhetik der Intensitäten in den frühen siebziger Jahren bestimmte.

Erhabenes und
Nichtdarstellbarkeit

Eine besondere Bedeutung nimmt der Begriff des Erhabenen für Lyotard
ein, da er, wie insbesondere das Werk Barnett Newmans zeige, ein wesent-
liches Moment moderner Kunst zu nennen vermag: das Problem der Nichtdarstellbarkeit. Hatte Kant gegen die Tradition der antiken Theorien des Erhabenen, die auch für Lyotards Überlegungen so gut wie keine Rolle spielen, das Erhabene als den Widerstand des moralischen Subjekts gegen die
drohende Überwältigung durch die Macht der Natur definiert (vgl. Menninghaus 1991), so hebt Lyotard und mit ihm die gesamte Ästhetik der
Postmoderne mit dem Moment der Nichtdarstellbarkeit ein Moment hervor, das erst Kants Theorie des Erhabenen entwickelte. Kant hatte behauptet, dass dem Erhabenen im Unterschied zum Schönen keine Form der unmittelbaren sinnlichen Anschauung adäquat sein könne, weil in ihm eine
übersinnliche Idee zur Geltung komme, die sich nur indirekt als Zeichen
für die Überlegenheit der menschlichen Vernunft über die Natur erschließen lasse. Lyotard interessiert sich weniger für das moralische Argument,
das Kants Argumentation zugrunde liegt, als vielmehr für die ästhetischen
Konsequenzen, die daraus zu ziehen sind: dass es Gegenstände gibt, die
nicht darstellbar sind und die daher eine indirekte, oder, wie Kant sagt,
symbolische Form der Darstellung erfordern. Dabei gelten Lyotard insbesondere Barnett Newman und die abstrakte Kunst der Moderne als Beispiel
für eine Form der Reflexion auf Nichtdarstellbarkeit, die sich im Horizont
des Erhabenen bewege.

Kunst als Ereignis

Den Implikationen einer postmodernen Theorie des Erhabenen in der
Nachfolge Newmans ist Lyotard insbesondere in dem Aufsatz *Das Erhabene und die Avantgarde* nachgegangen. Angesichts der langen Tradition,
über die die Theorie des Erhabenen seit ihren Ursprüngen im griechischen
Begriff des Enthusiasmus verfügt, mutet Lyotards Bestimmung allerdings
einigermaßen verblüffend an. Im Rückgriff auf Heideggers Begriff des Ereignisses bestimmt Lyotard das Erhabene als das „quod", als das „Dass"
eines singulären Ereignisses: „Was wir nicht zu denken vermögen ist, daß
etwas geschieht, oder vielmehr und einfacher: daß es geschieht …" (Lyotard 1989, 160). Lyotards Definition überrascht durch die theoretische
Dürftigkeit ihrer Bestimmung. Indem er das Erhabene als ein singuläres Ereignis beschreibt, als die bloße Faktizität dessen, das erscheint, führt er
auch die Theorie des Erhabenen auf das Modell einer affirmativen Ästhetik

zurück, derzufolge das unbestimmte Sinnliche und Ereignishafte der Kunst in der Malerei in nichts anderem als dem materiellen Vorhandensein von Farbe und Bild bestehe. Affirmativ ist Lyotards Theorie des Erhabenen, da sie die Ereignishaftigkeit der Kunst nicht anders denn als die bloße Gegebenheit ihres Gegenstandes begreifen kann: „Daß hier und jetzt dies Bild ist, und nicht vielmehr nichts, das ist das Erhabene" (Lyotard 1989, 165). Mit dieser Definition konterkariert Lyotard jede noch mögliche inhaltliche Bestimmung des Erhabenen zu einer „Blöße" (Lyotard 1989, 187), so das programmatische letzte Wort des Aufsatzes, die nur noch die Leere des eigenen Erscheinens anzeigt. Mit Lyotards Theorie des Erhabenen ist die Ästhetik an ihrem Ende angekommen. Der Entwurf einer affirmativen Ästhetik, der zugleich die Verabschiedung von Adornos negativer Ästhetik bedeutet, lässt das Ästhetische in der Blöße seines faktischen Erscheinens aufgehen, um es damit zugleich jeder näheren Bestimmung zu entheben. Wie die auf Mallarmé zurückverweisende Metapher der Blöße zeigt, ist es letztlich die sinnliche Erfahrung einer fundamentalen Leere, die der postmodernen Ästhetik von Lyotard wie von Deleuze das Gesetz vorschreibt.

Die Blöße des Erscheinens

3. Für eine Logik des Sinns: Gilles Deleuze

In ganz ähnlicher Weise wie Lyotard lässt sich auch Gilles Deleuze von einer Denkbewegung leiten, die den Begriff des Ästhetischen für sich in Anspruch nimmt, weil sie zunächst das Moment des Sinnlichen aufzuwerten sucht (vgl. Balke 1998). Bereits in seiner frühen Untersuchung *Logik des Sinns* aus dem Jahre 1969 formuliert Deleuze eine kritische Hinterfragung des hermeneutischen Sinnbegriffes, dem er eine paradoxe Grundstruktur nachzuweisen sucht. Ausgangspunkt seiner Überlegungen ist der Gegensatz von Sinn und Unsinn. Als Leitfaden der Untersuchung dient das Werk von Lewis Carrol, dem Deleuze zugesteht, „die erste große Untersuchung, die erste große Inszenierung der Sinnparadoxa" (Deleuze 1993, 13) vorgebracht zu haben. Der Carrol entlehnte Einblick in die Paradoxien des Sinns führt Deleuze dabei zu einer radikalen Absage an die hermeneutische Tiefendimension eines literarischen Textes zugunsten der Privilegierung seiner reinen Oberfläche. Winfried Menninghaus spricht in diesem Zusammenhang geradezu von einer „Inversion des hermeneutischen Sinn-Modells" (Menninghaus 1995, 249), die Deleuze dazu führe, Sinn nur als Funktion des Unsinns, Unsinn umgekehrt aber nur als Form der Sinnstiftung anzuerkennen. So macht sich schon in der paradoxen Verknüpfung von Sinn und Unsinn bei Deleuze das Erbe Nietzsches bemerkbar, demzufolge Sinn immer nur als Effekt einer selbst nicht dem Begriff des Sinns unterworfenen Instanz zu verstehen ist.

Logik des Sinns

Die Privilegierung der Oberflächen- gegenüber der hermeneutischen Tiefendimension eines Textes führt Deleuze dabei zu einer völlig neuen und in radikaler Weise anti-systematischen Form des Denkens, die sich insbesondere dem Zugriff von Freuds Begriff des Unbewussten verweigert (vgl. Deleuze/Guattari 1988). Im Unterschied zu Freuds und Lacans Theorie des Unbewussten als einer Instanz des (phallischen) Mangels lässt sich

Kritik der Psychoanalyse

Deleuze von der zusammen mit dem Psychoanalytiker Guattari formulierten Vorstellung des Unbewussten als einer ewig produzierenden Wunschmaschine leiten, die jede Form der Ödipalisierung des Subjekts unterlaufe. Als Gegenbegriff zum psychoanalytischen Begriff des Mangels entwickelt Deleuze den des Rhizoms als einer wild wuchernden Struktur, die es erlaube, Singuläres frei von allen Versuchen der Hierarchisierung mit Singulärem zu verbinden.

Rhizom

Hat sich die Metapher des Rhizoms als eine der einflussreichsten theoretischen Grundfiguren postmodernen Denkens erwiesen (vgl. Balke/Vogl 1996), so findet sie für Deleuze gerade im Bereich des Literarischen eine Bestätigung. So hat Deleuze neben seinen philosophischen Arbeiten zu Spinoza, Nietzsche, Bergson u. a. immer wieder Monografien zu literarischen Werken, vor allem zu Kafka und Proust vorgelegt (vgl. Hesper 1994), die den anti-systematischen, lustbetont-anarchistischen Impuls seines Denkens zu veranschaulichen helfen.

Kafkas kleine Literatur

Für Deleuze/Guattari ist Kafkas Werk „ein Rhizom, ein Bau" (Deleuze/Guattari 1976, 7), und das heißt zunächst: ein Bau, der viele Eingänge besitzt und über kein Zentrum verfügt. Den Versuch, den nach allen Seiten wuchernden Kosmos Kafkas auf einen Begriff, etwa den des Vaters zu zentrieren, bezeichnet Deleuze als „Reterritorialisierung" (Deleuze/Guattari 1976, 11), die Literatur selbst, wie Deleuze/Guattari am Beispiel von Kafkas später Erzählung *Josephine, die Sängerin* darlegen, dagegen als „Deterritorialisierung" (Deleuze/Guattari 1976, 11). Ziel von Deleuze ist es daher auch nicht, eine plausible Interpretation von Kafkas Gesamtwerk vorzulegen, sondern die „Fluchtlinien" (vgl. Balke/Vogl 1996) zu bezeichnen, die der Text gegen die Versuche zu seiner Reterritorialisierung anbiete. Deleuze plädiert in diesem Zusammenhang für einen Begriff der offenen Lektüre insbesondere unter Zurückweisung der psychoanalytischen Lesart Kafkas, die sich über den Brief an den Vater zu legitimieren weiß: „Was einem bei Kafka Angst (oder Freude) macht, ist nicht der Vater, nicht irgendein Über-Ich, sondern bereits die amerikanische Technokratie-Maschine und die sowjetische Bürokratie-Maschine und die faschistische Totalmaschinerie" (Deleuze/Guattari 1976, 187). Es ist wiederum der Begriff der Maschine, den Deleuze gegen die psychoanalytische Theorie des Unbewussten vorbringt. In ähnlicher Weise wie im Falle von Prousts *Recherche*, in deren Zentrum Deleuze nicht das Problem der Erinnerung, sondern die Frage nach der Lesart von gesellschaftlichen, erotischen und sinnlichen Zeichen sieht, unterstellt Deleuze Kafkas Werk keinem einheitlichen Sinnzentrum, um über den Leitbegriff der Maschine gleichwohl die Momente der Bürokratie, der Moderne und des Faschismus als Ausgangspunkt von Kafkas Schreiben miteinander zu verbinden und einer kritischen Analyse zu unterziehen. Kafkas literarische Sprache erscheint in diesem Zusammenhang nicht mehr als ohnmächtiger Reflex auf die Gesetze des Vaters, sondern als Flucht vor der bürokratischen Kälte der Moderne in eine, so der Untertitel, „littérature mineure", eine „kleine", „mindere", „minderjährige" Literatur:

Literatur und Deterritorialisierung

„Eine kleine oder mindere Literatur ist nicht die Literatur einer kleinen Sprache, sondern die einer Minderheit, die sich einer großen Sprache bedient. Ihr erstes Merkmal ist daher ein starker Deterritorialisierungskoeffizient, der ihre Sprache erfaßt" (Deleuze/Guattari 1976, 24). So erscheint die Literatur bei Deleuze als Paradigma der postmodernen Dezentrierung eines Sinnzentrums, als ein „Anders-Werden der Sprache" (Deleuze 2000, 16), das sich allen begrifflichen Zuschreibungen entzieht und nur im Modus des eigenen Schreibens weitergedacht werden kann. Es ist vor allem diese Betonung des anti-systematischen Charakters der literarischen Sprache, die Deleuze mit Derrida und Foucault verbindet.

4. Schrift und Differenz: Jacques Derrida

Der prominenteste Vertreter dekonstruktiven Denkens ist zweifellos Jacques Derrida (vgl. Kofman 1984). Der Grund für die internationale Bekanntheit Derridas liegt darin, dass beide Momente, die die Dekonstruktion auszeichnen, die Kritik der Hermeneutik wie die Überwindung des Strukturalismus, sich aus seinem Werk herleiten lassen, das seit nunmehr über dreißig Jahren den Diskurs des philosophischen Denkens mitbestimmt.

Derrida und die Dekonstruktion

Der Ausgangspunkt von Derridas Theorie ist die Kritik am geschlossenen taxonomischen Feld des Strukturalismus. Wie Derrida in seinem Aufsatz *Das Zeichen, die Struktur und das Spiel* zu zeigen versucht, wird das strukturalistische Denken von einem geheimen Paradox beherrscht: „Die Struktur oder vielmehr die Strukturalität der Struktur wurde, obgleich sie immer schon am Werk war, bis zu dem Ereignis, das ich festhalten möchte, immer wieder neutralisiert, reduziert: und zwar durch einen Gestus, der der Struktur ein Zentrum geben und sie auf einen Punkt der Präsenz, auf einen festen Ursprung beziehen wollte" (Derrida 1972, 422). Derrida formuliert damit einen Einwand gegen das strukturalistische Denken, der in der Folge von zahlreichen Theoretikern aufgenommen wurde. Indem der Strukturalismus die Ebene der *langue* als ein geschlossenes Feld von Zeichen begreift, das auf der Differentialität seiner einzelnen Elemente beruht, denkt er die Differenz nach Derrida nicht radikal genug. Statt die Differentialität des Zeichens selbst zum Ausgangspunkt der eigenen Theorie zu machen, verlasse sich das strukturalistische Denken auf die Idee, dass die Struktur über ein Zentrum verfüge, das der Differenz selbst nicht mehr unterworfen sei:

Kritik am Strukturalismus

Man hat daher immer gedacht, daß das seiner Definition nach einzige Zentrum in einer Struktur genau dasjenige ist, das der Strukturalität sich entzieht, weil es sie beherrscht. Daher läßt sich vom klassischen Gedanken der Struktur paradoxerweise sagen, daß das Zentrum sowohl *innerhalb* der Struktur als *auch außerhalb* der Struktur liegt. Es liegt im Zentrum der Totalität, und dennoch hat die Totalität *ihr Zentrum anderswo*, weil es ihr nicht angehört. Das Zentrum ist nicht das Zentrum (Derrida 1972, 423).

Mit dieser Bestimmung formuliert Derrida den Grundgedanken der Dekonstruktion und zugleich den entscheidenden Schritt zur Überschreitung des Strukturalismus. Das Zentrum eines geschlossenen Feldes, so Derrida, könne sich nur außerhalb der Struktur selbst befinden: Als das, was die Struktur regiert, nimmt es die widersprüchliche Position eines Mittelpunk-

Dezentrierung der Struktur

tes ein, der zugleich innerhalb wie außerhalb der Struktur liege. Es kann der Philosophie daher nicht darum gehen, mit Hilfe des Begriffes der Struktur eine neue Wissenschaft zu erstellen, sondern darum, die Paradoxien aufzuzeigen, die die Rede von einem nur scheinbar in sich kohärenten Wissenssystem erst ermöglichen. Der kritische Grund der Dekonstruktion, den sie mit der Diskursanalyse teilt, liegt in der Dezentrierung des strukturalistischen Systemgedankens zugunsten eines offenen Systems, das sich in der unabgeschlossenen Form des Spiels jeder Letztbegründung zu entziehen versucht.

Aus dieser paradoxen Grundsituation leitet Derrida ein zweites Argument ab. Als das Moment, das zugleich innerhalb wie außerhalb der Struktur liege, diene das Zentrum nur als Supplement einer unaufhebbaren Form der Abwesenheit. Derrida betont, „daß diese Bewegung des Spiels, die durch den Mangel, die Abwesenheit eines Zentrums oder eines Ursprungs möglich wird, die Bewegung der *Supplementarität* (*supplementarité*) ist. Man kann das Zentrum nicht bestimmen und die Totalisierung nicht ausschöpfen, weil das Zeichen, welches das Zentrum ersetzt, es *supplementiert*, in seiner Abwesenheit seinen Platz hält, – weil dieses Zeichen sich als Supplement noch hinzufügt" (Derrida 1976, 437). In ganz ähnlicher Weise wie Lacan, mit dem er sich sonst eher kritisch auseinandergesetzt hat (vgl. Derrida 1987 und 1998), geht Derrida davon aus, dass das geschlossene Feld der sprachlichen Zeichen in seinem Zentrum eine fundamentale Leerstelle aufweise, die durch die Versuche, der Struktur einen in sich kohärenten Mittelpunkt zu verleihen, nur kaschiert werde. Anders als Lacan begreift Derrida die Leerstelle, die die Struktur regiere, jedoch nicht als Zeichen für die Abwesenheit des Phallus, sondern als Abwesenheit schlechthin, als den Entzug des Seins. An diesem Punkt folgt Derrida weniger den Prämissen des Strukturalismus oder der Psychoanalyse als vielmehr der Philosophie Heideggers. So wie für Heidegger das Sein in der Geschichte der Metaphysik immer als Präsenz gedacht wurde, so besteht für Derrida die Metaphysik in einem Denken der Präsenz, das er auch im Strukturalismus wiedererkennt, insofern dieser die These von der Differentialität der Zeichen durch die Idee der Systempräsenz aufhebe. Derrida überblendet die strukturalistische Einsicht in den Differenzcharakter der Sprache letztlich mit Heideggers Philosophie der ontisch-ontologischen Differenz: Der Verborgenheit des Seins bei Heidegger entspricht in Derridas Theorie die Abwesenheit eines Zentrums, das nur über seine Supplementierungen zugänglich ist. Für Derrida wäre die Geschichte der Supplemente als die der wechselnden Zentren der Struktur daher zugleich ein Abriss der Geschichte der Metaphysik. Allerdings zieht Derrida aus diesem Sachverhalt eine andere Konsequenz, als Heidegger es getan hat. Ihm geht es nicht um die Wiedereinführung der Seinsfrage in die Philosophie als vielmehr um die Ersetzung des geschlossenen Feldes des Strukturalismus durch ein unendliches Spiel von Differenzen, das keinerlei Form der Zentrierung, und sei es die auf den Begriff des Seins, mehr zulasse. Die Arbeit der Dekonstruktion gilt demnach zum einen dem kritischen Nachweis der verschiedenen Supplementierungsprozesse, die die Geschichte der Metaphysik erfahren habe, zum anderen der Erarbeitung einer anti-systematischen Wis-

Derridas Theorie der Supplementarität

Derrida und Heidegger: Kritik der Präsenz

senschaft, die das unendliche Spiel der Zeichen als Selbstauflösung jeden wissenschaftlichen Anspruchs nachzeichne: „Die Philosophie ‚dekonstruieren' bestünde demnach darin, die strukturierte Genealogie ihrer Begriffe zwar in der getreuest möglichen Weise und von einem ganz Inneren her zu denken, aber gleichzeitig von einem gewissen, für sie selbst unbestimmbaren, nicht benennbaren Draußen her festzulegen, was diese Geschichte verbergen oder verbieten konnte, indem sie sich durch diese irgendwie eigennützige Repression zur Geschichte machte" (Derrida 1986, 38).

Verpflichtet sich Derrida durch die Kritik der Strukturalität der Struktur als einer Form der zeitlichen Präsenz auch zunächst dem Denken Heideggers, so geht er im Rahmen seiner Philosophie der Differenz zugleich über Heidegger hinaus, indem er die Dekonstruktion der Präsenz mit der der Stimme verbindet. Anhand einer minutiösen Analyse von Husserls *Logischen Untersuchungen* in *Die Stimme und das Phänomen* und Rousseaus Überlegungen zum Ursprung der Sprache in der *Grammatologie* hat Derrida die Geschichte der Metaphysik als die Geschichte der Abwertung der Schrift durch die Stimme, die bis zu Platon zurückreicht, nachzuvollziehen versucht. Ziel seiner Darlegungen ist der Nachweis der Aporien, denen ein Denken unterworfen ist, das die Präsenz des Seins als lebendige Stimme deutet. Dabei geht es Derrida keineswegs darum, das Privileg der Stimme vor der Schrift in der Geschichte der abendländischen Metaphysik zu dem der Schrift vor der Stimme umzukehren. An die Stelle des Gegensatzes von lebendiger Stimme und toter Schrift setzt er vielmehr einen neuen Schriftbegriff, dessen Konturen er vor allem in seinem Hauptwerk aus dem Jahre 1967, der *Grammatologie*, umrissen hat. „Es geht vielmehr darum, einen neuen Schriftbegriff zu schaffen. Man kann ihn *gramma* oder *différance* nennen. Das Spiel der Differenzen setzt in der Tat Synthesen und Verweise voraus, die es verbieten, daß zu irgendeinem Zeitpunkt, in irgendeinem Sinn, ein einfaches Element als solches *präsent* wäre und nur auf sich selbst verwiese. Kein Element kann je die Funktion eines Zeichens haben, ohne auf ein anderes Element, das selbst nicht einfach präsent ist, zu verweisen, sei es auf dem Gebiet der gesprochenen oder auf dem der geschriebenen Sprache" (Derrida 1986, 66 f.). Auf den ersten Blick scheint Derrida nur die strukturalistische Einsicht in die Differentialität des Zeichens zu wiederholen (vgl. Culler 1999, 27): Kein Element ist präsent, weil es sich nur durch den Verweis auf ihm vorgängige, abwesende Elemente konstituiere. Aber mit dem neuen Begriff der Schrift geht Derrida zugleich über die strukturalistische Einsicht in der Systemcharakter der *langue* hinaus. Was sein Denken in den Blick zu rücken versucht, ist nicht die Differentialität des Zeichens, sondern die Differenz selbst, das Spiel, das es erst ermöglicht, dass es überhaupt Differenzen gibt. Diese Form eines jeder sprachlichen Differenz vorgängigen Prozesses, für den Derrida das Kunstwort der „différance" einführt, definiert er zugleich als eine „Urschrift" (Derrida 1983, 99) in der Form einer „*Spur* (trace)" (Derrida 1983, 99): „Es geht hier also nicht um eine bereits konstituierte Differenz, sondern, vor aller inhaltlichen Bestimmung, um eine reine Bewegung, welche die Differenz erst hervorbringt. *Die (reine) Spur ist die *Differenz [différance]*" (Derrida 1983, 109). Am Ursprung der Differenzen steht mit der Spur die *diffé-*

Stimme und Schrift

Von der Differenz zur *différance*

Verräumlichung und
Verzeitlichung

Grammatologie
und Semiologie

Dekonstruktion der
Dekonstruktion

rance als eine Form der zeitlichen Nachträglichkeit und der räumlichen Verschiebung, die keinen Ursprungsort mehr kenne: „Und ich schlage vor, diese Konstitution der Gegenwart, als ‚originäre‘, und in irreduzibler Weise nicht-einfache, also, *stricto sensu*, nicht-originäre Synthese von Merkmalen (*marques*), von Spuren von Retentionen und Synthesen […] Urschrift, Urspur zu nennen. Diese (ist) (zugleich) Verräumlichung (und) Temporisation" (Derrida 1988a, 39). Als das verräumlichende und verzeitlichende Prinzip, das die Differenzen erst herstellt, steht der paradoxe Begriff der „Urschrift" namens *différance* am Ursprung einer Theorie, die keinerlei Ursprünglichkeit mehr kennen will, weil sich im Spiel der Differenzen jede Form der Ursprünglichkeit selbst aufhebt. Die Differenz selbst – in Heideggers Terminologie die ontologische Dimension der Schrift im Unterschied zur ontischen Dimension der bloß vorhandenen Differenzen von Zeichen in einem sprachlichen System – denkt Derrida daher konsequent als eine Bewegung, die jedem Ursprungsdenken entsagt: „Die *différance* ist der nicht-volle, nicht-einfache Ursprung der Differenzen" (Derrida 1988a, 37). Mit diesem Schritt geht Derrida sowohl über den Horizont des Strukturalismus als auch über Heideggers Seinsdenken hinaus. Saussures Neubegründung der Sprachwissenschaft im Zeichen der Semiologie setzt Derrida daher die Grammatologie als eine neue Wissenschaft der sprachlichen Differenz entgegen: „Durch eine Substitution, die keineswegs bloß verbal wäre, müßte man also im Programm des *Cours de linguistique générale* das Wort *Semiologie* durch *Grammatologie* ersetzen" (Derrida 1983, 88).

Unabhängig von der Frage, wie die philosophische Schlüssigkeit von Derridas Entwurf der Dekonstruktion in diesem Zusammenhang zu beurteilen ist, wirft seine Überschreitung des Strukturalismus jedoch auch Probleme auf. Hatte einer der wesentlichen Fortschritte des strukturalistischen Denkens gerade auf der Befreiung der modernen Geisteswissenschaften vom Primat der Philosophie beruht, so formuliert Derridas Denken der *différance* letztlich eine Re-Philosophisierung des modernen Sprachdenkens. Gerade die Radikalität und Konsequenz, mit der Derrida die strukturalistische Einsicht in die Differentialität des Zeichens in eine allgemeine Theorie der Differenz als zeitlich-räumlicher Urschrift überführt, verdankt sich einem genuin philosophischen Gestus, der die linguistischen Grundlagen des modernen Sprachdenkens zu überschreiten versucht. Orientiert sich Derrida wie schon Lacan dabei an der Idee einer unendlichen Signifikantenkette, innerhalb derer der Signifikant immer schon als ein Signifikant fungiere (vgl. Derrida 1983, 17), so führt die Überbietung der metonymischen Verschiebungsarbeit des Signifikanten zugunsten des Prinzips der *différance* letztlich in einen Bereich, der in paradoxer Weise selbst die Voraussetzungen von Derridas Kritik am geschlossenen Zentrum der Struktur erfüllt: Als unendliches Spiel der Differenzen markiert die *différance* in ihrer zentralen Position für Derridas Denken einen Platz der Leere, der sich nur deswegen der Bewegung der Dekonstruktion zu entziehen versucht, weil er das Prinzip des Entzugs des Seins selbst nennen soll. Dass die Arbeit der Dekonstruktion damit letztlich auf sich selbst übergreift, markiert zuleich ihre Grenze: Was auch im Rahmen der *différance* nicht mehr möglich ist, wäre die Dekonstruktion der Dekonstruktion.

Über die Frage nach der möglichen oder notwendigen Selbstaufhebung der *différance* hinaus zeigen sich die Möglichkeiten und Grenzen der Dekonstruktion in Derridas Überlegungen zu literarischen Texten. Zu Recht diagnostiziert Kimmerle bei Derrida „ein deutliches ästhetisches Engagement" (Kimmerle 1997, 20), da der zentrale Begriff der Schrift schon von sich aus dazu tendiere, die Grenze zwischen Philosophie und Literatur aufzuheben. Lesen sich Derridas Texte zur Irritation vieler Kritiker einerseits selbst wie Sprachkunstwerke, die sich in mancherlei Hinsicht mit Spielarten des *nouveau roman* vergleichen lassen, so wendet sich Derrida andererseits häufig literarischen Texten und damit der Frage nach der Relevanz seiner Theorie für die Literatur zu. Allerdings hält Culler kritisch fest: „Trotz der offensichtlichen Relevanz der Beziehung von Lektüre und Fehllektüre für literaturwissenschaftliche Untersuchungen sind die Implikationen der Dekonstruktion für das Studium der Literatur alles andere als klar. Derrida schreibt häufig über literarische Werke, hat sich aber nicht unmittelbar mit solchen Themen wie der Aufgabe der Literaturkritik, den Methoden zur Analyse der literarischen Sprache oder der Natur des Sinns in der Literatur befaßt. Die Implikationen der Dekonstruktion für die Literaturwissenschaft müssen abgeleitet werden; wie solche Ableitungen aber geschehen sollen, ist nicht klar" (Culler 1999, 200). Trotzdem ist die paradigmatische Funktion literarischer Texte für Derridas Theorie unbestritten. Im Mittelpunkt seines Interesses steht wie schon bei Adorno oder Deleuze mit Autoren wie Artaud, Mallarmé, Kafka oder Celan vor allem die Tradition der klassischen Moderne. Vor diesem Hintergrund bietet gerade Derridas Celan-Interpretation die Möglichkeit zu einem kritischen Vergleich der Dekonstruktion mit dem hermeneutischen Ansatz Gadamers.

Dekonstruktion und Literatur

Die Intention von Gadamers Interpretation von Celans Gedichtzyklus *Atemkristall* lag im Nachweis des „wahren Wortes" der Dichtung. Dass Derrida bereits von seinem Grundansatz her ein ganz anderes Ziel verfolgt als Gadamer, hat schon Kimmerle hervorgehoben: „Das Ziel ist nicht Verstehen im Sinne einer Verschmelzung der Horizonte, sondern das Herausarbeiten der Unterschiede, die nicht erneut in eine Einheit zusammengenommen werden" (Kimmerle 1997, 50). Den Ansatzpunkt für diese Form der Herangehensweise, die keine hermeneutische Form der Einheit mehr zulassen will, verkörpert in Derridas Celan-Interpretation der Zusammenhang von Signatur, Datum und Name. In den biografischen, intertextuellen und geschichtlichen Bezügen von Celans Gedichten *In eins* und *Schibboleth* erkennt Derrida eine Umschrift von Daten, die sich letztlich der Deutbarkeit entziehe: „Das Datum (Unterschrift, Moment, Ort, die Gesamtheit der einzigartigen Merkmale) arbeitet immer wie ein *Schibboleth*. Es offenbart, daß es da etwas Nicht-Offenbares, etwas chiffriert Einzigartiges gibt: unrückführbar auf den Begriff, auf das Wissen und sogar auf die Geschichte, auf die Tradition, und sei sie auch religiös" (Derrida 1996b, 72). Der Titel des Gedichtes *Schibboleth*, in dem Celan an den spanischen Bürgerkrieg und damit an die Vorgeschichte der faschistischen Herrschaft in Europa erinnert, dient Derrida als Stichwort für eine literarische Form der Dekonstruktion, deren Gestalt sich in der Frage nach der Möglichkeit der Wiederholung von singulären Daten in der Sprache des Gedichts öffnet.

Derrida und Celan

Datum, Signatur, Name

Schibboleth

Dabei ist es letztlich der schon für den Strukturalismus zentrale Begriff der Metonymie, der Derridas Interpretation des Celanschen *Schibboleth* voransteht: In dem Maße, in dem die sprachliche Wiederholung das Singuläre, Einzigartige, in einer metonymischen Verschiebungsbewegung nicht zulasse, öffne sich in Celans Lyrik der kryptische Raum eines Verborgenen, das – hier liegt zugleich der Grund für das Interesse der Postmoderne an den Formen der Allegorie und des Erhabenen – selbst nicht darstellbar sei und nur als Abwesendes in den Text hineinwirke. Am Beispiel Celans wird die Literatur der Moderne damit zu einem Paradigma der dekonstruktiven Leistung der Sprache.

Grenzen
der Dekonstruktion

Derridas in vielerlei Hinsicht brillante Deutung Celans fordert jedoch zugleich zum kritischen Widerspruch heraus. So beeindruckend Derrida die Auffassung von der Unmöglichkeit der Dechiffrierung von Celans Gedichten am Beispiel des Zusammenhangs von Datum, Signatur und Name auch vorbringt, so sehr ist seine Interpretation der Celanschen Kryptik von der philosophischen Vorgabe der Dekonstruktion als einer Theorie über die Unmöglichkeit sprachlicher Bedeutungszuweisungen abgeleitet. Zwar wird man Derrida zugute halten können, dass seine Theorie der Dekonstruktion als einer unabschließbaren Trauerarbeit eine strukturelle Affinität zur Lyrik Celans aufweist. Aber die Affinität zwischen Celans Lyrik und Derridas Philosophie ist letztlich doch zu vage, um verdecken zu können, dass Derrida in ähnlicher Weise wie Gadamer sein *Schibboleth* für Paul Celan nur im Rahmen einer Sprachauffassung formulieren kann, die weniger den Gedichten selbst als vielmehr der Annahme des grundsätzlichen Scheiterns sprachlicher Bedeutungszusammenhänge geschuldet ist. Gerade vor dem Hintergrund von Celans Lyrik erscheint Derridas Dekonstruktion der Literatur nicht nur als eine Widerlegung der Hermeneutik, sondern zugleich als ihre komplementäre Umkehrung. Nennen die Hermeneutik und die Dekonstruktion ihrem Selbstverständnis zufolge auch zwei miteinander rivalisierende Theorien der Literatur, die sich wechselseitig auszuschließen scheinen, so verkörpern sie im Diskurssystem der Postmoderne zugleich ein Doppel, das sich in der Feindschaft ähnelt.

5. Schrift und Intertextualität: Julia Kristeva

Text
und Intertextualität

Indem Derrida die *différance* als eine Bewegung der Verräumlichung und Verzeitlichung beschreibt, die das System der Zeichen auf eine ihm vorgängige, selbst aber niemals präsente Form der sprachlichen Spur bezieht, hat er zugleich die Grundlage für einen neuen Textbegriff gelegt, der bald schon über die eigenen Arbeiten hinaus eine zentrale Bedeutung für die Literaturwissenschaft gewinnt: den der Intertextualität. Zwar war das Phänomen der Intertextualität als Verweis eines Textes auf einen ihm vorangegangenen Text ein Kennzeichen der abendländischen Literatur von ihren Anfängen her (vgl. Broich/Pfister 1985, 1). Eine neue Wendung gewinnt der Begriff der Intertextualität in der Dekonstruktion jedoch, wenn die Beziehung eines Textes zu einem Vorgängertext zu der auf eine dem Text überhaupt vorgängige Form der Abwesenheit erweitert wird: „Diese Verkettung, dieses Gewebe ist der *Text*, welcher nur aus der Transformation eines anderen Textes hervorgeht. Es gibt nichts, weder in den Elementen noch im System, das irgendwann oder irgendwo einfach anwesend oder abwesend wäre. Es gibt durch und durch nur Differenzen und Spuren von Spuren" (Derrida 1986, 67). Indem er den Text als Transformation eines anderen Textes beschreibt, der als solcher nie präsent ist, begründet Derrida einen Begriff der Intertextualität, der nicht mehr einfach das Verhältnis von zwei empirisch vorliegenden Texten zum Gegenstand hat, sondern die Relation von einem Text zu einem ihm vorgängigen abwesenden Text zum Paradigma der Literatur erhebt. Weitergeführt wurde Derridas dekonstruktiver Begriff der Intertextualität insbesondere von Julia Kristeva (vgl. Lachmann 1984).

Um ihren Begriff der Intertextualität zu entwickeln, beruft sich Julia Kristeva nicht allein auf Derridas Theorie des Textes als eines Bündels von Spuren und Differenzen, sondern zugleich auf die Unterscheidung von Monologizität und Dialogizität der Rede, die der russische Literaturwissenschaftler Michail Bachtin getroffen hat (vgl. Bachtin 1985). Wie Bachtin die dialogische Rede, so begreift Kristeva den Text insgesamt als ein dynamisches Konzept: „Er ist eine Textverarbeitung (permutation de textes), eine Intertextualität: Im Bereich eines Textes überschneiden und neutralisieren einander mehrere Aussagen, die anderen Texten entstammen" (Kristeva 1977, 194). Die Einsicht, dass in einem literarischen Text Spuren anderer Texte auszumachen sind, dass ein Text in einem Dialog mit anderen Texten steht, ist gewiss nichts Neues. Neu ist aber die Ausweitung des Intertextualitätsbegriffs, die Kristeva vorschlägt: „jeder Text baut sich als Mosaik von Zitaten auf, jeder Text ist Absorption und Tranformation eines anderen Textes. An die Stelle des Begriffs der Intersubjektivität tritt der Begriff der *Intertextualität*, und die poetische Sprache läßt sich zumindest als eine *doppelte* lesen" (Kristeva 1972, 348). Die These, dass jeder Text nur ein Baustein aus ihm vorgängigen Elementen sein soll, ist das Revolutionäre an Kristevas Begriff der Intertextualität. Denn damit nennt die Intertextualität nicht mehr ein empirisch nachweisbares Phänomen in der Geschichte der Literatur, sie wird zum Paradigma literarischer Sprache überhaupt. Der Begriff der Intertextualität kann somit für sich beanspruchen, die poststrukturalistische Antwort auf die von Jakobson erhobene Frage nach der Poetizität der Sprache zu sein: Die poetische Funktion der Sprache beruht demzufolge auf dem Verweisungscharakter, der einen Text an ihm vorgängige Texte zurückbindet. Letztlich ist es der aus dem strukturalistischen Denken übernommene Vorrang der metonymischen Achse der Sprache, den Kristeva nicht mehr auf die sprachlichen Zeichen im einzelnen, sondern auf ganze Texte projiziert, die in einer unendlichen Kette auf andere Texte verweisen:

Das poetische Signifikat verweist auf andere diskursive Signifikate, und zwar so, daß in der poetischen Aussage mehrere andere Diskurse lesbar sind. Um das poetische Signifikat herum bildet sich auf diese Weise ein multipler textueller Raum, dessen Elemente sich dazu anbieten, im konkreten poetischen Text angewandt zu werden. Wir nennen diesen Raum *intertextuell*. Im Rahmen der Intertextualität ist die poetische Aussage die untergeordnete Einheit einer größeren Ordnungseinheit, die

> *Bachtin und Kristeva*

> *Intertextualität als Paradigma literarischer Sprache*

aus dem Raum der in unserer Ordnungseinheit angewandten Texte besteht (Kristeva 1969, 194).

Text und Autor   In Kristevas klassifizierender Rede von unterschiedlichen Ordnungseinheiten ist das Erbe des Strukturalismus deutlich herauszuhören. Analog zur Idee der nicht abschließbaren Signifikantenkette bei Lacan definiert Kristeva den Begriff der Intertextualität als unendlichen Verweisungszusammenhang zwischen den Texten. Dabei geht es nicht mehr um die zeitlich-historische Dimension des Verhältnisses von einem bestimmten literarischen Text zu einem bestimmten literarischen Vorgängertext, sondern um die räumlich-systematische Ebene eines Bündels von Texten, das wechselseitig aufeinander, aber auf keinen Ursprungstext mehr verweist. Vielmehr rückt das Verhältnis zwischen Texten selbst in den Mittelpunkt: die Frage nach der Relation zwischen Texten wird wichtiger als die nach den Texten selber. Verändert sich der Textbegriff damit so weit, dass letztlich alles zum Text wird (vgl. Broich/Pfister 1985, 7), so nennt das dekonstruktive Konzept der Intertextualität zugleich das Prinzip eines nicht mehr einheitlichen, sondern multiplen Textbegriffs, der frei von der Frage nach einem Autor-Subjekt eine eigene Selbständigkeit erlangt: Am Ursprung der Texte steht kein schaffender Autor, sondern ein unendlicher Fluss von Texten, die sich immer neu kombinieren lassen. Unabhängig davon, wie man die derart radikal vorangetriebene Erweiterung des Intertextualitätsbegriffs beurteilen mag, hat Kristeva mit ihren Arbeiten wichtige Anregungen für die Literaturtheorie formuliert, die in der Folge kritisch aufgenommen und weiterentwickelt werden konnten.

6. Einflussangst: Harold Bloom

Bloom und Kristeva   „Der literarische Text läßt sich in die Gesamtheit der Texte einfügen: er ist eine geschriebene Antwort [écriture-réplique] (d. h. Funktion oder Negation) auf einen anderen (auf andere) Text(e)" (Kristeva 1972a, 170f.). So lautet Kristevas Konzept von Intertextualität. Unter einem ähnlichen Vorzeichen wie bei Kristeva steht der Begriff der Intertextualität bei dem amerikanischen Literaturkritiker Harold Bloom. Seine Auffassung vom literarischen Text hat Bloom in dem Begriff der „Einfluß-Angst" (Bloom, 1995) zusammengefasst: „Einfluß, wie ich das Wort verstehe, bedeutet, daß es *keine Texte* gibt, nur *Beziehungen zwischen Texten*" (Bloom 1997, 9), schreibt Bloom in seiner *Topographie des Fehllesens*. Damit knüpft er einerseits an die Vorstellung eines rein relationalen Textbegriffes an, wie ihn Derrida und Kristeva entwickelt haben. Andererseits aber geht er über den von Derrida, Bachtin und Kristeva vermittelten Begriff der Intertextualität hinaus, indem er mit der Theorie der Einflussangst das rhetorisch wie psychologisch strukturierte Moment des Nachgeborenseins moderner Dichtung benennt. Martin von Koppenfels erkennt Blooms Verdienste daher vor allem „im Angriff auf die Vorstellung vom unschuldigen Lesen; in der Entwicklung einer streng literarischen Vorstellung von Autorschaft, die alles andere ist als ein erbaulicher Geniekult; in der Erprobung eines agonalen, und das heißt auf Rebellion beruhenden Traditionsbegriffs; in der Ausarbeitung einer Rhetorik zwischen den Texten" (Koppenfels 2002, 3). Eine agonale Theorie der Autorschaft auf der Grundlage einer Rhetorik zwischen den Texten leitet die Verknüpfung von Rhetorik und Psychoanalyse im Begriff der Einflussangst, da jeder literarische Text von Rang Bloom zufolge letztlich aus dem uneingestandenen Versuch resultiere, seinen Vorgängertext zu übertreffen, umzuschreiben und letztlich ungeschehen zu machen: „Jeder literarische Text ist die Trope eines Vorgängertextes" (Koppenfels 2002, 8), kommentiert Koppenfels und zeigt damit, dass Lesen für Bloom notwendig ein „misreading" ist, ein Fehllesen der Tropen, die die Umschreibungsprozesse literarischer Texte im einzelnen bestimmen.

Einflussangst und misreading

Indem Bloom in der Literatur die Reaktion auf die Angst erkennt, durch große Vorgängertexte und Autoren von der eigenen Produktivität abgehalten zu werden, formuliert er eine Theorie der Autorschaft und des Lesens, die die Errungenschaften der Dekonstruktion mit der Einsicht in die Literaturgeschichte als dem Kontinuum der Einflussangst zu verbinden weiß. Dass der späte Bloom seine agonale Theorie der Intertextualität im Zeichen Nietzsches und Freuds zu einer Sanktionierung des literarischen Kanons umfunktioniert hat, die ganz auf den Schultern des Säulenheiligen Shakespeare ruhen soll, hat nicht nur zu berechtigten Irritationen auf seiten der Kritiker geführt. Indem die Radikalisierung des Intertextualitätsbegriffs bei Kristeva und Bloom die Relation zwischen Texten absolut setzt, bezahlt sie zugleich einen hohen Preis. Zwar stellt Johanna Bossinade zu Recht fest: „Die Intertextualität ist mit Abstand das erfolgreichste Konzept der poststrukturalen Literaturtheorie" (Bossinade 2000, 94). Der Erfolg des dekonstruktiven Intertextualitätsbegriffes geht aber mit einem deutlichen Verlust an Präzision einher. Wenn jeder literarische Text die Wiederholung eines anderen, ihm vorgängigen Textes ist, wie Kristeva meint, jedes Gedicht die Trope eines andern Gedichtes ist, wie Bloom meint, dann ist es gerade nicht mehr die Singularität und Materialität der historischen Erscheinungsweise eines literarischen Textes, die in den Blick rückt, sondern die Idee eines selbstmächtigen Transformationsprozesses, der über alle Texte regiert.

Von der Intertextualität zum Kanon

Rechtfertigen lässt sich dieser erweiterte Begriff von Intertextualität nur, wenn die Prämisse von der unaufhebbaren Abwesenheit eines Urtextes geteilt wird, wenn der Begriff der Intertextualität mithin nicht empirisch verwandt, sondern als Ausdruck eines dem Text vorgängigen Unbewussten oder als Zeichen der verschiebenden Arbeit der *différance* verstanden wird. In jedem Fall aber führt der Begriff der Intertextualität die poststrukturalistische Literaturtheorie an ihre Grenzen: In der Definition als Relation zwischen Texten lässt er nichts zu, was nicht schon Text wäre. Dass der Begriff des Textes derart allmächtig wird, weist jedoch zugleich darauf hin, dass er einer dem hermeneutischen Begriff des Kommentars nicht unähnlichen Verdoppelungsbewegung unterworfen bleibt, die im empirisch vorliegenden Text immer schon die Spuren eines abwesenden Urtextes sieht. Wäre die Geschichte der Supplementierungen des Urtextes nach Derrida zugleich die Geschichte der Metaphysik, so wäre die Geschichte der Literatur die der fehlgehenden Tropen, die die Supplementierung des Urtextes bestimmt haben. Dieser Einsicht ist vor allem der belgischstämmige Literaturkritiker Paul de Man gefolgt.

Intertextualität und différance

7. Literatur und Rhetorik: Paul de Man

Allegorien
des Lesens? De Man
und die Politik

Ungleich schwerer als Derrida hatte es der amerikanische Literaturwissen-schaftler Paul de Man, sich in Deutschland als einer der führenden Theore-tiker der Dekonstruktion durchzusetzen. Noch immer ist nur eine geringe Auswahl seiner Schriften übersetzt und sein Werk nur selten zum Gegen-stand der wissenschaftlichen Auseinandersetzung geworden. Der Grund für das mangelnde Interesse an de Man liegt nicht allein in den Widerstän-den beschlossen, auf die gerade der Strukturalismus und die Dekonstruk-tion in Deutschland gestoßen sind, sondern vor allem auch in politischen Begleitumständen. Wie im Dezember 1987 vier Jahre nach seinem Tod bekannt wurde, hatte de Man während der Okkupationszeit mit den Deut-schen in Belgien kollaboriert und einige politische Zeitschriftenartikel, da-runter mindestens einen mit eindeutig antisemitischen Äußerungen, ver-öffentlicht. Die daraufhin einsetzende Debatte um die politischen Implika-tionen der Dekonstruktion hat eine systematische Auseinandersetzung mit dem Werk de Mans eher verhindert denn gefördert, und so kann Christoph Menke noch 1993 eine „nahezu völlige Unbekanntheit des verhandelten Autors" (Menke 1993, 267) konstatieren, ohne dass sich bis heute Wesent-liches an diesem Umstand geändert hätte: Noch immer liegen wesentliche Texte de Mans in keiner Übersetzung vor.

Derrida und de Man

Es gibt jedoch noch einen weiteren Grund für die relative Unbekanntheit de Mans in Deutschland: der Schatten Derridas, dessen Name stillschwei-gend mit dem der Dekonstruktion gleichgesetzt wird. Dabei wird oft über-sehen, dass de Man einen durchaus selbständigen Theorieentwurf vor-gelegt hat, der im Rahmen einer Theorie der Literatur zudem den Vorteil aufweist, in weitaus größerem Maße als der Ansatz Derridas auf die Litera-tur bezogen zu sein. Das zeigt sich bereits an der unterschiedlichen Lek-türe Rousseaus, die de Man und Derrida vorgelegt haben. Wie de Man in seinem Aufsatz *Die Rhetorik der Blindheit* deutlich macht, liegt der Grund für die Differenzen zwischen ihm und Derrida in ihrer divergierenden Ein-schätzung des literarischen Textes beschlossen. Während Derrida in der *Grammatologie* eine beeindruckende philosophische Dekonstruktion Rousseaus vorgelegt hat, behauptet de Man, der literarische Text Rousseaus bedürfe der Dekonstruktion überhaupt nicht, weil die Literatur ihre eigene Dekonstruktion immer schon selbst vollziehe: „Rousseaus Text hat keine blinden Flecken: Er trägt zu jeder Zeit seinem eigenen rhetorischen Modus Rechnung" (de Man 1993, 223), schreibt de Man, und daher gelte: „Es ist nicht nötig, Rousseau zu dekonstruieren" (de Man 1993, 223).

Literatur
und Rhetorik

De Mans pointierter Bemerkung liegt mehr zugrunde als eine Abgren-zung von Derrida, mit dem ihn auf der theoretischen Ebene viel verbindet. Sie führt ins Zentrum seiner Theorie, derzufolge Literatur nichts anderes ist als Rhetorik und die Literaturwissenschaft der Nachvollzug der rhetori-schen Fallstricke eines Textes. De Mans Definition der Dekonstruktion als Nachweis der Rhetorizität der literarischen Sprache weist zugleich darauf hin, dass seine Version der Dekonstruktion im Unterschied zu der Derridas eine genuin literaturtheoretische ist: Anders als den französischen Theore-tikern geht es de Man weniger um eine Dekonstruktion der abendländischen Geschichte der Metaphysik als vielmehr um den Einblick in die rhetorische Verfasstheit literarischer Texte. Um so erstaunlicher ist es, dass de Mans Theorie in Deutschland von der Literaturwissenschaft kaum zur Kenntnis genommen wurde.

Dass de Mans Begriff der Dekonstruktion explizit an der Funktion der literarischen Sprache ausgerichtet ist, macht die Attraktivität seines Ansatzes für die Theorie der Literatur aus. Dabei ist es insbesondere der kritische Rückgang auf den seit dem 18. Jahrhundert etablierten Gegensatz von Ästhetik und Rhetorik, der de Man leitet. Für de Man ist es nicht mehr die philosophische Ästhetik, die für Fragen literarischer Texte zuständig ist, sondern die Rhetorik. Seine Aufwertung der Rhetorik ist daher zunächst als Widerspruch gegen den Bruch zu werten, den die Einführung der philosophischen Ästhetik seit Baumgarten und Kant für die Poetik bedeutete. Das Verdrängen der rhetorischen Tradition aus den Poetiken des 18. und 19. Jahrhunderts versucht de Man rückgängig zu machen, indem er nicht nur auf den engen Zusammenhang von Literatur und Rhetorik pocht, sondern beide schlechterdings gleichsetzt.

Rhetorik und Ästhetik

Die besondere Bedeutung der Rhetorik für de Man lässt sich an seiner eigenwilligen Lesart des klassischen Triviums nachvollziehen. Im Verhältnis von Rhetorik, Logik und Grammatik erblickt de Man kein kohärentes System, sondern eine Sammlung von ungelösten Spannungen (vgl. de Man 1987, 95): „Die Rhetorik nämlich, oder besser: die rhetorische Dimension der Sprache, wird als eine Art Subversor solch grammatikalischer und logischer Wahrheitsordnung begriffen" (Fohrmann 1993, 81), stellt Jürgen Fohrmann fest. Die subversive Funktion des Rhetorischen innerhalb des Triviums nimmt de Man zum Anlass einer theoretischen Grundlagenreflexion, die Grammatik und Logik zugunsten einer Theorie der Literatur verabschiedet, die sich selbst als Widerstand gegen die Theorie versteht:

Rhetorik, Logik, Grammatik

Durch ihre aktiv negative Beziehung zu Grammatik und Logik hebt die Rhetorik den Anspruch des Triviums (und letztlich der Sprache) auf, ein erkenntnistheoretisch haltbares Konstrukt zu sein. Der Widerstand gegen die Theorie ist ein Widerstand gegen die rhetorische oder tropologische Dimension der Sprache, eine Dimension, die vielleicht in der Literatur (in einem weiten Verständnis) ausdrücklicher im Vordergrund steht als in anderen verbalen Manifestationen (de Man 1987, 101 f.).

Schon Barthes hatte behauptet, „daß die Rhetorik immer im strukturalen Zusammenspiel mit ihren Nachbarinnen zu lesen ist (Grammatik, Logik, Poetik, Philosophie): nicht jeder Teil an sich ist historisch von Belang, sondern der Zusammenhang des Systems" (Barthes 1988, 48). Rhetorik als Widerstand gegen die grammatische und logische Funktion der Sprache, so lautet auch de Mans paradoxe Definition der Theorie als Widerstand gegen die Theorie. Die Frage, die sich in diesem Zusammenhang stellt, lautet, was für einen Begriff des Rhetorischen de Man seiner Definition der Rhetorik als Widerstand gegen Logik und Grammatik zugrundelegt. Einen Erklärungsversuch, der insbesondere das Verhältnis von Rhetorik und Grammatik betrifft, unternimmt er in dem programmatischen Aufsatz *Semiologie und Rhetorik*. In das Zentrum seines Aufsatzes stellt de Man einen Begriff des Rhetorischen, der angesichts traditioneller Bestimmungen bewusst eigenwillig anmutet. Die Rhetorizität der Sprache leitet de Man nicht etwa

Suspension der Logik

aus einer Theorie der figürlichen Bedeutung ab, sondern aus dem widerspruchsvollen Verhältnis von rhetorisch-figürlicher und grammatisch-logischer Funktion der Sprache. Den grundlegenden Unterschied zwischen Rhetorik und Grammatik erläutert er am Beispiel der rhetorischen Frage. „Das grammatische Modell der Frage wird rhetorisch nicht, wenn wir auf der einen Seite eine buchstäbliche Bedeutung und auf der anderen eine figurative erkennen, sondern wenn es unmöglich ist, mit Hilfe grammatischer oder anderer sprachlicher Hinweise zu entscheiden, welche der beiden Bedeutungen (die miteinander inkompatibel sein können) den Vorrang hat. Rhetorik ist die radikale Suspendierung der Logik und eröffnet schwindelerregende Möglichkeiten referentieller Verirrung" (de Man 1988, 40).

Figuralität
der Sprache

Das Exempel der rhetorischen Frage dient de Man als Grundlage der Unterscheidung zwischen einer wörtlichen und einer figurativen Bedeutung der Sprache. Die Rhetorik setzt er jedoch keineswegs mit der figurativen Dimension der Sprache gleich. Vielmehr deutet er erst die Relation, in die Rhetorik und Logik bzw. Grammatik eintreten, als rhetorisch. De Man spielt damit nicht einfach, wie vielleicht auf den ersten Blick naheliegen könnte, die figurative Bedeutung der Sprache gegen die logische aus. Um ein rhetorisches Modell von Sprache handelt es sich ihm zufolge erst dann, wenn nicht mehr entschieden werden kann, ob es sich um eine wörtlich-logische oder um eine figurativ-rhetorische Bedeutung handelt. Werner Hamacher stellt daher fest, dass das Verhältnis von Rhetorik und Grammatik bei de Man „nicht das der Polysemie, sondern das einer radikalen semantischen Aporie ist. Wenn zwei miteinander unverträgliche und dennoch ineinander verschlungene Bedeutungen von einem grammatisch unzweideutig konstruierten Satz erzeugt werden, dann suspendiert jede dieser Bedeutungen die Bedeutsamkeit der anderen, und der Satz revoziert als ganzer die Referenzfähigkeit, die er in jeder einzelnen seiner Bedeutungen ungebrochen behauptet. Es ist diese Struktur der wechselseitigen Suspendierung, ja, der Entdeutung der einzelnen Bedeutungselemente sprachlicher Äußerungen, die de Man – im Unterschied zur terminologischen Tradition, die in diesem Begriff nur das Moment des Figurativen und weiterhin des Ornamentalen der Sprache erfaßt – Rhetorik nennt" (Hamacher 1988,

Der Schwindel
der Bedeutung

15 f.). Die derart erzielte Unsicherheit, so de Man, erzeuge einen Schwindel der Bedeutung, der die rhetorische Funktion der Sprache als die Unmöglichkeit ausweise, eindeutige Referenzzuweisungen vorzunehmen. Der Einblick in die unhintergehbare rhetorische Funktion der Sprache, der de Mans Schriften leitet, endet entsprechend in der Formulierung einer Theorie, die sich letztlich nicht einmal mehr ihres eigenen Fragehorizontes sicher ist. „Wir enden also im Fall der rhetorischen Grammatikalisierung der Semiologie im selben Zustand fortwährender Unwissenheit wie im Fall der grammatikalischen Rhetorisierung illokutiver Sätze. Jede Frage über die rhetorische Form eines literarischen Textes ist notwendigerweise eine rhetorische Frage, die nicht einmal weiß, ob sie wirklich fragt" (de Man 1988, 50). Die Definition des Rhetorischen als Subversion der grammatisch-logischen Bedeutung der Sprache weitet de Man in einem letzten Schritt noch auf die Rhetorik selbst aus. „Damit hat de Man die Rhetorik als *Kunst der Überlistung* in eine Lehre von der unhintergehbaren tropologischen Struk-

tur der Sprache übersetzt" (Ellrich/Wegmann 1995, 488 f.), kommentieren Ellrich und Wegmann. De Mans bewusst paradox operierende Positionierung des Verhältnisses von Rhetorik und Grammatik in *Semiologie und Rhetorik* führt zu der abschließenden Einsicht, dass es aufgrund der rhetorischen Verfasstheit der Sprache keinerlei Einsicht in den Wahrheitsgehalt einer Theorie, nicht einmal den der eigenen, geben kann. Was der Literaturtheorie angesichts des rhetorischen Schwindels der Bedeutung übrigbleibt, ist allein die melancholische Erkenntnis der Unformulierbarkeit des eigenen Wahrheitsgehaltes, die sich ihr bei einer jeden Lektüre neu stellt.

De Mans Theorie scheint sich damit zuletzt selbst aufheben zu wollen, und Jürgen Habermas hat in ihrer paradoxen Gestalt daher auch nur „die selbstquälerische Frage nach der Wissenschaftlichkeit des literaturkritischen Geschäftes" (Habermas 1988, 225) erkennen können. Die „Einebnung des Gattungsunterschiedes zwischen Philosophie und Literatur" (Habermas 1988, 219), die Habermas der Dekonstruktion vorwirft, ließe die Literatur wirklich in der völligen Gegenstandslosigkeit verschwinden, würde de Man seine Theorie der Rhetorik nicht durch einen entscheidenden Hinweis ergänzen. Denn für de Man ist die Rhetorizität der Sprache mit der Literatur identisch und diese daher der eigentliche Gegenstand seiner Theorie. „Und obgleich es vielleicht etwas weiter vom allgemeinen Gebrauch entfernt ist, würde ich nicht zögern, die rhetorische, figurative Macht der Sprache mit der Literatur selber gleichzusetzen" (de Man 1988, 40). Rhetorik ist Literatur – „das rhetorische Modell der Trope oder – wenn man es vorzieht, die Sache bei diesem Namen zu nennen – die Literatur" (de Man 1988, 46) –, mit dieser lakonisch vorgetragenen Gleichung bestimmt de Man die Literatur zum eigentlichen Gegenstandsbereich seiner Theorie der Rhetorik. Indem de Man Rhetorik und Literatur gleichsetzt, greift er Jakobsons Theorie der Poetizität der Sprache auf und überbietet sie zugleich: Während das Poetische für Jakobson in der Überlagerung der rhetorischen Figuren Metapher und Metonymie besteht, ist die literarische Funktion der Sprache für de Man mit der rhetorischen schlechterdings gleichbedeutend. Die Literatur übernimmt für de Man demnach genau die Funktion, die seiner Bestimmung der Rhetorik im Verhältnis zu Logik und Grammatik entspricht. Sie ist zum einen das Vorbild philosophischer Wahrheitsfindung – „Literatur erweist sich als der zentrale Gegenstand der Philosophie und als das Modell jener Art von Wahrheit, die sie erstrebt" (de Man 1988, 158) –, zugleich jedoch der Ort, an dem das Wahrheitsideal der Philosophie zerbricht: „Philosophie erweist sich als unendliche Reflexion ihrer eigenen Destruktion in den Händen der Literatur" (de Man 1988, 158 f.).

Dabei ist es nicht der Gegensatz von Metapher und Metonymie allein, der im Zentrum von de Mans Theorie der Rhetorik liegt. In ähnlicher Weise wie Walter Benjamin orientiert sich de Man vielmehr am Gegensatzpaar des Symbolischen und des Allegorischen. Die Ablösung der Allegorie durch das Symbol im 18. Jahrhundert wertet er als einen möglichen Ansatzpunkt für eine historisch verfahrende intentionale Rhetorik. „Zu diesem Zweck müssen wir vor allem jener Zeit in der Geschichte der europäischen Literatur unsere Aufmerksamkeit zuwenden, in der die rhetorischen Schlüs-

Marginalien:

Einebnung des Gattungsunterschiedes von Philosophie und Literatur?

Tropen der Sprache

Allegorie und Symbol

selbegriffe einen entscheidenden Wandel erfuhren und im Zentrum bedeutungsvoller Spannungen standen. In dieser Hinsicht wird es besonders aufschlußreich sein zu beobachten, wie das Wort ‚Symbol' in der zweiten Hälfte des 18. Jahrhunderts andere Bezeichnungen für eine bildliche Ausdrucksweise zu verdrängen beginnt und dabei auch vor dem Begriff der ‚Allegorie' nicht haltmacht" (de Man 1993, 83). Der Herausbildung des Gegensatzpaares Allegorie und Symbol im 18. Jahrhundert spricht de Man damit eine besondere Bedeutung zu. An ihrem Beispiel versucht er, den Prozess der Verdrängung der Rhetorik durch die Ästhetik sichtbar und damit reversibel zu machen.

Kritik des Symbolischen

Den Vorrang, den das Symbol im 18. Jahrhundert vor der Allegorie gewinnt, leitet de Man aus seiner einheitsstiftenden Funktion ab: „Die Vormachtstellung des Symbols, verstanden als Einheit zwischen der darstellenden und der bedeutenden Funktion der Sprache, wird ein Gemeinplatz, die Basis für den literarischen Geschmack, die Kritik und die Geschichte der Literatur" (de Man 1993, 85). Während de Man die Erfolgsgeschichte des Symbols im 18. Jahrhundert auf die ihr zugrundeliegende Einheit von Repräsentation und Bedeutung zurückführt, definiert er die Aufgabe der intentionalen Rhetorik als den Widerruf des Einheitszusammenhanges des Symbolischen durch die allegorische Erfahrung der Differenz von Zeichen und Bedeutung.

Um den Vorrang des Symbols außer Kraft zu setzen, bedient sich de Man in seinem Aufsatz eines doppelten Argumentationsschrittes. Zunächst weist er darauf hin, dass bedeutende literarische Vertreter des 18. Jahrhunderts in der von ihm diagnostizierten „Ideologie des Symbolischen" nicht aufgehen. Hölderlins späte Hymnen, Goethes Alterswerk, vor allem aber die Theorie und Literatur der Romantik gelten ihm als Beispiele für die Widerlegung eines einseitig am Symbol orientierten Literaturverständnisses. Darüber hinaus setzt er in einem zweiten Schritt zu einer systematischen Kritik des Symbols an, die direkt auf dessen einheitsstiftende Funktion abzielt.

Symbol und Synekdoche

Auf die Frage, wie das Symbol die Einheit der Erfahrung verbürge, hält de Man eine überraschende Antwort bereit. Ihm zufolge verbürgt das Symbol Identität, insofern ihm die Struktur der Synekdoche zugrundeliege: „Das Symbol ist von gleicher Struktur wie die Synekdoche, da es stets ein Teil der von ihm dargestellten Ganzheit ist" (de Man 1993, 87). Die Zusammenführung zerstreuter Partikularität zu einer Form der Einheit gelinge dem Symbolischen in dem Maße, in dem sie am Leitbild räumlicher Simultaneität einen Teil für das Ganze setze. Die Allegorie sei dagegen eine Figur der Zeitlichkeit: „In der Welt der Allegorie hingegen ist die Zeit die ursprünglich konstitutive Kategorie" (de Man 1993, 103). Die Struktur der Zeitlichkeit, die der Allegorie zugrundeliege, erläutert de Man im Zusammenhang mit einer Bestimmung des sprachlichen Zeichens als Ausdruck einer reinen Vorgängigkeit, die in keine Form der Präsenz oder Identität überführt werden kann:

Die Beziehung zwischen dem allegorischen Zeichen und seiner Bedeutung (signifié) ist nicht dogmatisch festgeschrieben [...]. Es handelt sich hier vielmehr um eine Beziehung zwischen Zeichen, wo der Bezug der Zeichen auf ihre jeweiligen Bedeutungen nebensächlich geworden ist. Aber diese Beziehung zwischen Zeichen enthält zwangsläufig ein für sie konstitutives zeitliches Element; damit eine Allegorie zustande kommt, ist es notwendig, daß das allegorische Zeichen auf ein anderes, ihm voraufgehendes Zeichen Bezug nimmt. Die vom allegorischen Zeichen konstituierte Bedeutung kann daher nur in der *Wiederholung* (im Sinne Kierkegaards) eines vorgängigen Zeichens bestehen, mit dem das allegorische Zeichen niemals identisch werden kann, da das Wesen dieses vorgängigen Zeichens sich in reiner Vorgängigkeit verhält (de Man 1993, 103 f.).

Während die symbolische Repräsentation universeller Allgemeinheit auf eine ideelle Einheit von Signifikant und Signifikat ziele, beziehe sich das Allegorische de Man zufolge allein auf die Ordnung des Signifikanten (vgl. Kahl 1992, 302). De Man bettet seine Theorie von der Zeitlichkeit der Allegorie damit in die Verlagerung der binären Unterscheidung von Signifikant und Signifikat auf die Ebene einer reinen Signifikantenkette ein, wie sie bereits Jacques Lacan entwickelt hat (vgl. Müller 1988, 87). Um den Nachweis der Zeitlichkeit der Allegorie zu erbringen, greift de Man wiederum auf einen doppelten Argumentationsschritt zurück. Zunächst weist er die Allegorie als ein Zeichen aus, das nicht vorrangig auf die Ebene des Signifikats bezogen sei. An die Stelle der klassischen Definition des Zeichens als Verknüpfung von Signifikant und Signifikat setzt de Man mit der Allegorie die Beziehung eines Signifikanten zu einem anderen Signifikanten. In einem zweiten Schritt definiert er die sprachliche Ordnung, die in der allegorischen Signifikantenkette zum Ausdruck komme, als die Form „einer reinen Vorgängigkeit". Die Zeitlichkeit der Allegorie leitet de Man demnach aus der linearen Ordnung der Signifikantenkette ab: Als ein Zeichen, das nicht auf ein Signifikat bezogen sei, sondern auf einen anderen Signifikanten, der ihm zeitlich vorausgehe, konstituiere sich die Bedeutung der Allegorie nicht allein im Verweis auf den ihm vorausgehenden Signifikanten, sondern im Bezug auf die reine Vorgängigkeit, die die Zeichenfunktion der Signifikantenkette überhaupt erst ermögliche. Die Kluft zwischen Bild und Bedeutung deutet de Man als Ausdruck eines Abgrunds, der das allegorische Zeichen notwendig von seiner Bedeutung trenne. „Immer referiert das allegorische Zeichen auf ein anderes Zeichen – nie auf die Sache oder ihre Vorstellung –, doch dies andere Zeichen geht dem ersten nicht nur zeitlich voran, sondern ist das Zeichen reiner Vorgängigkeit, die durch keine sprachliche oder kognitive Anstrengung eingeholt und nie als Ereignis innerhalb eines historischen Verlaufs dingfest gemacht werden kann" (Hamacher 1988, 11), kommentiert Werner Hamacher. Bedeutung kann sich de Man zufolge allein in der blinden Wiederholung der zeitlichen Vorgängigkeit konstituieren, die in der Allegorie zum Ausdruck kommt.

Nennt die Allegorie damit einerseits das Paradigma einer rhetorischen Theorie der sprachlichen Differenz, so dient sie de Man in *The Rhetoric of Temporality* andererseits als Ausgangspunkt für eine grundsätzliche Kritik symbolischer Einheitsvorstellungen. Die Ideologie des Symbolischen im 18. Jahrhundert deutet de Man als eine Verschleierung allegorischer Differenz:

Die dialektische Beziehung zwischen Subjekt und Objekt wird nicht mehr als Kernvorstellung des romantischen Denkens angesehen, diese Dialektik wird vielmehr restlos zu einem Moment der zeitlichen Beziehungen gemacht, die es innerhalb

Die Zeitlichkeit der Allegorie

Allegorie als Abgrund von Bild und Bedeutung

eines Systems von allegorischen Zeichen gibt. [...] Auf der Ebene der Sprache ist die im 19. Jahrhundert so häufig behauptete Vorrangstellung des Symbols über die Allegorie nur eine der Erscheinungsformungen dieser hartnäckigen Selbsttäuschung (de Man 1993, 104 f.).

Das Symbolische ist das Allegorische — Der Hinweis auf die Romantik dient de Man als Ansatzpunkt für die These, dass die Herstellung einer symbolischen Totalität in der Sprache nur eine defensive Strategie sei, die über die unhintergehbare zeitliche Differenz der Allegorie hinwegzutäuschen versuche. In de Mans Augen steht die Allegorie dem Symbol nicht nur als eine eigenständige Figur entgegen, letztlich verweist jedes Symbol auf die Allegorie zurück. Dekonstruktion, so wäre aus *The Rhetoric of Temporality* zu schließen, ist nichts anderes als die systematische Demystifizierung symbolischer Identität durch den Hinweis auf die allegorische Differenz, die ihr verborgen zugrundeliegt. „De Mans Wort, daß die Sprache der Literatur ihr eigenes Mißverstehen präfiguriert, bedeutet bis zu einem gewissen Grad auch, daß Texte auf allegorische Weise die Unangemessenheit aller möglichen Interpretationen demonstrieren" (Culler 1999, 239), stellt Culler fest. Damit bestätigt sich de Mans Versuch, das Band zwischen Beredsamkeit und Dichtkunst, das Kant in der *Kritik der Urteilskraft* zerschnitten hat, im Rahmen einer kritischen Revision der klassischen Ästhetik neu zu knüpfen. Indem er gegen die historischen Ansprüche der philosophischen Ästhetik die Momente von Rhetorik und Literatur wieder zusammenführt, legt de Man den Grundstein zu einer Poetik, die den symbolischen Dichtungstheorien des 18. Jahrhunderts eine deutliche Absage erteilt.

Allegorie der Allegorie — De Mans spekulative Umkehrung des Verhältnisses von Ästhetik und Rhetorik am Beispiel des Gegensatzes von Symbol und Allegorie schreibt seiner Theorie jedoch zugleich ihre Grenzen ein (vgl. Müller 1988, 238). In ihrem selbstgesteckten Rahmen erscheint de Mans Theorie der Literatur nicht nur als eine konsequente Revision der philosophischen Ästhetik des 18. Jahrhunderts, sondern zugleich als ihre Fortsetzung unter umgekehrten Vorzeichen. Indem der kritische Nachweis der rhetorischen Verfasstheit der Sprache im Zeichen der Allegorie absolut gesetzt wird, verliert er nicht nur jede historische Trennschärfe. Die Definition der Allegorie als blinde Wiederholung ihrer selbst schreibt auch der Theorie der Literatur die immer gleiche Aufgabe vor, in den allegorischen Abgrund der Bedeutung einzutauchen. In diesem Zusammenhang hat Jacques Derrida de Mans Theorie der Allegorie als eine „Allegorie der Allegorie" (Derrida 1988 b, 106) bestimmt, als „*Allegorie* der leeren Allegorie" (Menke 1993 b, 43), wie Bettine Menke formuliert. Indem die Selbstreferentialität der Sprache im Zeichen der Allegorie sich noch auf die Theorie selbst erstreckt, verweist sie de Mans kritische Revision der philosophischen Ästhetik zugleich in die Schranken einer Wiederholung der ästhetischen Vorurteile des 18. Jahrhunderts unter umgekehrten Vorzeichen.

8. Feministischer Dekonstruktivismus und Gender Studies

Das Grundanliegen der Dekonstruktion liegt vor allem darin, die traditionellen Oppositionsbegriffe der abendländischen Metaphysik zu destabilisieren. Stimme und Schrift, Phänomenalität und Materialität der Erscheinungswelt, Absenz und Präsenz, alles das sind Beispiele für die kritische Orientierung der Dekonstruktion an den einmal etablierten und in der Geschichte der Metaphysik wirksamen Gegensatzpaaren. Von den metaphysikkritischen Intentionen der Dekonstruktion bis zur Geschlechtertheorie der feministischen Literaturwissenschaft ist es daher nur ein Schritt (vgl. Vinken 1992). Denn so wie Derrida die Geschichte der Metaphysik als die des logozentrischen Denkens begreift, so erkennt die feministische Literaturtheorie in der Geschichte der Philosophie und der Literatur einen Phallozentrismus, einen Diskurs also, der von Männlichkeitsbildern bestimmt wird, innerhalb derer das Weibliche nur als das ganz Andere zur Erscheinung kommen kann. Ein Hauptanliegen der feministischen Literaturtheorie liegt daher darin, das Andere des Weiblichen als eine längst fällige Korrektur am Phallozentrismus von Philosophie und Literatur zur Geltung zu bringen, indem sie zum einen auf die spezifisch weiblichen Züge der Schrift eingeht und zum anderen die sozialen, institutionellen und politischen Herrschaftsmechanismen des männlichen Diskurses nachweist. In der feministischen Literaturtheorie insbesondere der achtziger und neunziger Jahre verbinden sich dabei zwei unterschiedliche Traditionslinien, die dekonstruktive Kritik von Geschlechtergegensätzen und die diskursanalytische Kritik von sozialen Unterdrückungsmechanismen, zu einer Synthese, die über traditionelle Kategorien der Literaturwissenschaft weit hinausreicht.

Dekonstruktion und Feminismus

Wichtige Ansätze zu einer feministischen Literaturwissenschaft hat schon die Kritische Theorie geliefert. So hat Silvia Bovenschen in ihrer Untersuchung über *Die imaginierte Weiblichkeit* aus dem Jahre 1979 die Frage nach den „kulturgeschichtlichen Präsenzen und Präsentationen des Weiblichen" (Bovenschen 1979, 9) als die nach der „Geschichte der weiblichen Gesichtslosigkeit" (Bovenschen 1979, 10) gestellt. Wie Bovenschen anhand der Literatur des 18. Jahrhunderts und insbesondere am Beispiel der Empfindsamkeit aufzeigt, enthüllt sich diese Geschichte zum einen als die der Abwesenheit der realen Frauen und zum anderen als die männlich imaginierter Frauenfiguren. Aus der Spannung zwischen der realen Autorschaft von Frauen und der imaginierten Weiblichkeit bezieht die Untersuchung von Bovenschen eine Deutungskraft, die zugleich den Anspruch erheben kann, einen ganz neuen Zugang zur Literaturgeschichte gewonnen zu haben.

Kritik des Phallozentrismus

In dem Maße, in dem die Dekonstruktion und die Diskursanalyse über die Kritische Theorie hinausgehen, überschreiten auch die feministischen Ansätze im Umkreis der Dekonstruktion den Fragehorizont, der noch Bovenschen geleitet hatte. Die bedeutendsten Vertreterinnen der feministischen Literaturtheorie, Hélène Cixous, Luce Irigaray und Judith Butler, grei-

Imaginierte Weiblichkeit: Bovenschen

fen daher nicht mehr wie noch Bovenschen auf Adorno, sondern auf Lacan, Derrida und Foucault zurück.

Das andere
Geschlecht: Irigaray

Der erste Ansprechpartner von Luce Irigaray ist Freud. In ihrer Untersuchung *Speculum. Spiegel des anderen Geschlechts* (1980) nimmt sie insbesondere Freuds Thesen zur Sexualität zum Gegenstand einer scharfen Kritik. Stein des Anstoßes ist Freuds Phallozentrismus, die einseitige Orientierung seiner Thesen zur Sexualität am Vorbild des männlichen Geschlechts im Rahmen seiner umstrittenen Theorie des Penisneids. Dem stellt Irigaray eine Theorie entgegen, die auf der Eigenständigkeit des weiblichen Geschlechts beharrt. Dabei orientiert sich Irigaray nicht nur gegen Freuds Theorie des Penisneids am Vorbild der weiblichen Schamlippen als Grund des nichtphallischen weiblichen Geschlechts. Sie begreift Weiblichkeit in einem übertragenen Sinne zugleich als Dekonstruktion der männlichen Logik der Repräsentation.

Nun, dann gilt es also, allen Sinn von oben nach unten, von hinten nach vorn zu kehren. Dann gilt es, den Sinn *radikal zu erschüttern* und die Krisen, die ihr ‚Körper' in seiner Unfähigkeit, zu sagen, was ihn schüttelt, durchmachen muß, in ihn zu übertragen, zu re-importieren. Auch auf jenen *weißen Stellen* im Diskurs bewußt zu insistieren, die an die Orte ihres Ausschlusses erinnern, die in ihrer *schweigenden Plastizität* den Zusammenhang, die Verknüpfung und die kohärente Ausdehnung der etablierten Formen des Diskurses sichern (Irigaray 1980, 181).

Weiblichkeit
und Diskurs

Für Irigaray markiert die Weiblichkeit „jene *weißen Stellen* im Diskurs", die sich der Herrschaft eines männlichen Rasters verdanken, das es unter allen Umständen außer Kraft zu setzen gilt, um das Weibliche in seiner Eigenständigkeit zur Geltung kommen zu lassen. Damit bahnt Irigaray zugleich den Weg für eine kritische Analyse, die nach der Ordnung des Weiblichen in der Literatur fragt.

Die Weiblichkeit
der Schrift: Cixous

In ähnlicher Weise wie Irigaray greift die französische Theoretikerin Hélène Cixous auf kritische Weise auf Freud und die Tradition der Psychoanalyse zurück. Cixous, Literaturwissenschaftlerin und Schriftstellerin, lässt sich vom Begriff einer *écriture féminine*, eines „weiblichen Schreibens" leiten, mit dessen Hilfe sie die Opposition Mann/Frau zu dekonstruieren sucht. In einiger Nähe zu Positionen Derridas untersucht Cixous insbesondere in ihren Schriften *Die ewige Zirkulation des Weiblichen* (1977) und *Weiblichkeit in der Schrift* (1980) auf kritische Weise die Ökonomie des männlichen Diskurses als die einer Aneignungsmacht und stellt dem das weibliche Prinzip der Annäherung gegenüber. Weibliches Schreiben bestehe in der Verbindung beider Ökonomien, die den Grund der sexuellen Differenz zum Ausdruck bringe. Mit dem Begriff des weiblichen Schreibens, der eng mit der Idee einer spezifisch weiblichen Körperlichkeit verbunden ist, hat Cixous zwar einen Begriff in die Diskussion gebracht, der von feministischen Positionen leicht als Identifikationsgrund ausgemacht werden konnte. Die bei aller Plausibilität doch relativ schematische Gegenüberstellung der Weiblichkeit als einem Prinzip des Offenen, Pluralen, Fließenden und Lebendigen (vgl. Bossinade 2000, 76) gegenüber der männlichen Rigidität beeinträchtigt die innovativen Grundlagen von Cixous' Ansatz

Mystifizierung
des Weiblichen?

in ihrer überzeugenden Kritik an der Psychoanalyse zugleich. Hat der Begriff des weiblichen Schreibens, wie ihn Cixous etabliert hat, der Literaturtheorie auch unbestritten neue Perspektiven eröffnet, so unterliegt er doch bisweilen der Gefahr einer Mystifizierung, die Freuds Phallozentrismus zwar außer Kraft setzt, zugleich jedoch die kritische Frage stellt, ob die Bestimmung des Weiblichen als das ganz Andere des männlichen Diskurses ausreichen kann (vgl. Lindhoff 1995, 122–128).

In diesem Zusammenhang die Frage nach dem eigentlichen Ursprung der Geschlechterdifferenz gestellt zu haben, ist vor allem das Verdienst von Judith Butler. Ihre Ausgangsfrage lautet: „Ist ‚weiblich sein' eine ‚natürliche Tatsache' oder eine kulturelle Performanz?" (Butler 1991, 9) Ziel ihrer Untersuchung über *Das Unbehagen der Geschlechter* ist es, in Anknüpfung an Nietzsches und Foucaults genealogischen Ansatz die Geschichte des Geschlechterbegriffs zu rekonstruieren. Ausgangspunkt ihrer Überlegungen ist insbesondere der späte Foucault und dessen Einsicht in den Zusammenhang kultureller Diskurse und Machtmechanismen. „Meine These ist, daß die unterstellte Universalität und Integrität des feministischen Subjekts gerade von den Einschränkungen des Repräsentationsdiskurses unterminiert wird, in dem dieses Subjekt funktioniert" (Butler 1991, 20). Damit formuliert Butler zugleich eine Kritik an den bisherigen Theorien des Feminismus. Der Streitpunkt ist die Frage nach dem Status des weiblichen Subjekts. Butler schlägt in diesem Zusammenhang vor, über „die Möglichkeit, aus feministischer Perspektive über den Zwang nachzudenken, ein Subjekt des Feminismus zu konstruieren" (Butler 1991, 21). Dabei sei es insbesondere die Unterscheidung zwischen der biologischen Kategorie *sex* und der kulturellen Kategorie *gender*, die eine Spaltung ins weibliche Subjekt eintrage und es somit verbiete, in traditioneller Weise von einem „Subjekt" der Weiblichkeit zu sprechen. Vielmehr deute die Diskontinuität von sexuell determinierten Körpern und kulturell bestimmtem Geschlecht darauf hin, dass „die Geschlechtsidentität (*gender*) die kulturelle Interpretation des Geschlechts (*sex*) oder eine kulturelle Konstruktion" (Butler 1991, 25) sei. Wieviel Butlers Theorie dem späten Foucault verdankt, zeigt sich darin, dass sie das Geschlecht letztlich als einen Effekt diskursiver Praktiken begreift, die so etwas wie die Rede von weiblicher Identität überhaupt erst ermöglichen. Daher sind für Butler „Frauen weder das Subjekt noch dessen Anderes, sondern eine Differenz von der Ökonomie des binären Gegensatzes, die ihrerseits die monologische Ausarbeitung des Männlichen verschleiert" (Butler 1991, 40). Es ist nicht der Nachweis einer „weiblichen Identität" oder auch der „weiblichen Differenz", der Butler leitet, sondern die Infragestellung der binären Kategorien männlich/weiblich als Grundlage der Kulturgeschichte. Damit hat sie einen entscheidenden Schritt vollzogen, der der Literaturtheorie wie der Kulturwissenschaft überhaupt neue Felder erschlossen hat.

Die Grenzen auch von Butlers innovativem Ansatz zeigen sich jedoch wiederum in der Auseinandersetzung mit literarischen Texten. Die kritische Infragestellung der Geschlechterkategorien männlich/weiblich verfolgt Butler am prominenten Beispiel der *Antigone*. Ausgangspunkt ihrer Untersuchung ist die Frage nach einer feministischen Position, die Antigone im Streit mit Kreon verkörpere und die gegen den männlich regierten Staat gerichtet sei. Zeigt sich schon in dieser Ausgangssituation eine gewisse Ab-

Geschlecht und Diskurs: Butler

Sex und *Gender*

Butler über *Antigone*

hängigkeit Butlers von Hegel, der den Konflikt, der in der *Antigone* verhandelt wird, auf den Gegensatz von Familie und Staat gebracht hat, so beweist der Gang der Untersuchung, dass Butler am Gegenstand der *Antigone* letztlich vor allem eine kritische Auseinandersetzung mit Hegel, Lacan und Irigaray sucht, um ihre eigene Position zu markieren: „In meiner eigenen Lektüre der *Antigone* will ich, kurz gesagt, den Versuch machen, diese Trennungen in eine produktive Krise zu führen" (Butler 2001, 54). Die produktive Krise, von der Butler spricht, führt letztlich zu einer Kritik an der Heterosexualität zurück, die gerade an der Figur der Antigone festgemacht wird: „Antigone ist nicht eigentlich eine lesbische Heldin, aber an ihr verdeutlicht sich emblematisch ein gewisses heterosexuelles Verhängnis, das noch zu lesen bleibt" (Butler 2001, 116). Wie schon Lacan vollzieht Butler damit eine Tendenz zur Erotisierung der weiblichen Heldin der Tragödie. Über Lacan hinaus geht Butler zwar, wenn sie Antigones unbewusstes Verlangen als ein lesbisches darstellt. Die philologische Frage, ob der Antrieb für Antigones Handeln letztlich wirklich dem *eros* oder nicht doch der familiär gebundenen *philia* entspringt, bleibt dagegen weitgehend unberücksichtigt. So bleibt auch im Rahmen von Butlers überzeugender Begründung einer feministischen Literaturwissenschaft als Kulturgeschichte des Geschlechts eine Kluft zwischen den Ansprüchen der Theorie und denen der Literatur gewahrt, die sie mit diskursanalytischen Ansätzen teilt.

9. Dekonstruktion der Metapher – Metapher der Dekonstruktion

Text und Dekonstruktion

In der Form, die insbesondere Derrida ihr gegeben hat, ist die Dekonstruktion eine Theorie des Textes, die keine Instanzen anerkennt, die nicht selbst schon Text wären. Dabei spielen Tropen und Figuren, also rhetorische Begriffe, eine besondere Rolle für den dekonstruktiven Textbegriff. Das zeigt sich nicht nur in der Weiterführung der strukturalistischen Überblendung von Metapher und Metonymie, die den Poststrukturalismus insgesamt auszeichnet, sondern mehr noch in der Entgegensetzung von Allegorie und Symbol, die de Man ins Zentrum seiner Theorie der Literatur gestellt hat.

Theorie der Metapher

In dem Maße, in dem die Rhetorik bei de Man wie bei Derrida die Funktion einer Dezentrierung von Logik und Grammatik übernimmt, gewinnt auch die Theorie der Metapher für die Dekonstruktion an Bedeutung. Gerade die traditionell als eine Form der Übertragung definierte Form der Metapher (vgl. Aristoteles 1982, 67, Quintilian 1972, 219) konnte von Derrida und de Man als ein Paradigma der Dezentrierung verstanden werden, die die Sprache als Bündel von Differenzen insgesamt kennzeichne.

Metaphorologie und Begriffsgeschichte

Nach Anselm Haverkamp kann Hans Blumenbergs Entwurf einer „Metaphorologie" (Blumenberg 1998) dabei eine Vorläuferrolle für die Dekonstruktion für sich beanspruchen: „Seine ‚anthropologische Annäherung' zielt auf eine Meta-Rhetorik, die Derridas Kritik einer logozentrischen Auffassung von Geschichte vorwegnimmt" (Haverkamp 1998, 278 f.). Haverkamps keineswegs unproblematische Vereinnahmung Blumenbergs für die

Geschichte der Dekonstruktion kann sich dabei insbesondere auf ein Moment stützen, das Blumenberg gegen die Geschichte der Philosophie geltend macht: ihre einseitige begriffliche Ausrichtung. Nach Blumenberg wäre eine Metaphorologie dagegen dazu im Stande, im Zusammenhang mit einer Vico entlehnten Logik der Phantasie die logische Verlegenheit der Philosophie auszugleichen, indem sie fragt, „unter welchen Voraussetzungen Metaphern in der philosophischen Sprache Legitimität haben können" (Blumenberg 1998, 10). Insbesondere am Beispiel der Rede vom „Licht der Vernunft" entwirft Blumenberg eine Theorie der „absoluten Metapher", die sich allerdings letztlich nur als eine Ergänzung der traditionellen Begriffsgeschichte versteht: „Durch dieses Implikationsverhältnis bestimmt sich das Verhältnis der Metaphorologie zur Begriffsgeschichte (im engeren terminologischen Sinne) als ein solches der Dienstbarkeit: die Metaphorologie sucht an die Substruktur des Denkens heranzukommen, an den Untergrund, die Nährlösung der systematischen Kristallisationen" (Blumenberg 1998, 13).

Wie Haverkamp angedeutet hat, kann Derrida von der Sache her an Blumenbergs Entwurf anschließen, indem er ebenfalls die Frage nach der Funktion der Metapher in der Philosophie stellt. Im Vergleich zu Blumenberg entgrenzt Derrida aber zugleich die Metaphorologie, indem er sie von jeder Dienstbarkeit gegenüber der Begriffsgeschichte befreit: Mit Nietzsche versteht Derrida die Metapher nicht nur als Korrektur, sondern zugleich als Subversion philosophischer Begrifflichkeit. Dieser Auffassung ist er vor allem in seinem Aufsatz *Die weiße Mythologie* aus dem Jahre 1971 nachgegangen, der die Theorie der Metapher bei Aristoteles und Nietzsche zum Anlass für eine grundsätzliche Neubestimmung des Verhältnisses von Philosophie und Sprache nimmt. Die Funktion der Metapher im philosophischen Text erläutert Derrida am Beispiel der Sonne, die ihm in ähnlicher Weise wie Blumenberg das Licht der Vernunft als eine „absolute Metapher" (Blumenberg 1998, 10), als „die Metapher der Metapher" (Derrida 1988a, 214) gilt. Eine Metapher der Metapher sei die Sonne, da sie einerseits in einer Übertragung ihrer natürlichen Bedeutung auf das Licht der Vernunft verweise, andererseits aber die disseminative Arbeit der Sprache im philosophischen Text versinnbildliche. Derrida begreift den philosophischen Text in diesem Kontext als einer „Heliotrop" (Derrida 1988a, 258), als eine sonnengleiche Kreisbewegung, die sich beständig um ein leeres Zentrum herum bewege, das sich ihr einerseits als das Licht der Vernunft, andererseits aber als die Verdunkelung des Sinns durch die Sprache zeige. Wird der philosophische Text für Derrida ganz von der Metapher beherrscht, so ist dies demzufolge keinesfalls als Prozess der Offenbarung der Wahrheit oder Lichtung des Seins im Sinne Heideggers zu verstehen. Im Vordergrund von Derridas Bestimmungen steht vielmehr die Idee eines Selbstverlustes des Sinns in der metaphorisch strukturierten Sprache, den die Philosophie durch ihre logischen Anstrengungen vergeblich wiedereinzuholen versucht:

Der philosophische Diskurs – als solcher – beschreibt eine Metapher, die zwischen zwei Sonnen verrückt und resorbiert wird. Dieses *Ende* der Metapher gilt nicht als Tod oder Auseinanderbrechen, sondern als verinnerlichte Anamnese, als Erinne-

Blumenberg und Derrida

Metapher und Begriff

rung, als Sinneinkehr und Aufhebung der lebendigen Metaphorizität in einer lebendigen Eigentlichkeit. Den metaphorischen Spielraum zwischen Ursprung und morgenländischer Differenz selbst zu vereinigen-zu verinnerlichen-zu beherrschen-aufzuheben-zu dialektisieren – darin liegt das philosophische, nicht zu unterdrückende Begehren (Derrida 1988a, 256f.).

Subversion der
Philosophie durch
die Metapher

Derridas voraussetzungsreiche Theorie verpflichtet den philosophischen Diskurs der Ordnung der Metapher, insofern dieser in der erinnernden Aufhebung des Sinns den Zugang zu einem Ursprung sucht, der ihm letztlich entzogen bleibt. Für Derrida ist die Metapher dementsprechend nicht einfach ein Bestandteil der philosophischen Theorie unter anderen, sondern die Philosophie ganz und gar von der dezentrierenden Arbeit der Metapher abhängig: „Die Metapher ist weniger im philosophischen Text (und im rhetorischen Text, der darauf abgestimmt ist) vorhanden als jener in der Metapher" (Derrida 1988a, 248). Damit vollendet Derrida eine Umkehrung des traditionellen philosophischen Vorrangs des Begriffes der Metapher, die sich bei Blumenberg bereits angedeutet hatte, ohne dort allerdings als Widerstreit der Rhetorik der Metapher gegen die Logik des Begriffes gemeint gewesen zu sein.

Epistemologie
der Metapher
bei de Man

Den gleichen Prämissen wie Derrida ist Paul de Man in seinem Aufsatz *Die Epistemologie der Metapher* gefolgt. Auch er vollzieht eine Rhetorisierung der Philosophie im Zeichen der Metapher, in deren Zusammenhang die Rhetorik der Sprache über die logische Begrifflichkeit die Oberhand behält:

Metaphern, Tropen und figürliche Sprache überhaupt sind ein dauerndes Problem und eine zuweilen anerkannte Quelle der Verwirrung für den philosophischen Diskurs und darüber hinaus für jeden diskursiven Gebrauch der Sprache gewesen – eingeschlossen den der Geschichtsschreibung und der literarischen Analyse. Es scheint, als müßte Philosophie entweder die für sie konstitutive Forderung nach Strenge preisgeben, um sich mit der Figürlichkeit ihrer Sprache zu arrangieren, oder aber sich von allem figürlichen Sprachgebrauch befreien (de Man 1996, 414).

Tropen und Begriffe

Bei de Man wie bei Derrida geht es letztlich um die Selbstaufhebung der Philosophie durch die Metapher. Waren für Derridas Theorie der Metapher noch Aristoteles und Nietzsche die entscheidenden Gewährsmänner, so bezieht sich de Man auf die historischen Beispiele Rousseaus, Lockes, Condillacs und Kants, um die literarische Wirksamkeit der Metapher als Subversion philosophischer Wahrheitstheoreme darzustellen. De Man, der die Metapher als „die Tautologie ihrer eigenen Setzung" (de Man 1996, 419) versteht, will damit letztlich deutlich machen, „daß Begriffe Tropen und Tropen Begriffe sind" (de Man 1996, 427). Im Rahmen seiner rhetorischen Epistemologie der Metapher erscheint nicht nur „der Geist, oder das Subjekt" als „die zentrale Metapher, die Metapher der Metaphern" (de Man 1996, 430), sondern die Texte von Locke und Condillac auf der Grenze von Philosophie und Literatur als „Allegorien derselben tropologischen Aspekte" (430), die die Sprache insgesamt bestimmen. In der Form der Metapher der Metapher gerinnt die figürliche Macht der Sprache im Widerstreit von Rhetorik und Philosophie zur Allegorie, die schon Derridas Anatole France entlehntes Motto der „weißen Mythologie" für sich in Anspruch nahm.

„Metaphern sind die Traumarbeit der Sprache, und ihre Deutung sagt – wie bei aller Traumarbeit – durch Spiegelung über den Deutenden genausoviel aus wie über den Urheber" (Davidson 1998, 49). Donald Davidsons auf überraschende Weise an die Psychoanalyse zurückverweisendes Urteil führt ins Zentrum der dekonstruktiven Theorie der Metapher. Dabei ist die Definition der Metapher, die der amerikanische Philosoph Davidson im Rahmen seiner eher sprachanalytisch ausgelegten Position entwickelt, der der Dekonstruktion in mancherlei Hinsicht geradezu entgegengesetzt. An die Stelle der Differenz, die die Metapher als eine diskontinuierliche Form der Bedeutungsübertragung nach de Man und Derrida erzeuge, setzt Davidson das logische Urteil, dass eine Metapher einfach bedeute, was sie bedeute: „In dieser Abhandlung geht es um die Frage, was Metaphern bedeuten, und die These lautet, daß Metaphern eben das bedeuten, was die betreffenden Wörter in ihrer buchstäblichsten Interpretation bedeuten, und sonst nichts." (Davidson 1998, 49) Davidsons erfrischendes Urteil über die Buchstäblichkeit der Metapher widersetzt sich erfolgreich der traditionellen Spaltung zwischen einer wörtlichen und einer figürlichen Bedeutung der Sprache. Seine zentrale These läuft darauf hinaus, dass es nicht die Ebene der Bedeutung sei, die eine zentrale Rolle für die Metapher spiele, sondern die des Gebrauchs: „Was die Metapher auszeichnet, ist nicht Bedeutung, sondern Gebrauch" (Davidson 1998, 68), schreibt Davidson, und er stellt daher letztlich fest: „Keine Theorie der metaphorischen Bedeutung oder der metaphorischen Wahrheit kann die Funktionsweise der Metapher erklären helfen" (Davidson 1998, 68).

Metaphorische Bedeutung: Davidson

Der Gebrauch der Metapher bei de Man und Derrida verrät damit einiges über die Theorie der Dekonstruktion überhaupt. Während Davidsons pragmatische Definition der Metapher gerade darum innovativ ist, weil sie die traditionelle Frage nach der sprachlichen Bedeutung zugunsten der nach dem Gebrauch der Sprache verlässt, laufen de Mans und Derridas Bestimmungen letztlich auf eine paradoxe Bedeutungszuschreibung hinaus, die der Metapher auf keineswegs selbstverständliche Weise zugeordnet wird: Was die Theorien von de Man und Derrida kennzeichnet, ist die Tendenz zu einer Allegorisierung der Metapher. Die sprachliche Form der Bedeutungsübertragung, die Derrida und de Man im Anschluss an Aristoteles der Metapher zugrundelegen, wird auf die metaphorische Übertragungsleistung der Sprache selbst zurückbezogen: In der Form der Übertragung funktioniere die Metapher immer schon als eine Defiguration des Sinnes, da die Übertragung auf keinen Bereich der eigentlichen Bedeutung zurückführe, sondern Bedeutung im tropologischen System der Metaphern suspendiert werde. So deutet Derrida die „absolute Metapher" der Sonne zugleich als Allegorie des philosophischen Scheiterns vor ihren eigenen Ansprüchen, da sie eine Form der Letztbegründung zu erreichen versuche, die sich innerhalb des differentiellen Systems der Sprache schlechterdings nicht errichten lasse. Die metaphorische Übertragung des Sonnenlichts auf die menschliche Vernunft übersetzt Derrida in die Abhängigkeit der Philosophie von der Sprache zurück, um eine Dekonstruktion der Metaphysik vorzubringen, die in ähnlicher Weise wie Nietzsche bei der rhetorischen Dimension der Sprache ansetzt. Bei aller Luzidität, die Derridas Äußerun-

Dekonstruktion und Metapher

Defiguration des Sinns

Davidson und
die Dekonstruktion

gen zugrundeliegt, macht sich jedoch ein Problem bemerkbar, das sein Ansatz mit dem de Mans teilt. Obwohl er in seinem Aufsatz betont, dass es ihm nicht um eine „*Rhetorik* der Philosophie" (Derrida 1988a, 222) gehe, bestimmt er das Verhältnis von Philosophie und Metapher auf eine spezifisch rhetorische Weise, indem er die Übertragungsarbeit der Metapher als den allegorischen Verlust des Sinns in der Sprache und die letztlich unabschließbare metonymische Verschiebung der ursprünglichen Bedeutung beschreibt. Der Sinnverlust der Philosophie erscheint als Folge des Scheiterns der Sprache, eine andere als eine übertragene Bedeutung vorzubringen, wobei das Problem eben darin bestehe, dass sich hinter der Übertragung keine eigentliche Bedeutung mehr verberge. Derridas und de Mans dekonstruktive und Davidsons pragmatische Theorie der Metapher kommen daher im Rahmen einer ähnlichen Einschätzung der Übertragung, derzufolge es keine vom buchstäblichen Sinn getrennte Instanz der eigentlichen Bedeutung gebe, zu völlig unterschiedlichen Ergebnissen (vgl. Haverkamp 1998, 123–160). Während Davidson das Hauptaugenmerk auf die pragmatische Frage nach dem Gebrauch der Metapher in der Rede legt, erkennen de Man und Derrida in der sprachlichen Funktion der Metapher die Allegorie des Scheiterns der Bedeutung vor jeder Form des Ursprungs oder der Bedeutung. Damit setzt die Dekonstruktion innerhalb der Philosophie eine Aporie frei, die sich allerdings nur in dem Maße erfüllt, in dem die Kluft zwischen einer wörtlichen und einer figürlichen Bedeutung der Sprache aufrechterhalten wird, die Davidson gerade überzeugend dementiert. Was die dekonstruktive Theorie der Metapher eigentlich bestätigt, ist ihre eigene Setzung einer Dezentrierung der Metaphysik durch die Sprache. Damit gibt sich die Dekonstruktion zugleich als ein Unterfangen zu erkennen, das selbst auf metaphorischen Grundlagen ruht: Die Dekonstruktion der sprachlichen Bedeutung durch den Hinweis auf die unhintergehbare Uneigentlichkeit der Metapher führt zu einer Theorie, die nichts anderes als den immer neu sich wiederholenden allegorischen Verlust der philosophischen Wahrheit in der Sprache in das Zentrum ihrer Überlegungen stellt: „Die Metaphorik der Texte provoziert nurmehr das Scheitern jeder Lektüre, die auf Bedeutungen und ihre allegorische Kohärenz aus ist" (Haverkamp 1996, 26), formuliert Haverkamp ganz im Geiste Derridas und de Mans. Als Allegorie des Scheiterns der Sprache vor ihrer semantischen und referentiellen Funktion bestätigt die Dekonstruktion, darin zugleich die luzideste Theorie der Selbstreferentialität des sprachlichen Zeichens, den Nachweis des Scheiterns als den ihr inhärenten Modus der Letztbegründung: Die Uneigentlichkeit der Metapher wird zur Allegorie des Sinnverlusts in der Sprache. Dass sich die Dekonstruktion mit der Subversion der Bedeutungsfunktion der Sprache durch die Metapher letztlich nur auf dem Boden der Analogie bewegt, schreibt ihr jedoch Grenzen ein, die sie nur immer wieder neu ausschreiten kann. Dem Problem der sprachlichen Bedeutung nachzugehen, ohne hinter die Ergebnisse der Dekonstruktion zurückzufallen, ist daher eines der dringlichsten Probleme der Literaturtheorie.

Metapher
und Allegorie

VI. Diskursanalyse

1. Vom Text zum Diskurs

Neben der Dekonstruktion verkörpert die Diskursanalyse die wichtigste literaturtheoretische Position des Poststrukturalismus. Trotz wesentlicher Übereinstimmungen ergeben sich in der Gemeinsamkeit jedoch Differenzen. Die Dekonstruktion und die Diskursanalyse teilen die Kritik an der Hermeneutik wie die Überschreitung des strukturalistischen Zeichenmodells am Leitfaden einer Philosophie der Differenz. Im Unterschied zur Dekonstruktion ist die Diskursanalyse jedoch keine Wissenschaft des Textes oder der Schrift mehr. Mit dem Leitbegriff des Diskurses rückt vielmehr die Frage nach den Regeln in den Mittelpunkt, die das historische Phänomen der „Literatur" überhaupt erst hervorbringen. Der Diskursanalyse geht es daher weniger um die Frage nach der poetischen Funktion der Sprache in der Tradition von Jakobson als vielmehr um das allgemeine Problem der Praxis von sprachlichen Aussagen als geregelten Ordnungssystemen. Damit reicht der Diskursbegriff auch über den erweiterten Textbegriff der Dekonstruktion hinaus, da er die außertextuellen historischen Konstitutionsbedingungen der Literatur mitberücksichtigt und in einer allgemeinen Theorie der diskursiven Praxis zu verankern versucht. In diesem Zusammenhang stellt sich eine doppelte Frage an die Adresse der Diskursanalyse: zum einen die nach der Begründung der Theorie des Diskurses und zum anderen die nach der Funktion der Literatur für die Diskursanalyse. Beide Fragen gehen auf den wichtigsten Theoretiker der Diskursanalyse, auf den französischen Philosophen Michel Foucault, zurück.

Dekonstruktion und Diskursanalyse

Die Bedeutung der Diskursanalyse für die Literaturtheorie bedarf allerdings von vornherein einer Einschränkung. In dem Maße, in dem sich Foucaults Theorie des Diskurses von der hermeneutischen wie der dekonstruktiven Frage nach der Bedeutungsstruktur des Textes emanzipierte, entfernte sie sich auch von einer Theorie des literarischen Textes. Dass Foucault mit dem diskursanalytischen Ansatz die Möglichkeiten zu einer poetologischen Bestimmung der Literatur bereitgestellt, selbst aber nicht genutzt hat (vgl. Geisenhanslüke 1997, 216f.), führte von seiten der Literaturwissenschaft zugleich zu einer kritischen Revision seiner Begriffe. So haben Jürgen Link und Ursula Link-Heer mit dem Begriff des Interdiskurses nach der spezifisch literarischen Bedeutung der Diskursanalyse gefragt, während Klaus-Michael Bogdal die Chancen der Diskursanalyse für die Literaturwissenschaft vor allem in ihrer historischen Ausrichtung sieht.

Diskursanalyse und Literaturwissenschaft

Auf veränderter Grundlage konnten zugleich neue, insbesondere von der Soziologie beeinflusste Ansätze kritisch an Foucaults Theorie des Diskurses anknüpfen. Dazu zählen sowohl die von Pierre Bourdieu entwickelte Theorie des literarischen Feldes als auch die von Niklas Luhmann etablierte Systemtheorie. Beide gehen zwar nicht im strengen Sinne auf

Von der Diskursanalyse zur Kulturwissenschaft

Foucault zurück, teilen aber die Auffassung, dass die Literatur allein im Umfeld der historischen und gesellschaftlichen Rahmenbedingungen zu bestimmen ist, in der sie sich bewegt. Dieser Einsicht folgt auch der New Historicism, wie ihn der amerikanische Literaturwissenschaftler Stephen Greenblatt ins Leben gerufen hat. Greenblatts Erweiterung der Literatur- zur Kulturwissenschaft wurde dabei von einer zweiten Bewegung begleitet: der Begründung einer neuen Medientheorie, die nicht allein nach den diskursiven Regeln der historischen Erfahrung fragt, sondern diese auf medial vermittelte Schaltkreise zurückführt.

Aktualität der Diskursanalyse

So ist es weniger die theoretische Schärfe, die die Diskursanalyse zu einer der wichtigsten Literaturtheorien der letzten Jahrzehnte gemacht hat, als vielmehr der Einfluss, den sie auf alle Fachgebiete der historischen Wissenschaften gewonnen hat und die Inspiration, die von ihr ausgegangen ist. Unabhängig davon, dass der Begriff des Diskurses in der Literatur- wie in den Geisteswissenschaften schon bald zu einer klingenden Münze geworden ist, bei deren massenhafter Verwendung nichts Bestimmtes mehr gemeint ist (vgl. Frank 1988), hat die Diskursanalyse ein Paradigma geschaffen, dessen literaturwissenschaftliche Möglichkeiten noch immer nicht ausgeschöpft zu sein scheinen.

2. Diskursanalyse und Literatur: Michel Foucault

Foucault und Derrida

Dass die Diskursanalyse und die Dekonstruktion nicht nur Gemeinsamkeiten, sondern zugleich wichtige Unterschiede aufweisen, zeigt eine Kontroverse, die sich zwischen Foucault und Derrida in dem Zeitraum zwischen 1967 und 1972 entsponnen hat. In seiner Dissertationsschrift *Wahnsinn und Gesellschaft* aus dem Jahre 1961 hatte Foucault Descartes' Philosophie des Cogito einer scharfen Kritik unterzogen. Foucault zufolge konnte sich der abendländische Vernunftbegriff nur durch eine Ausgrenzung des Wahnsinns konstituieren. In einer minutiösen Rekonstruktion der in *Wahnsinn und Gesellschaft* angeführten Descarteskritik hat Derrida nachzuweisen versucht, dass Foucaults Interpretation des Wahnsinns gegen ihre auf Nietzsche zurückgehende Absicht einer genealogischen Unterminierung des metaphysischen Vernunftbegriffes auf einer dialektischen Konzeption von Vernunft und Wahnsinn beruhe, die sie letztlich in die Tradition der Philosophie Hegels stelle (vgl. Derrida 1972, 53–101). Foucault hat erst fünf Jahre später auf diesen Vorwurf reagiert. Um so schärfer ist seine Replik ausgefallen. Seiner Meinung nach betreibe Derrida eine „Verkürzung von diskursiven Praktiken auf textliche Spuren", die letztlich zu einer philosophischen Pädagogik führe, „die den Schüler lehrt, daß es nichts außerhalb des Textes gebe, daß aber in seinen Zwischenräumen, in seinen weißen Stellen und seinem Ungesagten, der Vorbehalt des Ursprungs regiert" (Foucault 1994, 267). Ungeachtet der Frage, wer in diesem Streit nun letztlich recht behält, wird damit zumindest deutlich, was Foucaults Analyse des Diskurses nicht sein will: eine Pädagogik des Textes, die dessen Ungesagtes als hermeneutischen Sinn oder als sprachliche Spur der *différance* zu rekonstruieren versucht. Foucault geht es vielmehr darum, die für die Hermeneutik wie die Dekonstruktion zentrale Instanz des Textes als den bloßen Effekt einer diskursiven Praxis auszuweisen, die den Texten vorgängig ist und darüber bestimmt, was in der Sprache zum Vorschein kommt und was als Ungesagtes außerhalb der Sprache verbleibt.

Das Stichwort des Ungesagten verbindet Foucaults Kritik an Derrida auf überraschende Weise mit der der Hermeneutik. In Foucaults Augen bündelt sich die Anstrengung der Hermeneutik in der Praxis des Kommentars, die insbesondere das Zeitalter der Renaissance bestimmt habe. Der Kommentar sei jedoch einer grundlegenden Aporie unterworfen, da er für sich beanspruche, in der Verdoppelung eines schriftlich niedergelegten Textes eine ursprüngliche Form der Wahrheit zu erreichen, die unter den Dingen verborgen liege:

Kritik des Kommentars

Die Aufgabe des Kommentars kann *per definitionem* nie beendet sein. Dennoch ist der Kommentar völlig auf den rätselhaften, gemurmelten Teil gerichtet, der sich in der kommentierten Sprache verbirgt. Er läßt unterhalb des existierenden Diskurses einen anderen, fundamentaleren und gewissermaßen ‚ersteren' Diskurs entstehen, den wiederherzustellen er sich zur Aufgabe macht. Es gibt nur einen Kommentar, wenn unterhalb der Sprache, die man liest und entziffert, die Souveränität eines ursprünglichen Textes verläuft. Und dieser Text verspricht bei der Begründung des Kommentars diesem gewissermaßen als Belohnung seine endgültige Entdeckung (Foucault 1974, 73).

Foucaults eloquente Kritik des Kommentars legt gleichwohl ein Missverständnis nahe. Sie richtet sich nicht, wie auf den ersten Blick vielleicht zu vermuten wäre, auf den Kommentar, da dieser einen ursprünglichen Text nicht zu erreichen vermöchte, dem er so weit wie möglich zu ähneln versuche. Die Perspektive, die Foucaults Kritik des Kommentars gerade im Blick auf die moderne Hermeneutik zu öffnen versucht, gilt vielmehr der grundsätzlichen Trennung zwischen zwei im Sinne des Gegensatzes von Tiefe und Oberfläche voneinander unterschiedenen Sinnstufen des Textes. Nicht der vergebliche Versuch, einem Ursprung nahezukommen, der sich mit jedem Schritt weiter entfernt, ist das eigentliche Problem des hermeneutischen Kommentars, sondern die einfache Tatsache, dass das hermeneutische Wissen damit in die zwei getrennten Bereiche von einem ersten, angeblich ursprünglichen, und einem zweiten, daraus abgeleiteten Text auseinanderfällt. Die unendliche Aufgabe des Kommentars resultiert Foucault zufolge aus einer bloßen Verdoppelungsarbeit, die ihre Herrschaft nur unter der Voraussetzung errichten kann, alles sei ein möglicher Gegenstand der Interpretation: „Die Interpretation ist deshalb niemals abgeschlossen, weil es gar nichts zu interpretieren gibt. Es gibt kein absolut Erstes, das zu interpretieren wäre, denn im Grunde ist alles immer schon Interpretation, jedes Zeichen ist an sich nicht die Sache, die sich der Interpretation darböte, sondern eine Interpretation anderer Zeichen" (Foucault 2001, 734), so lautet Foucaults Nietzsches Philosophie abgelesenes antihermeneutisches Credo. Letztlich sei die Idee eines ursprünglichen Textes nur eine abgeleitete Folge der verdoppelnden Praxis des Kommentars, der einen Ursprung hypostasieren muss, um die eigene Tätigkeit sinnvoll entfalten zu können. „Michel Foucault selbst hat den Traum vom Verschwinden des Kommentars geträumt; er setzte daher ganz auf ‚Oberfläche' und

Kommentar und Ursprung

Foucaults Antihermeneutik

verlagerte damit den Blick von der vertikalen in die horizontale Achse" (Fohrmann 1988, 246), erläutert Jürgen Fohrmann Foucaults Kritik am Kommentar, die nicht mehr darauf dringt, die Ebene von Ursprung und Wahrheit zu erreichen, sondern die die Aufhebung der binären Ordnung von Ursprung und Kommentar durch die einfach strukturierte Ordnung des Diskurses zum Ziel hat. Die Praxis des Kommentars weist Foucault als ein eitles Spiel unendlicher Verdoppelungen zurück, das dem Text einen ursprünglichen Sinn zu restituieren sucht, nach dem dieser nicht verlange.

Hermeneutik und Dekonstruktion

Foucaults Kritik des Kommentars hält zugleich eine Pointe bereit, die sich an die Adresse der Dekonstruktion richtet. Denn in Foucaults Perspektive entfaltet sich auch Derridas Begriff der Dekonstruktion auf der Grundlage der *différance* als eines nie präsenten Ursprungsprinzips letztlich auf dem Boden der Hermeneutik: Dass die *différance* nie als solche in den Text eingehe, diesen vielmehr in einer Bewegung der zeitlichen und räumlichen Verschiebung erst ermögliche, ist unerheblich, wenn davon ausgegangen wird, dass es keine zwei Ebenen des Textes gibt, sondern nur die reine Materialität des Diskurses. So erscheinen die Hermeneutik und die Dekonstruktion im Lichte der Diskursanalyse letztlich als zwei feindliche Brüder, die von einer gemeinsamen Grundlage aus in unterschiedliche Richtungen gegangen sind.

Was ist ein Diskurs?

Die Kritik der Hermeneutik wie die der Dekonstruktion lässt jedoch offen, was Foucault selbst unter dem Diskurs genau versteht. Die Frage nach Foucaults eigener Theorie des Diskurses sieht sich jedoch mit erheblichen Problemen konfrontiert. Diese liegen zunächst in der historischen Inkonsistenz von Foucaults Diskursbegriff (vgl. Frank 1988, 25) begründet. Die Schwierigkeiten, Foucaults Theorie auf das Verfahren der „Diskursanalyse" zu zentrieren, zeigt die unterschiedliche Verwendung, die der Begriff des Diskurses in seinen Schriften erfahren hat. In den frühen Schriften von der Einleitung zu Ludwig Binswangers *Traum und Existenz* 1954 bis zu der Dissertation über *Wahnsinn und Gesellschaft* 1961 spielt der Begriff des Diskurses noch keine Rolle. Selbst in der 1963 erschienenen Untersuchung über *Die Geburt der Klinik* taucht der Diskursbegriff nicht auf, und erst in der zweiten Auflage des Buches hat Foucault in seinem Vorwort den Diskursbegriff an die Stelle des früheren Strukturbegriffs gesetzt. So lässt sich erst mit der *Ordnung der Dinge* aus dem Jahre 1966 eine aussagekräftige Verwendung des Begriffes „Diskurs" feststellen. Auch in der *Ordnung der Dinge* kann der Diskursbegriff jedoch keineswegs Anspruch auf Allgemeingültigkeit erheben. Wie Bernhard Waldenfels hervorgehoben hat, gebraucht Foucault den Ausdruck „Diskurs" dort vielmehr „zunächst noch in recht speziellem Sinne zur Kennzeichnung der klassischen Episteme" (Waldenfels 1991, 284). Die Ausweitung des Diskursbegriffes zum universalen Gegenstand seiner Theorie erfolgt erst in den Methodenschriften *Die Archäologie des Wissens* aus dem Jahre 1969 und *Die Ordnung des Diskurses* von 1971. Bezeichnenderweise ist Foucault jedoch der dort entwickelten allgemeinen Theorie des Diskurses in seinen späteren materialen Untersuchungen nicht treu geblieben: Mit *Überwachen und Strafen* aus dem Jahre 1975 und der späten *Geschichte der Sexualität* verdrängt die genealogische Frage nach der Macht den diskursgeschichtlichen Ansatz der archäologischen Schriften. Von einem kohärenten Begriff des Diskurses, der als Leitfaden einer Theorie der „Diskursanalyse" dienen könnte, kann im Werk Foucaults daher keine Rede sein. Vielmehr ist der Diskursbegriff Veränderungen unterworfen, die die Frage aufwerfen, ob gerade in ihm das theoretische Fundament von Foucaults Werk zu finden sei.

Zu den Problemen, die die werkgeschichtliche Ebene bietet, treten noch die systematischen Schwierigkeiten von Foucaults Versuch einer methodologischen Begründung der Diskursanalyse hinzu. In der *Ordnung der Dinge* nennt der Diskurs in einer keineswegs unproblematischen Nähe zu Saussures Begriff des sprachlichen Zeichens die klassische Ordnung der Repräsentation in der Form einer Transparenz, die sich der wechselseitigen Überlagerung von Signifikant und Signifikat verdanke. In der *Archäologie des Wissens* erhebt der Diskurs, nun verstanden als Gesamtheit aller möglichen und wirklichen Aussagen, dagegen den Anspruch einer vollständigen Autonomie, die sich in der singulären Ereignishaftigkeit seines eigenen Erscheinens ausdrücken soll (vgl. Dreyfus/Rabinow 1982). Foucault versteht den Diskurs dort nicht mehr als die historische Sprachform der Klassik, sondern als die Möglichkeitsbedingung jeder sprachlichen Aussage überhaupt. In den Mittelpunkt der Untersuchung rückt nicht mehr das Ungesagte der Dinge: „Sondern umgekehrt, auf welche Weise sie existieren, was es für sie heißt, manifestiert worden zu sein, Spuren hinterlassen zu haben und vielleicht für eine eventuelle Wiederverwendung zu verbleiben" (Foucault 1981, 159). Es ist die Idee der reinen Materialität des Diskurses, die Foucault in der *Archäologie des Wissens* leitet. Dabei verbindet Foucault die progammatische Bedeutung des Diskursbegriffes im Rahmen einer Kritik des hermeneutischen Konzepts von Autorschaft mit einer prinzipiellen Weigerung, über die eigene Person und Theorie Auskunft zu geben. „Mehr als einer schreibt wahrscheinlich wie ich und hat schließlich kein Gesicht mehr. Man frage mich nicht, wer ich bin, man sage mir nicht, ich solle der gleiche bleiben" (Foucault 1981, 30). Die Frage nach den methodischen Prämissen der eigenen Arbeit führt Foucault in der *Archäologie des Wissens* nicht nur zu einer radikalen Kritik der hermeneutischen Trias von Autor, Werk und Leser. Der Leser sieht sich darüber hinaus mit einem Autor konfrontiert, der sich und die eigene Arbeit einer Bewegung des Verschwindens unterstellt, die nach keiner Bestimmung mehr als nach der der eigenen Leere verlangt. „Was man tun müßte, wäre, den durch das Verschwinden des Autors freigewordenen Raum ausfindig zu machen, der Verteilung der Lücken und Risse nachzugehen und die freien Stellen und Funktionen, die dieses Verschwinden sichtbar macht, auszukundschaften" (Foucault 1988, 15). Entsprechend nimmt sich die *Archäologie des Wissens* vor, „jenen weißen Raum zu definieren, von dem aus ich spreche" (Foucault 1981, 30), um den gleichwohl in seiner Leere, „indifferenten Raum, ohne Innerlichkeit oder Verheißung" (Foucault 1981, 60), zu belassen. Die Definition der eigenen Position als „Öffnung eines Raumes, in dem das schreibende Subjekt immer wieder verschwindet" (Foucault 1988, 11), erfüllt das Vorhaben einer methodischen Fixierung der eigenen Arbeit demnach nur im Modus des eigenen Verschwindens: Autorschaft und Werkeinheit treten für Foucault hinter der gesichtslosen Leere des Diskurses

Foucaults Theorie des Diskurses

Autor und Diskurs

Atopie der Sprache

zurück. Gerade in dieser paradoxen, in mancherlei Hinsicht mit den Prämissen der Dekonstruktion zusammenfallenden Bestimmung des Diskursbegriffes als einem sich immer entziehenden Ort des Verschwindens, erfüllt sich Foucaults Intention einer radikalen Subjektkritik: „So seltsam es klingen mag, der Horizont des Foucaultschen Schreibens ist nicht Selbstausdruck, sondern Selbstauslöschung" (Bürger 1991, 97), schreibt Peter Bürger und fügt seiner Einschätzung die kritische Bemerkung hinzu, Foucault mache „aus der Bodenlosigkeit seines Diskurses auch noch ein Prinzip" (Bürger 1991, 94). Dass Foucault „den Ort, von dem aus er spricht, nicht namhaft zu machen" (Bürger 1991, 93) vermag, wäre jedoch zugleich positiv zu wenden. Denn mit der Bestimmung des Diskurses als dem Verschwinden von Subjekt und Bedeutung stellt sich zugleich die Frage nach der Bedeutung der Literatur als Ausdruck einer fundamentalen „Ortlosigkeit der Sprache" (Foucault 1974, 19) für Foucaults Theorie des Diskurses. Gerade in der Form einer „Atopie der Sprache" nimmt die Literatur in den frühen Schriften Foucaults eine privilegierte Stellung ein, die auf eine poetologische Dimension von Foucaults Denken hinweist, die mit seinem Begriff der Diskursanalyse nicht ohne Widersprüche in Einklang zu bringen ist.

Literatur und Diskurs Wie die Theorie des Diskurses, so ist auch die Funktion der Literatur bei Foucault bedeutenden Veränderungen unterworfen. In den frühen Schriften räumt Foucault der Literatur einen zentralen Platz ein, dessen begriffliche Fixierung gleichwohl schwerfällt. Über verstreute Hinweise auf die Autonomie der poetischen Sprache seit Mallarmé hinaus verrät Foucaults Interesse an der Literatur kaum einen systematischen Charakter, der es erlaubte, in ihr mehr als eine Randfigur in seinem Denken zu erblicken. Zwar „stand die Literatur nie im Mittelpunkt seiner philosophischen Arbeit", schreibt Martina Meister, sie repräsentiere aber „einen wichtigen Aspekt seines Denkens" (Meister 1990, 236, vgl. auch Kögler 1994, 68), den es nicht zu unterschlagen gelte. Obwohl Foucault selbst kaum Aufschluss über die Relevanz der Literatur für seine Arbeit gibt, lässt sich die Frage nach dem Zusammenhang von Literatur und Diskurstheorie vor allem an der Bestimmung literarischer Sprache in der *Ordnung der Dinge* nachzeichnen.

Foucault und die Literatur Foucaults Interesse an der Literatur reicht bis zu den ersten Publikationen zurück. Die 1954 erschienene Einleitung zu Ludwig Binswangers Abhandlung *Traum und Existenz* formuliert die später allerdings nie ausgeführte Aufgabe einer phänomenologischen Theorie des Ausdrucks, die Foucault in eine „Anthropologie der Kunst" (Foucault 1992, 71) zu überführen sucht, welche sich gattungspoetisch nach den Momenten des Epischen, Lyrischen und Tragischen auszudifferenzieren hätte. Foucaults Augenmerk gilt dabei insbesondere dem Tragischen, das er in Anlehnung an Heidegger als den möglichen „Übergang von der Anthropologie zur Ontologie" (Foucault 1992, 77) begreift. Das Leitmotiv des Tragischen als Ansatzpunkt für eine Ontologie der Literatur bestimmt Foucaults 1961 erschienene Dissertation *Wahnsinn und Gesellschaft* ebenso wie die frühe Schrift *Psychologie und Geisteskrankheit*, in der er sich an verschiedenen Stellen auf die „tragische Zerrissenheit" (Foucault 1968, 132) bei Hölderlin, Nerval, Roussel und Artaud beruft. Im Zeitraum zwischen 1962 und 1967 veröffentlicht Foucault zudem eine Monographie über *Raymond Roussel* sowie verschiedene Aufsätze zur Literatur der Moderne, die die Konzeption der *Ordnung der Dinge* nachhaltig beeinflussen.

Die Bedeutung insbesondere der modernen Literatur für Foucaults Denken zeigt sich in der *Ordnung der Dinge* nicht nur an der einleitenden Berufung auf einen Text von Borges, den Foucault im Blick auf eine „Atopie" (Foucault 1974, 21) der Sprache anspricht, die das spätere Programm einer den Status des eigenen Sprechens unterminierenden Analyse des Diskurses aus der *Archäologie des Wissens* vorwegnimmt (vgl. Link-Heer 1998). Foucault spricht der Literatur der Moderne darüber hinaus auf grundsätzliche Weise zu, das „Sein der Sprache" in Erinnerung zu rufen.

Das Sein der Sprache und die moderne Literatur

Man kann in einem bestimmten Sinne sagen, daß die ‚Literatur', so wie sie sich gebildet und als solche an der Schwelle des modernen Zeitalters sich bezeichnet hat, das Wiedererscheinen des lebendigen Seins der Sprache dort offenbart, wo man es nicht erwartet hätte. Im siebzehnten und achtzehnten Jahrhundert wurden die eigene Existenz der Sprache, ihre alte Festigkeit einer in die Welt eingeschriebenen Sache in dem Funktionieren der Repräsentation aufgelöst. Jede Sprache galt als Diskurs. [...] Während des ganzen neunzehnten Jahrhunderts und bis in unsere Zeit – von Hölderlin zu Mallarmé, zu Antonin Artaud – hat die Literatur nun aber nur in ihrer Autonomie existiert, von jeder andern Sprache durch einen tiefen Einschnitt nur sich losgelöst, indem sie eine Art ‚Gegendiskurs' bildete und indem sie so von der repräsentativen oder bedeutenden Funktion der Sprache zu jenem rohen Sein zurückging, das seit dem sechzehnten Jahrhundert vergessen war (Foucault 1974, 76).

In Foucaults Darstellung überlagern sich ein geschichtliches und ein ontologisches Moment. Historisch begreift Foucault die Literatur am Vorbild von Hölderlin, Mallarmé und Artaud als Wiedererscheinen des Seins der Sprache und damit zugleich als einen Gegendiskurs zur modernen hermeneutischen Theorie von Subjekt und Bedeutung. Überraschend ist dabei Foucaults ontologische Bestimmung der Literatur als Ausdruck des „lebendigen Seins der Sprache". Damit nimmt er zum einen die Kantische Tradition der Autonomie des Ästhetischen wieder auf, um sie zugleich gegen den von Kant begründeten Zusammenhang von Subjekt und Wissen zu stellen: Als reines Sein der Sprache verkörpere die Literatur eine autonome Funktion der Sprache, die sich frei von allen referentiellen Bezügen in ihrem reinen Selbstverhältnis erschöpfe: „Das Wesentliche ist die Bedeutung dieses Grundsatzes: die Selbstbezüglichkeit der Literatur" (Foucault 1990, 231), schreibt Foucault, um die literarische Sprache über die Begriffe der Intransivität und der Selbstreferentialität als den eigentlichen Grund seiner Kritik der hermeneutischen Kategorien des Ursprungs und der Bedeutung zu bestimmen: Als Schreibakt, der sich auf nichts anderes als auf sich selbst richte, zeichne die Literatur die Bahn eines (atopischen) Raumes nach, der in sich selbst verschwinde und damit für die Idee eines schreibenden Subjekts keinen Platz mehr lasse (vgl. Kittler/Turk 1977). In der *Ordnung der Dinge* nennt die Literatur diejenige Instanz, die das verwirklicht, was in der *Archäologie des Wissens* nur noch dem Diskurs zukommen soll: die Begründung eines transzendentalen Leerraums, hinter dem Subjekt und Bedeutung verschwinden.

Gegendiskurs

Literatur und
Diskursanalyse

Damit zeigt sich, dass die Literatur in der *Ordnung der Dinge* nicht einfach ein Gegenstand der Diskursanalyse unter anderen ist. Vielmehr markiert sie zugleich den Ursprungsort der späteren Theorie des Diskurses. Aus Foucaults Werk lassen sich zwei grundsätzlich verschiedene Ansätze zur Begründung der Funktion der Literatur ableiten. Der erste besteht in dem im strengen Sinne diskursanalytischen Verfahren, das sich auf die Literatur als einen seiner möglichen Gegenstandsbereiche bezieht. Der Vorteil dieses Ansatzes, der in den letzten Jahrzehnten Schule gemacht hat, liegt in der Demystifikation der Literatur, die nicht länger als eine privilegierte Form der Sprache erscheint, sondern die nun als ein von außen gesteuertes Dispositiv in einem umfassenden Diskursnetz begriffen wird. Der zweite Ansatz, der sich nicht von der Diskursanalyse, sondern von der Literatur selbst herleitet, nimmt seinen Ausgang von der Funktion des „Gegendiskurses", die Foucault der Literatur in seinen frühen Schriften zuspricht. Die Notwendigkeit, gerade die Literatur zum Gegenstand einer eigenen Reflexion zu nehmen, hat Foucault in der *Ordnung der Dinge* selbst unterstrichen.

Deshalb erscheint die Literatur immer mehr als das, was gedacht werden muß, aber ebensowohl und aus dem gleichen Grunde als das, was in keinem Fall ausgehend von einer Theorie der Bedeutung gedacht werden kann. Wenn man sie von der Seite des Bezeichneten her (von daher, was sie bedeutet, von ihren ‚Ideen' her, von ihrem Versprechen und dem her, worin sie engagiert) oder von der Seite des Bezeichnenden her (mit Hilfe von der Linguistik oder der Psychoanalyse entlehnten Schemata) analysiert, ergibt sich kaum ein Unterschied, es ist nur eine Episode (Foucault 1974, 77).

Literatur
als Widerstand
gegen die Theorie

Zwar hält Foucault in der *Ordnung der Dinge* noch an der Literatur als einem zentralen Vorbild seiner Theorie fest. Mit der Begründung einer autonomen Theorie des Diskurses in der *Archäologie des Wissens* wird die Literatur jedoch zum bloßen Gegenstand der Diskursanalyse. Dass das Feld des Literarischen mit dem Versuch einer systematischen Ausarbeitung einer allgemeinen Diskurstheorie aus Foucaults Gesichtsfeld verschwindet, weist zugleich darauf hin, dass sich die Literatur in eine allgemeine Theorie des Diskurses nicht ohne Widersprüche einfügen lässt. Als „Widerstand gegen die Theorie" (de Man 1987), der noch Foucaults eigene Arbeiten betrifft, stellt die Literatur die Forderung nach einer poetologischen Bestimmung der Moderne, die nicht länger auf die scheinbar autonomen Gesetze des Diskurses achtet, sondern die Literatur selbst in den Mittelpunkt der Untersuchung rückt. Die Ausarbeitung einer allgemeinen Theorie des Diskurses, die sich in den letzten Jahren um den Aspekt der Mediengeschichte erweitert hat, und der Entwurf einer historischen Diskursanalyse der Literatur nennen die beiden alternativen Wege, die sich der Literaturtheorie im Anschluss an Foucault öffnen. Wichtiger als die methodische Sicherheit, die die archäologische Reflexion im Begriff des Diskurses gewonnen zu haben scheint, ist die Funktion der Literatur in Foucaults Werk als Ausdruck einer Unruhe seines Denkens, das noch der heutigen Theorie der Literatur Anstöße zu geben vermag.

3. Interdiskurs und Historische Diskursanalyse der Literatur

Mit der Begründung der Diskursanalyse hat Foucault der Literaturwissenschaft wichtige Anregungen geben können. Die Erfolgsgeschichte der Diskursanalyse als literaturwissenschaftliches Verfahren kann gleichwohl nicht vergessen machen, dass eine Diskursanalyse der Literatur in Foucaults Werk nirgends systematisch begründet ist. Darauf hat bereits Clemens Kammler hingewiesen. „Die *Diskursanalyse* Foucaults wurde also nicht als Verfahren zur Beschreibung oder gar Deutung einzelner literarischer Texte konzipiert" (Kammler 1997, 31, vgl. auch Link/Link-Heer 1990, 91). Kammler kommt daher zu dem Schluss: „Festzuhalten bleibt, daß es eine genuin Foucaultsche Literaturwissenschaft nicht gibt und nicht geben kann, da es in jedem Falle spezifischer Verfahren zur Analyse *literarischer Diskurse* bedarf" (Kammler 1997, 51). Eine spezifisch literaturtheoretische Ausarbeitung der Diskursanalyse sieht sich daher von vorneherein dazu gezwungen, über Foucault hinauszugehen. Vor diesem Hintergrund stellen die Begriffe des „Interdiskurses" von Jürgen Link und Ursula Link-Heer sowie Klaus-Michael Bogdals Untersuchungen zu einer „Historischen Diskursanalyse der Literatur" unterschiedliche Versuche dar, ausgehend von Foucaults Theorie des Diskurses neue Ansätze für die Literaturwissenschaft zu entwickeln.

Diskursanalyse und Literaturwissenschaft nach Foucault

Eines der grundlegenden Probleme der Foucaultschen Diskursanalyse ist die Frage, wie sich die einzelnen Diskurse, der *Ordnung der Dinge* zufolge etwa die der Biologie, der Ökonomie und der Sprachwissenschaft, zu der allgemeinen Ordnung des Diskurses verhalten. Ganz im Widerspruch zu der Kritik der Hermeneutik als der verdoppelnden Praxis des Kommentars scheint auch die Foucaultsche Archäologie mit der Ordnung des Diskurses eine Tiefendimension im Auge zu haben, auf die sich empirische Diskursformationen zurückbeziehen lassen. Daher stellt sich zugleich die Frage, ob an der Theorie eines allgemeinen Diskursbegriffes überhaupt noch zwingend festgehalten werden muss oder ob nicht vielmehr das Zusammenspiel der einzelnen Diskurse in den Mittelpunkt der Analyse rücken sollte. Insbesondere im Blick auf die Literatur haben Jürgen Link und Ursula Link-Heer diesen Schritt vollzogen, indem sie Foucaults Diskursbegriff zu dem des Interdiskurses ausgeweitet haben. Der Begriff des Interdiskurses meint Link/Link-Heer zufolge die Reintegration der in den einzelnen Spezialdiskursen gebildeten Wissensformen in andere Diskurse. „Lit. übernimmt also als Spezialdiskurs die Funktion interdiskursiver Re-Integration" (Nünning 1998, 237). Literarische Texte erweisen sich in diesem Zusammenhang als ein ausgezeichnetes Beispiel für Interdiskursivität, da sie in besonderem Maße diskursübergreifend arbeiten.

Literatur und Interdiskurs: Link/Link-Heer

Um den Begriff des Interdiskurses einzuführen, geben Link/Link-Heer zunächst eine terminologische Präzisierung vor: „Wir schlagen vor, jede historisch-spezifische ‚diskursive Formation' im Sinne Foucaults als ‚Spezialdiskurs' zu bezeichnen und dann alle interferierenden, koppelnden, integrierenden usw. Quer-Beziehungen zwischen mehreren Spezialdiskursen

Literatur als Subjektivierung des Wissens

‚interdiskursiv' zu nennen. ‚Interdiskursiv' wären dann z. B. alle Elemente, Relationen, Verfahren, die gleichzeitig mehrere Spezialdiskurse charakterisieren" (Link/Link-Heer 1990, 92). Der Interdiskurs nennt zunächst die Schnittmenge zwischen den einzelnen Spezialdiskursen. Über diese rein terminologische Ebene hinaus gewinnt der Interdiskurs jedoch an Präzision, wenn er insbesondere auf die moderne Literatur bezogen wird. Die Funktion der Literatur besteht demzufolge nicht allein in der Verknüpfung historischer Spezialdiskurse, sondern darüber hinaus in der Vermittlung von diskursivem Wissen und individueller Subjektivität: „Allgemein formuliert, verfolgt Literaturanalyse als Interdiskursanalyse also zwei Fragerichtungen: Erstens untersucht sie (in generativer Absicht) die Entstehung literarischer Texte aus einem je historisch-spezifischen diskursintegrativen Spiel. [...] Zweitens geht es um die je besondere Subjektivierung des Integral-Wissens: In (stets interdiskursiv konstituierten) ‚elementar-literarischen Formen' wie Figuren (etwa als ‚Charakteren'), Subjekt-Situationen, Argumentations- und Narrations-Schemata, Symbolen, Deskriptionen usw. verwandelt der literarische Diskurs ein Integral-Wissen in subjektiv applizierbare ‚Vorgaben'" (Link/Link-Heer 1990, 95). Mit dem Begriff des Interdiskurses geben Link/Link-Heer nicht nur eine Antwort auf die Struktur literarischer Texte, sie weisen zugleich auf die übergreifende Funktion literarischer Texte im gesellschaftlichen Kontext hin. Literatur ist demnach nicht einfach Ausdruck und Vermittlung von freier Individualität, sie vollzieht zugleich die Umwandlung diskursiv vorgegebenen Wissens in subjektive Erfahrung. Eine besondere Rolle spielen dabei die Kollektivsymbole als Summe der bildlichen Redeelemente eines Diskurses. Sind die Kollektivsymbole einerseits außerhalb der Literatur auf der Grundlage von Metaphern, Analogien und Beispielen in wissenschaftlichen Diskursen entstanden, so werden sie – Link verdeutlicht das am Beispiel von Jean Paul und dem Symbol des Ballons im Luftschiffer *Gianozza* und anderen Texten (vgl. Link 1988, 302 f.) – von literarischen Texten weiterverarbeitet und verändert. Die Begriffe des Interdiskurses und der Kollektivsymbolik tragen damit gegen die Autonomisierung des Diskurses ein politisch-soziales Moment in die literarische Diskursanalyse ein, das schon in Foucaults Analysen zum Zusammenhang von Wahnsinn und Gesellschaft von Anfang an eine Rolle gespielt hat (vgl. Plumpe/Kammler 1980) und das von Link in seiner Untersuchung *Versuch über den Normalismus* (Link 1997) weitergeführt werden konnte: „Über die Analyse diskursiver Positionen schließt sich die Interdiskurstheorie direkt an die Kultur- und Literatursoziologie bzw. an die Sozialgeschichte der Literatur an" (Link/Link-Heer 1990, 97).

Eine ähnliche Verknüpfung der Diskursanalyse mit einem historisch ausgerichteten politischen Ansatz leitet Klaus-Michael Bogdals Modell einer „Historischen Diskursanalyse". Bogdal geht es weniger um „den Anspruch auf eine systematische Grundlegung einer Historischen Diskursanalyse der Literatur noch auf eine definitive Klärung des Diskursbegriffs" (Bogdal 1999, 7) als vielmehr um die Frage nach der Vermittlung zwischen der Diskursanalyse und traditionellen Verfahren der Literaturwissenschaft. Der Ertrag, den die Diskursanalyse insbesondere durch ihre Kritik der Hermeneutik erbracht habe, liege demzufolge nicht in der Begründung einer

[Marginalien:]

Interdiskurs und Kultursoziologie

Historische Diskursanalyse der Literatur: Klaus-Michael Bogdal autonomen Theorie des Diskurses, sondern in der Möglichkeit, der Literaturwissenschaft im Rahmen einer historisch ausgerichteten Analyse neue Kontexte zu erschließen:

Die sukzessive Beschreibung komplexer historischer Diskursformationen, der Referenten der Aussage, der Aussagen selbst, der in ihnen eingenommenen Subjektpositionen und der ihren eigenen Materialität und Medialität erlaubt es, eine Epoche (und ihre Transformation) in ihrer Besonderheit zu erfassen. Sie gibt zugleich den Blick frei für die Möglichkeiten, die in einer konkreten historischen Konstellation präsent waren. Für die Literaturwissenschaft eröffnet sich die Möglichkeit, auf ‚Kontexte' zurückgreifen zu können, ohne die Werke sogleich in eine zeitlich und bedeutungskonstitutiv nachgeordnete Position zu rücken. Mit dem Diskurs wird eine Einheit konstruiert, der keine Bedeutung vorausgeht, sondern die diese erst herstellt (Bogdal 1999, 8).

Bogdal teilt Foucaults kritische Prämisse, dass die Hermeneutik eine dem Diskurs vorgängige Kategorie der Bedeutung konstruiere, um damit eine bestimmte Form der Subjektivität zu etablieren. Im Unterschied zu Foucault geht es ihm jedoch nicht um das Verschwinden der Bedeutung hinter dem leeren Gesicht des Diskurses, sondern um die historischen und strukturellen Bedingungen, denen eine epistemologische Ordnung in ihrer Geschichte unterworfen ist. An die Stelle der Verabschiedung der hermeneutischen Kategorie der Bedeutung im Poststrukturalismus setzt Bogdal mit dem genealogischen Ansatz des späten Foucault die kritische Einsicht in die Herkunft geschichtlicher Bedeutungsprozesse und Subjektkonstituierungen. Zwar wird der radikale Anspruch von Foucaults Begründung einer allgemeinen Theorie des Diskurses damit ein Stück weit zurückgenommen. Mit den Einschränkungen und Erweiterungen, die Foucaults Diskursbegriff bei Link/Link-Heer und bei Bogdal erhält, wird die Diskursanalyse zu einem Verfahren, das sich innerhalb der Literaturtheorie durchgesetzt hat.

Genealogie und Diskursanalyse

4. Vom Diskurs zur Kultur: Stephen Greenblatt und der New Historicism

Foucaults Ansatz der Diskursanalyse versuchte, in der Ausarbeitung einer allgemeinen Theorie des Diskurses ein theoretisches Interesse mit einem geschichtlichen Gegenstand, z. B. der Untersuchung der Geschichte des Wahnsinns oder der Sexualität, zu verbinden. Die Schwierigkeiten der Begründung eines allgemeinen Diskursbegriffes haben zugleich dazu geführt, dass die historische Dimension von Foucaults Denken in der Folge von der Forschung stärker berücksichtigt wurde, ohne dass Foucault selbst schon als Vertreter einer historischen Kulturwissenschaft verstanden wurde. Den Schritt von der Diskursanalyse zur Kulturwissenschaft vollzieht Stephen Greenblatt (vgl. Baßler 2001, 14 f.). Eine wesentliche Gemeinsamkeit von Greenblatts Begründung des *New Historicism* mit Foucaults Ansatz liegt dabei vor allem in der Leugnung einer teleologischen Geschichtsausrichtung und der Kritik des hermeneutisch-textimmanenten Verfahrens des *New Criticism*. Dabei geht Greenblatt jedoch zugleich über Foucault hinaus, wenn er im Kontext einer allgemeinen Kulturanthropologie auf ein

Diskursanalyse und Kulturwissenschaft

dynamisches Bild der Geschichte als Zirkulation sozialer Energien zurückgeht.

Soziale Energien

Das literaturgeschichtliche Paradigma für die Theorie der Zirkulation sozialer Energien ist für Greenblatt Shakespeare, dessen Werk er als „semantisches Kraftfeld deutet, durch das die sozialen und ästhetischen Energien seiner Zeit strömen und zu denen er in mannigfaltigen interdependenten Beziehungen steht" (Nünning 1998, 195). Aus einer ironischen Grundhaltung heraus sucht Greenblatt zunächst das scheinbar Unmögliche: den Dialog mit dem (toten) Autor: „Es begann mit dem Wunsch, mit dem Toten zu sprechen" (Greenblatt 1993, 9), mit diesen Worten leitet Greenblatt seine *Verhandlungen mit Shakespeare* ein. Dabei geht er von einer Dialektik aus, mit der er die Grenzen des historistischen Denkens zu sprengen erhofft: Dass er in der Suche nach Shakespeares erloschener Stimme nur seine eigene höre, deutet Greenblatt zugleich als Zeichen dafür, dass „es den Toten gelungen war, Textspuren von sich selbst zu hinterlassen, die sich durch die Stimmen der Lebenden zu Gehör bringen" (Greenblatt 1993, 9). Nur scheinbar stellt der Zusammenhang zwischen Tod und textueller Spur Greenblatt in den Kontext der Dekonstruktion zurück. Leitfaden seiner Untersuchung ist nicht die verschiebende Arbeit der *différance*, sondern die Intensität von Shakespeares Stimme in der Geschichte der Kultur. Der Begriff der sozialen Energie dient Greenblatt dabei als Grundlage einer neuen Kulturpoetik, der es darum geht, die kollektive Erzeugung kultureller Praktiken zu erforschen. Soziale Energie, für Greenblatt ein Begriff aus der rhetorischen Tradition der *energeia*, manifestiere sich als eine Ordnung von sprachlichen, auditiven und visuellen Spuren in einem sozialen Kontext, der über ein System von Tauschprozessen gesteuert werde. Das Beispiel von Shakespeares Theater dient Greenblatt als Beleg für die Existenz der Zirkulation sozialer Energie in der theatralen Darstellung auf der Bühne und ihrer affektiven Zurückleitung an das Publikum. Greenblatt versteht die Literatur daher wesentlich als eine soziale

Kulturwissenschaft und Literaturgeschichte

und kulturelle Praxis: „Wir können und dürfen die Literatur nicht von ihren sozialen Funktionen trennen" (Greenblatt 2000, 48), stellt er fest, um die Aufgabe der Literaturwissenschaft damit zugleich an die Literaturgeschichte zurückzubinden: „Insofern ist Literaturgeschichte immer die Geschichte der Möglichkeit von Literatur" (Greenblatt 2000, 29). Damit leistet der *New Historicism* einen Beitrag zu einer Historisierung der Diskurstheorie, der zugleich den Übergang von der Diskursanalyse zur Kulturwissenschaft markieren soll (vgl. Böhme/Scherpe 1996).

New Historicism zwischen Innovation und Restauration

Allerdings ist der Schritt vom Diskurs zur Kultur, den der *New Historicism* vollzieht, keineswegs selbstverständlich. Greenblatt merkt selbst an, wie „geradezu unglaublich vage und umfassend" (Greenblatt 2001, 48) der Kulturbegriff letztlich sei: „‚Kultur' ist […] ein Ausdruck, der immer wieder benutzt wird, ohne überhaupt sonderlich viel zu bedeuten, als ein vager Gestus, der auf ein schemenhaft wahrgenommenes Ethos verweist" (Greenblatt 2001, 48). Angesichts dieses Eingeständnisses stellt sich die Frage, inwiefern eine vollständige Überführung der Literaturwissenschaft in die Kulturwissenschaft überhaupt sinnvoll sein kann. Zwar scheint der Vorteil der Kulturwissenschaften zunächst in der Wiedereinführung der Frage nach der

Geschichtlichkeit der Texte zu liegen: Es sei „ein reziprokes Interesse an der Geschichtlichkeit von Texten und der Textualität von Geschichte" (Montrose 2001, 67), formuliert Louis A. Montrose in Anknüpfung an poststrukturalistische Ansätze. Die allzu willige Hinwendung zur Geschichtlichkeit der Texte birgt aber eine doppelte Gefahr in sich, die zum einen in der Auflösung der Spezifität der Literatur im vagen Begriff der Kultur und zum anderen in der Wiedereinführung der traditionellen hermeneutischen Begriffe von Geschichte und Subjekt besteht. Mit dem Anspruch auf eine Neubegründung der Literaturtheorie im Zeichen der Kulturwissenschaften ist dem *New Historicism* eine Rückwendung zu Problemen eigen, von denen sich die neuen Literaturtheorien eigentlich schon zu Recht verabschiedet hatten.

5. Die Theorie des literarischen Feldes: Pierre Bourdieu

„Im Grunde genommen findet sich die stringenteste Formulierung der Grundlagen der strukturalen Analyse kultureller Produkte bei Michel Foucault" (Bourdieu 2001, 316). Mit dieser Würdigung führt Bourdieu seine kritische Auseinandersetzung mit dem Werk Foucaults ein. Denn trotz der grundsätzlichen Anerkennung Foucaults setzt sich Bourdieu mit seiner Theorie des literarischen Feldes von der Diskursanalyse ab. „An ‚Großtheorien' war ich nie sonderlich interessiert" (Bourdieu 2001, 283), mit dieser Bemerkung leitet Bourdieu seine methodologischen Grundüberlegungen nicht ohne eine gewisse Koketterie ein. Am Leitfaden der Begriffe „Feld" und „Habitus" entwickelt auch er eine „große Theorie", die nicht mehr auf dem Boden der Philosophie oder dem der Linguistik wächst, sondern auf dem der Soziologie.

Foucault und Bourdieu

Dass Feld und Habitus die zentralen Kategorien von Bourdieus soziologischem Ansatz verkörpern, hat Joseph Jurt unterstrichen: „Das Soziale ist in zwei Formen präsent: als objektivierte Geschichte in Gestalt von Institutionen (‚Feld') und in Form leibhaft gewordener Geschichte (‚Habitus')" (Jurt 1998, 240). In ähnlicher Weise wie in Luhmanns Systemtheorie, von der sich Bourdieus Ansatz allerdings zugleich in wesentlichen Punkten unterscheidet, übernimmt das Konzept des Feldes dabei zunächst eine Unterteilung des sozialen Raumes in die unterschiedlichen Bereiche von Politik, Wirtschaft, Religion und Kunst. Im Unterschied zu Foucault versteht Bourdieu unter dem Feld dabei nicht ein diskursives Regelsystem, das die Bedingung der Möglichkeit von sprachlichen Aussagen nennt, sondern den agonalen sozialen Raum, innerhalb dessen sich die einzelnen Akteure des jeweiligen Feldes bewegen und in ihrer strategischen Position zu behaupten suchen. Nicht anders als Foucaults Diskursbegriff ist das Feld daher zunächst ein funktionales Konstrukt, das dazu dient, Machtverhältnisse sichtbar zu machen (vgl. Jurt 1998, 245). Dabei geht es Bourdieu nicht allein um die räumlich-strukturelle Dimension des sozialen Feldes, sondern auch um seine zeitlich-historische Dimension:

Feld und Habitus

Ich gehe davon aus, daß die Analyse der objektiven Strukturen – die der verschiedenen Felder – nicht zu trennen ist von der Analyse der Entwicklung mentaler Strukturen, die – auf der Ebene des biologischen Einzelwesens – sich aus der Inkorporierung sozialer Strukturen und der Genese dieser Strukturen selber noch erklären lassen: der soziale Raum ebenso wie die darin auftretenden Gruppen sind das Produkt historischer Auseinandersetzungen (Bourdieu 1992, 31 f.).

Struktur und Relation

Bourdieu verbindet die Frage nach der Struktur mit der nach der Genese des Feldes, um den sozialen Raum zu einem genau determinierten geschichtlichen Zeitpunkt als ein Bündel unterschiedlicher Kräftefelder bestimmen zu können. In ähnlicher Weise wie Foucault versucht er damit, sowohl den Prämissen der Subjektphilosophie als auch denen des Strukturalismus zu entkommen. Der zweite zentrale Begriff seiner Theorie, der des Habitus, habe ihm erlaubt „mit dem strukturalistischen Paradigma zu brechen, ohne in die alte Subjekt- oder Bewußtseinsphilosophie zurückzufallen" (Bourdieu 2001, 285). Ersetzt der Begriff des Habitus bei Bourdieu in gewisser Weise den des Subjekts, so tritt der von Cassirer hergeleitete Begriff der Relation an die Stelle der Struktur. Den Raum des Sozialen denkt Bourdieu als ein in sich differenziertes Gefüge von autonomen und relationalen Feldern, deren Analyse ihm erlaube, eine soziologische Beschreibung der Gesellschaft zu geben, die sich weder der philosophischen Idee schöpferischer Subjektivität noch der scheinbaren Objektivität der strukturalen Analyse anvertraue. Wie bei Luhmann übernimmt damit auch bei Bourdieu die Soziologie die früher von der Philosophie okkupierte Position einer Vordenkerschaft für die modernen Geisteswissenschaften.

Soziologie des Romans und Autonomie der Kunst: Bourdieu über Flaubert

Bourdieu ist damit nicht nur für die komplexe Ausarbeitung einer neuen soziologischen Theorie der Moderne verantwortlich. Als einer der einflussreichsten Theoretiker seiner Zeit hat er auch der Literaturtheorie wesentliche Anstöße geben können. In seiner Untersuchung über *Die Regeln der Kunst* hat Bourdieu seine Theorie des sozialen Feldes auf das Werk Flauberts und insbesondere auf die *Education sentimentale* bezogen. Gegen den Vorwurf der Reduktion ästhetischer Fragen auf soziologische Probleme macht Bourdieu das Konzept des literarischen Feldes einleitend als die Analyse des Raumes geltend, der dem Schriftsteller Flaubert in seiner Zeit zur Verfügung stand, um sich als Subjekt seiner Werke zu etablieren. Die Autonomisierungsbewegung, der die moderne Literatur seit Baudelaire und Flaubert unterworfen war, erscheint damit zugleich als Resultat eines sozio-kulturellen Prozesses, der über das Werk und den einzelnen Schriftsteller hinausgreift. Stellt sich auch die Frage, inwiefern die Analyse der *Education sentimentale*, die, wie Bourdieu selbst angibt, in gewisser Weise schon ihre eigene soziologische Analyse vorgibt (vgl. Bourdieu 2001, 19), auf andere Werke zu übertragen wäre, so hat Bourdieu mit seiner Arbeit über *Die Regeln der Kunst* doch gezeigt, dass erst eine soziologische Theorie der Kunst die Autonomie der modernen Literatur zu begründen vermag. In ähnlicher Weise wie Luhmann hat Bourdieu auf der Grundlage der Soziologie entscheidende Impulse für die Literaturtheorie geben können.

6. Systemtheorie und Literatur: Niklas Luhmann

In ähnlicher Weise wie Michel Foucault die Diskursanalyse und Pierre Bourdieu die Theorie des sozialen Feldes hat Niklas Luhmann die Systemtheorie nicht als ein spezifisch literaturwissenschaftliches Verfahren entworfen. Im Mittelpunkt von Luhmanns Werk steht vielmehr die Frage nach einer Theorie der Gesellschaft, die sich nach einem ursprünglichen und trotz einiger Modifikationen niemals aufgegebenen Plan in drei Teile gliedern sollte: in einen Grundriss der Systemtheorie, den Luhmann 1984 mit seiner Untersuchung *Soziale Systeme* vorgelegt hat, eine Darstellung des Gesellschaftssystems, die Luhmanns letzte große Veröffentlichung *Die Gesellschaft der Gesellschaft* aus dem Jahre 1998 bildet, und eine Darstellung der wichtigsten Funktionssysteme der Gesellschaft, darunter neben Wirtschaft, Wissenschaft und Recht auch die Studie über *Die Kunst der Gesellschaft*, die Luhmann 1995 veröffentlicht hat. Für Luhmann, der dazu neigt, Differenzen zwischen den einzelnen Künsten nicht zu berücksichtigen, ist die Kunst ganz unabhängig von der Frage nach der spezifischen Funktion der Literatur im System der Künste demnach zunächst nur ein Teilbereich eines modernen funktionalen Gesellschaftszusammenhanges, den die Systemtheorie insgesamt zu erklären versucht (vgl. Schwanitz 1990).

Der Ansatzpunkt von Luhmanns Theorie der sozialen Systeme und mithin auch der Literatur ist der der Autopoiesis. Ihn hat Luhmann in *Die Gesellschaft der Gesellschaft* folgendermaßen definiert: „Autopoietische Systeme sind Systeme, die nicht nur ihre Strukturen, sondern auch die Elemente, aus denen sie bestehen, im Netzwerk eben dieser Elemente selbst erzeugen" (Luhmann 1997, 65). Mit dem Begriff der Autopoiesis zielt Luhmann auf denselben Sachverhalt, den der Poststrukturalismus unter dem Stichwort der Selbstreferentialität des sprachlichen Zeichens vorgebracht hat: Es geht um die grundlegende Idee der Herstellung und Stabilität eines funktionalen und in sich geschlossenen Systems durch sich selbst. Das Grundelement der Autopoiesis ist jedoch anders als im Poststrukturalismus nicht das sprachliche Zeichen, sondern die Kommunikation. Für Luhmann ist das ganze Gesellschaftssystem autopoietisch: es gründet sich auf „Kommunikation, die durch die Kommunikation, aus denen es besteht, ermöglicht und reproduziert werden" (Luhmann 1986, 620). Stabilität erreicht das System der Gesellschaft demnach durch den zirkulären Transport von Kommunikationsprozessen und seine damit einhergehende Ausdifferenzierung in einzelne funktionale Teilsysteme.

Wie Luhmann in *Die Kunst der Gesellschaft* zeigt, ist die Kunst demzufolge zunächst als ein solches funktionales Teilsystem im Gesamtsystem der Gesellschaft zu begreifen. Am Leitfaden des Zusammenhangs von Autopoiesis und Kommunikation versteht Luhmann die Kunst entsprechend als ein autopoietisches System, das eine bestimmte Form der Kommunikation ermögliche. Aus dieser Prämisse leitet Luhmann zugleich die Möglichkeit einer soziologischen Theorie der Kunst und Literatur ab, die die Systemtheorie zu liefern beabsichtigt. „Sie erfordert eine Theorie, die erfassen kann, daß und wie die Kunst sich *unter gesellschaftlichen Bedingungen* (also keineswegs ‚frei schwebend'!) als ein *geschlossenes* System der

Selbstreproduktion halten und entfalten kann" (Luhmann 1986, 621). Im Hinblick auf die zentrale Rolle der Kommunikation im modernen Gesellschaftssystem geht Luhmann davon aus, „daß das Kunstwerk *ausschließlich* als Mittel der Kommunikation hergestellt wird", und zwar „durch einen *zweckentfremdeten Gebrauch von Wahrnehmungen*" (Luhmann 1996, 41). Im Widerspruch zu Adornos Begriff der Negativität, der die Kunst in eine scheinbar unversöhnliche Antithese zur Gesellschaft gestellt hat, versteht Luhmann Kunst wie Gesellschaft überhaupt als ein autonomes System der Selbstreproduktion, das sich nicht durch Negation, sondern durch Anschlussfähigkeit auszeichnet: „die Kunst teilt das Schicksal der modernen Gesellschaft gerade dadurch, daß sie als autonom gewordenes System zurechtzukommen sucht" (Luhmann 1986, 623). Die Idee einer subversiven Funktion der Literatur, wie sie Foucault unter dem Titel des „Gegendiskurses" anspricht, spielt bei Luhmann keine Rolle mehr: Als Teilsystem kann sich die Kunst nicht anders verhalten als die Gesellschaft insgesamt, und das heißt als Autopoiesis von Kommunikationsprozessen.

Wahrnehmung und Kommunikation
Dabei bestimmt Luhmann die Funktion der Kunst in der differenzierten Gesellschaft als die Übersetzung von Wahrnehmung in Kommunikation: „Kunst macht Wahrnehmung für Kommunikation verfügbar" (Luhmann 1996, 82). Mit dem Begriff der Wahrnehmung greift Luhmann auf das Ausgangskonzept der modernen Ästhetik zurück, die sich seit Baumgarten als Lehre von der sinnlichen Wahrnehmung verstanden hat. Mit dem Begriff der Verfügbarkeit deutet er zugleich an, dass es nicht um die subversive Funktion der Kunst in der Moderne gehen soll, sondern um die Frage nach der Rolle der Kunst in der Ausdifferenzierung des gesamten sozialen Systems.

Literarische Kommunikation
Mit diesem Schritt hat Luhmann zwar die Analyse der Kunst erfolgreich in die Systemtheorie integriert und gerade mit frühen Untersuchungen wie seiner Geschichte der *Liebe als Passion* (1984) bedeutende Beiträge zur Kulturgeschichte der Literatur vorgelegt. Der Versuch einer Integration von Kunst und Literatur in das System der Gesellschaft am Leitfaden der Begriffe der Kommunikation und der Autopoiesis eröffnet jedoch zugleich kritische Fragen, die Luhmann unbeantwortet belässt. Es ist nicht allein das Problem der spezifischen Funktion von Kunst und Literatur im Vergleich zu anderen Teilsystemen, das hier von Interesse ist. Vielmehr stellt sich schon die grundsätzliche Frage nach der Verbindung von Kunst und Kommunikation. Wie Oliver Sill gezeigt hat, ist die Rede vom Zusammenhang von Kunst und Kommunikation von einer fundamentalen Doppeldeutigkeit betroffen, die Luhmann selbst nicht auflöst: „Es sind die methodischen Prämissen des eigenen Ansatzes, die Luhmann hier dazu führen, *Kommunikationen über Kunst* als Letztelemente des Kunstsystems zu bestimmen. […] Dort, wo Luhmann allerdings auf die Frage nach der Autopoiesis des Systems zu sprechen kommt, sind es die *Kunstwerke selbst*, die die Reproduktion des Systems gewährleisten sollen" (Sill 2001, 97). Mit dieser Doppeldeutigkeit gehe Luhmann aber die Differenz zwischen der Literatur und der Kommunikation über Literatur verloren: „Literatur, verstanden als literarische Kommunikation, unterscheidet sich in struktureller Hinsicht *grundlegend* von Kommunikationen über Literatur" (Sill 2001, 120), stellt Sill

fest. Darin ist mehr als eine Nachlässigkeit der Systemtheorie zu sehen. Die Reduktion von Literatur und Kunst auf gesellschaftliche Kommunikationsprozesse verrät zunächst nicht nur, dass eine eigene Vermittlung zwischen dem System und der Literatur ausbleibt, weil die Theorie ihrem Gegenstand bewusst äußerlich bleiben will. Anders als etwa bei Foucault zeigt sich darüber hinaus, dass die Rolle der Literatur auf ihre Funktion im System reduziert wird. Das hat schon Albrecht Koschorke kritisch festgehalten: „Luhmann ist ein Parteigänger des Funktionierens. Er weigert sich, die Möglichkeit einer Dysfunktionalität des Funktionalen systematisch zu durchdenken" (Koschorke 1999 b, 146). Gerade die Bestimmung der Kunst als Verfügbarmachung von Wahrnehmung für Kommunikation verdeutlicht, in welchem Maße es Luhmann mit der Systemtheorie um ein funktionales Gefüge geht, in dem alle Rädchen ineinandergreifen und potentielle Störfaktoren ausgeblendet werden. Dass ein Zusammenhang zwischen Literatur und Dysfunktionalität besteht, den Adorno und Foucault mit den Begriffen der Negativität und des Gegendiskurses festzuhalten versuchen, spielt für Luhmann kaum eine Rolle. Zwar hat die Systemtheorie mit den Begriffen der Autopoiesis und der Kommunikation ein theoretisches Instrumentarium bereitgestellt, das auch in der Literaturwissenschaft breite Anwendung gefunden hat (vgl. Schmidt 1993, Plumpe 1993, Fohrmann/Müller 1996). Die Aktualität von Luhmanns Ansatz liegt allerdings weniger in ihrer Relevanz für die Theorie der Literatur als vielmehr in der Begründung einer neuen Form der Kultur- und Medienwissenschaft. In dem Maße, in dem Luhmann den traditionellen ästhetischen Begriff der Form durch den des Mediums als „den Fall loser Kopplung von Elementen" (Luhmann 1996, 168) ersetzt, bereitet er den Übergang von der poststrukturalistischen Literaturtheorie zur Medientheorie vor, der in den neunziger Jahren vollzogen worden ist.

Kommunikation über Literatur

Systemtheorie und Kulturwissenschaft

7. Diskursanalyse und Medientheorie

„Wir leben in neuen Kommunikationsverhältnissen, die mit dem Leitmedium der Neuzeit, dem Buch, gebrochen haben. Computer und elektronische Medien befördern das Ende einer Welt, die Marshall McLuhan Gutenberg-Galaxis genannt hat" (Bolz 1995, 7). Mit dieser Feststellung beginnt Norbert Bolz seine Diagnose über das Ende der Gutenberg-Galaxis. Er folgt damit der grundsätzlich nicht unplausiblen Idee, dass die Zeit der neuen Medien auch eine neue Reflexion über die mediale Verfasstheit von Wirklichkeit, Kunst und Literatur erfordert (vgl. Faulstich 1995). In diesem Zusammenhang sind sind nicht mehr Schleiermacher, Adorno oder Derrida die entscheidenden Stichwortgeber für die Theorie der neuen Medien, sondern McLuhans vielzitiertes Diktum „The medium is the message" (McLuhan 1970, 17 f.) und Gregory Batesons Definition der Information als „any difference that makes a difference" (vgl. Bolz 1995, 111).

Neue Medien – Neue Literaturwissenschaft?

Literaturtheoretisch umgesetzt wurde die Reflexion auf die Medialität der Literatur vor allem von Friedrich A. Kittler in seiner Untersuchung über die *Aufschreibesysteme 1800/1900* aus dem Jahre 1985. In seiner umstrit-

Literatur als Aufschreibesystem: F. A. Kittler

tenen Habilitationsschrift geht Kittler neben der Psychoanalyse zunächst noch von Foucaults Begriff der Diskursanalyse als der Rekonstruktion der Regeln aus, die den Diskurs einer Epoche organisieren. Als Defizit der Diskursanalyse notiert er jedoch, dass diese sich ausschließlich an die traditionelle Form des Textes halte und andere Medienformen nicht anerkenne: „Archäologien der Gegenwart müssen auch Datenspeicherung, -übertragung und -berechnung in technischen Medien zur Kenntnis nehmen" (Kittler 1987, 429). Damit vollzieht Kittler nicht nur den ersten Schritt zu einer Überführung der Diskursanalyse in die Medientheorie. Er definiert Literatur darüber hinaus als eine Form der Datenverarbeitung, die den gleichen Gesetzen gehorcht wie alle Datenverarbeitungsprozesse: „Elementares Datum ist, daß Literatur (was immer sie sonst noch in Leserkreisen bedeuten mag) Daten verarbeitet, speichert, überträgt" (Kittler 1987, 430). Bereits diese Ausgangsvoraussetzungen verdeutlichen, dass Kittlers Forderung nach der Berücksichtigung neuer Medien von einer zumindest problematischen Gleichsetzung der Literatur mit einer Form des Datenflusses ausgeht.

Aufschreibesystem 1800: Dichtung und Muttermund

Auf der historischen Ebene orientiert sich Kittlers Untersuchung an der traditionellen kulturgeschichtlichen Unterscheidung der modernen Epochenschwellen um die Jahrhundertwenden. In einer eigentümlichen Verknüpfung von Foucaults Diskursanalyse und Lacans psychoanalytischem Ansatz beschreibt Kittler auf fragwürdiger empirischer Grundlage das Literatursystem um 1800 durch die Alphabetisierung des Kindes als Erotisierung der Buchstaben durch die Mutter, die zugleich den Grund für die Genese moderner Dichtung lege: Die einmal über die Mutter in das Lesen eingeführten Kinder verwandeln sich demzufolge in Dichter, die in ihren Texten nichts anderes preisen als die mütterliche Instanz eines der Natur entlehnten weiblichen Ideals. Die Produktion des literarischen Diskurses sei dementsprechend vollständig abhängig von der Naturinstanz der Mutter: „Es wird also darum gehen, die Einsetzung von Müttern an den Diskursursprung als Produktionsbedingung der klassisch-romantischen Dichtung und Die Mutter als jene erste Andere zu analysieren, die von poetischer Hermeneutik verstanden wird" (Kittler 1987, 34). Insbesondere an der romantischen Literatur, etwa anhand von E. T. A. Hoffmanns Erzählung *Der goldene Topf*, erläutert Kittler seine These, dass Dichtung nichts anderes als Übersetzung aus dem Muttermund sei: „Das Aufgeschriebensein des Muttermundes im Aufschreibesystem von 1800 heißt Dichtung" (Kittler 1987, 104). Im Diskurssystem um 1800 diagnostiziert Kittler die Errichtung eines geschlossenen Systems, bei dem die Philosophie die (tendenziell homoerotische) professionalisierte und zugleich verbeamtete Interpretation des Dichterwortes auf sich nehme, während die Frauen am Ende der Kette als Leserinnen der durch den Muttermund belehrten Dichter wiedererscheinen. Das Aufschreibesystem 1800 beschreibt Kittler im Sinne der Zirkulation einer erotisierten Natursprache am Leitfaden der drei Ordnungen Produktion, Distribution und Konsumtion als die Herstellung eines in sich geschlossenen Kreises von Autor- und Leserschaft an dem Ideal der Natur, das ursprünglich über die Mutter eingesetzt wurde.

Aufschreibesystem 1900: Grammophon, Film, Typewriter

Die Epochenschwelle um 1900 deutet Kittler dagegen als den Einbruch der neuen Medien in den Diskurs der Literatur. Emblematisch festgehalten hat Kittler die mediengeschichtliche Zäsur der Jahrhundertwende am Beispiel von Nietzsches Schreibmaschine: „Nietzsche als letzter Philosoph und erster Medientheoretiker" (Kittler 1986, 124), so lautet Kittlers Urteil, das mit der kaum zu überschätzenden Bedeutung Nietzsches für den Poststrukturalismus übereinstimmt (vgl. Hamacher 1986). Dabei gehe es nicht mehr um den Datenfluss vom Muttermund über die Dichterstimme bis zu den offenen Ohren der Hermeneutik, sondern um die Differenz zwischen verschiedenen medialen Schaltkreisen, zwischen Optik (Film) und Akustik (Grammophon) auf der einen Seite und der Selbstreferentialität der Schrift (Schreibmaschine), die Kittler mit Derrida als Produktion unhintergehbarer Differenz deutet, auf der anderen Seite. Nicht nur durch seine Kritik der philosophischen Tradition der Hermeneutik, derzufolge „Interpretation [...] also nur ein Sonderfall der allgemeinen Technik Medientransposition" (Kittler 1987, 275) ist, hat Kittler in *Aufschreibesysteme 1800/1900* eine Erweiterung der Literaturwissenschaft zur Medientheorie vollzogen, die er in seinen folgenden Publikationen konsequent weiterverfolgt hat. Indem er die Literatur in einem genuin diskursanalytischen Ansatz als ein von außen gesteuertes System von Datenübertragungen definiert, schreibt sich Kittler in die selbsternannte Position eines radikalen Erneuerers der Literaturtheorie hinein, der in einem exorzistischen Akt der *Austreibung des Geistes aus den Geisteswissenschaften*, so der Titel eines Sammelbandes aus dem Jahre 1980, eine neue Medien- und Maschinenwissenschaft begründen will, die von der Literatur nichts anderes mehr erwartet als Datenlieferung.

Die Erweiterung der Diskursanalyse zur Medientheorie bringt jedoch zugleich Probleme mit sich. Wie schon im Fall der Diskursanalyse stellt sich dabei zunächst die Frage nach der Vermittlung zwischen der allgemeinen Ordnung des Diskurses und dem historischen Diskurs der Literatur. Kittler umgeht dieses Problem, indem er beide Ordnungen schlechterdings gleichsetzt: Für ihn geben die Medien die Formen vor, in denen ein einzelner Diskurs wie der literarische dann überhaupt noch funktionieren kann. Die Betonung des maschinellen Moments der Informations- und Kommunikationsvermittlung führt damit aber zu einer selbst „maschinellen" und mithin auch tendenziell mechanistischen Lektüre literarischer Texte, die darüber hinaus suggeriert, es gäbe überhaupt so etwas wie „den" literarischen Diskurs um 1800 oder 1900. Ganz unbestritten hat Kittler mit den *Aufschreibesystemen 1800/1900* einen innovativen Beitrag zur Literaturtheorie geleistet. Die Zentrierung der Literaturwissenschaft auf die Medientheorie verkürzt die Literatur jedoch zugleich zu der Idee eines endlos fortlaufenden Datenflusses, der allein von der Maschine regiert wird.

Literatur und Medien

Vor diesem Hintergrund versteht sich die Medientheorie Kittlers zugleich als eine Kritik am Menschen. Wie schon Foucault das moderne Subjekt im Begriff des Diskurses verschwinden ließ, so führen Bolz und Kittler die hermeneutische Kategorie des Subjekts auf die der Maschine zurück: „Womit schon gesagt ist, daß Menschen die Informationsmaschinen nicht erfunden haben können, sondern sehr umgekehrt ihre Subjekte sind" (Kittler 1993, 77), formuliert Kittler, und auch Bolz hält fest: „Unter Bedingungen der neuen Medien ist der Mensch nicht mehr Benutzer von Werkzeugen und Apparaten, sondern Schaltmoment im Medienverbund" (Bolz 1995, 118).

Medien und das Ende des Menschen

Die Überlegungen von Bolz und Kittler folgen einer einfachen Umkehr-logik: Vom scheinbar autonomen Subjekt des Handelns wird der Mensch zum Objekt der Maschinen. Dass Bolz und Kittler damit über eine letztlich populärwissenschaftliche Darstellung des Verhältnisses von Mensch und Maschine nicht hinauskommen, derzufolge der Mensch, wenn er nicht mehr Herr über die Maschine sein kann, ihr Sklave sein muss, ist noch der geringste Einwand gegen die Reduktion des Geistes auf die Maschine. Strit-

Medientechnik und
Kriegstechnologie

tiger noch ist der Zusammenhang von Medien und Krieg, dem Kittler und Bolz in ihren Überlegungen nachgehen: „Der Krieg ist der Vater aller Me-dien" (Bolz 1995, 130), paraphrasiert Bolz Heraklit, und Kittler geht von einer ähnlichen Prämisse aus, wenn er feststellt: „Übertragungsmedien stammen aus Kriegstechnologien" (Kittler 1993, 1221). Dass Kittler erhel-lend nachweisen konnte, wie moderne Aufnahmetechniken aus dem Be-reich der Funkübertragung im Zweiten Weltkrieg entstanden sind, ändert nichts daran, dass die Gleichsetzung von Medien und Kriegstechnologie dem Foucaultschen Diktum vom Verschwinden des Subjekts eine beängsti-gend martialische Dimension hinzufügt. Ließ sich Foucaults Entwurf der Diskursanalyse noch als ein ästhetisch wie politisch relevanter Beitrag zur Geschichte des Menschen verstehen, dem es darum ging, der kulturellen Repression ausgesetzte Momente wie Wahnsinn oder Sexualität zur Spra-che zu bringen, so vollzieht die Medientheorie in ihrer Radikalisierung des Foucaultschen Diskursbegriffes zugleich den Schritt zu einer affirmativen Theorie der Maschine und des Krieges, die ihren idealen Gegenstand nicht mehr in literarischen Texten findet, sondern in Schaltkreisen der Macht.

Körper und Schrift:
Koschorke

Dass die neuen Medienwissenschaften nicht notwendig dazu führen müssen, Literatur in Speicherprozesse aufzulösen, zeigen – neben der be-eindruckenden Analyse der Verflechtung von juristischem und litera-rischem Diskurs bei Cornelia Vismann (vgl. Vismann 2000) – vor allem die Arbeiten Albrecht Koschorkes. Insbesondere in seiner Habilitationsschrift *Körperströme und Schriftverkehr* hat Koschorke eine äußerst differenzierte Arbeit vorgelegt, die nicht allein als Beitrag zu einer neuen Medientheorie, sondern zugleich als literaturhistorischer Beitrag zur Geschichte der Emp-findsamkeit verstanden werden kann.

Mediologie
der Empfindsamkeit

Wie Foucault und Kittler nimmt Koschorke in seiner kulturanthropologi-schen Studie die Veränderungen des Diskurssystems um 1800 durch die Einführung des Mediums Schrift in den Blick, wobei er neben literarischen Texten das Augenmerk insbesondere auf Gebrauchstexte aus den Berei-chen der Medizin, der Psychologie und der Populärphilosophie richtet. Dabei ist es nicht das Verschwinden des Menschen hinter den Medien, das den Ausgangspunkt von Koschorkes Überlegungen markiert, sondern, wie es im Anklang an Greenblatt heißt, die Frage nach den Transformationen des Subjekts durch die Veränderungen der Zirkulationsweise sozialer Ener-gien (vgl. Koschorke 1999a, 15). Koschorke spricht der Schrift dabei die Funktion der Ausprägung eines neuen Menschen- und Körperbildes zu, das auf der Ersetzung des unmittelbaren Verkehrs zwischen den menschlichen Körpern durch die Herausbildung des Körpers als eines autoreferentiellen Systems beruht, das nur noch durch die mediale Substitution des Schrift-verkehrs kommunizieren kann. Den Tränenkult der Empfindsamkeit deutet

Koschorke als metonymisches Substitut eines unmittelbaren Körperver-
kehrs, der dann vom Schriftfluss fortgeführt wird: Am Beispiel der Briefkul-
tur des 18. Jahrhunderts erscheint Schrift als Resultat eines Individualisie-
rungsprozesses, der einmal von einander geschiedene Subjekte wieder in
Kommunikation miteinander treten lässt. Koschorkes Entwurf einer „Mediologie des 18. Jahrhunderts", so der Untertitel der Arbeit, stellt mediale
Substitutionsprozesse als Grundlage einer neuen Kulturwissenschaft dar,
die zugleich einen wichtigen Beitrag zur Zivilisationsgeschichte in der Tradition der Arbeiten von Norbert Elias zu leisten vermag. „Medien sollen
hier versuchsweise als Rückkoppelungssysteme verstanden sein, die beide
Komponenten der Zeichenproduktion, ihre Materialität und ihre Bedeu-
tungspotenz, wechselseitig aufeinander einwirken lassen" (Koschorke
1999, 11). Koschorke nimmt nicht nur die Materialität der Medien in den
Blick, sondern zugleich die für das poststrukturalistische Denken seit jeher
verdächtige Kategorie der Bedeutung. Dass auch die Frage nach historischen Bedeutungsprozessen nicht ausgeblendet, sondern vielmehr auf
einer neuen medientheoretischen Basis reformuliert wird, beweist zugleich, dass Literatur- und Kulturwissenschaften im Zeichen der Medientheorie nicht notwendig in Opposition zueinander treten müssen.

Literaturwissenschaft
und Medientheorie

VII. Literaturtheorie heute

Literaturtheorie und
Methodenplura-
lismus
Lange Zeit galt der hermeneutische Imperativ des Verstehens innerhalb der historischen Geisteswissenschaften als eine Selbstverständlichkeit, die kritisch zu hinterfragen sich nicht recht lohnte: So wie es der Theologie um die rechte Auslegung der Heiligen Schrift und der Jurisprudenz um die rechte Auslegung der Gesetze geht, so schien es der Literaturwissenschaft um die rechte Auslegung literarischer Texte zu gehen. Erst mit den Veränderungen, denen der Begriff der Literatur im Zeichen des „linguistic turn" insbesondere in der zweiten Hälfte des 20. Jahrhunderts unterworfen war, kristallisierte sich auch die Gestalt einer neuen Literaturtheorie heraus, die sich von den Imperativen der Hermeneutik zunehmend emanzipiert. So hat sich seit den sechziger Jahren in der Literaturwissenschaft eine Methodenvielfalt durchgesetzt, die auf unterschiedliche miteinander rivalisierende Ansätze zurückgeht. Sah sich die traditionelle literarische Hermeneutik, deren Ursprungsort die Philosophie des 18. Jahrhunderts war, zunächst mit dem strukturalistischen Denken konfrontiert, das sich nicht mehr auf philosophische, sondern auf linguistische Grundlagen verließ, so verfolgte der Poststrukturalismus seit dem Ende der sechziger Jahre das Ziel einer Überschreitung sowohl des hermeneutischen als auch des strukturalistischen Ansatzes und die kritische Hinterfragung ihrer jeweiligen Wissenschaftsideale. Die Anstrengungen des poststrukturalistischen Denkens im Zeichen des Denkens der Differenz wurden ihrerseits zu Beginn der neunziger Jahre von den zahlreichen Versuchen zu einer Begründung der Literatur- als Kulturwissenschaft im Zeichen der Medientheorie abgelöst. Von der hermeneutischen Kategorie des Sinns über die strukturalistische Einsicht in die Abhängigkeit der sprachlichen Bedeutung von der Form des Zeichens bis zur vollständigen Auflösung des Sinns in den Begriffen der sprachlichen Differenz, der Macht des Diskurses oder den Aufschreibesystemen technischer Medien reichen die heterogenen und miteinander widerstreitenden
Für eine Poetik
der Literatur
Ansätze der Literaturtheorie. Unter dem vielfältigen Theorieangebot den einen Ansatz als den einzig richtigen auszuzeichnen, käme dabei einer kaum zu rechtfertigenden Reduktion der Komplexitätsgewinnung gleich, die die Literaturwissenschaft in den letzten Jahrzehnten bestimmt hat. Vielmehr hat sich gezeigt, dass bedeutende theoretische Beiträge im Rahmen einer poetologischen Bestimmung der Literatur durchaus aus unterschiedlichen methodischen Richtungen kommen können. Das Interesse an der theoretischen wie an der praktischen Dimension des Literaturbegriffs verbindet so unterschiedliche Ansätze wie Peter Szondis literarische Hermeneutik, Henri Meschonnics linguistische Poetik und Paul de Mans rhetorische Dekonstruktion. Von daher gibt es gar keine Notwendigkeit, Hermeneutik, Strukturalismus und Dekonstruktion von vorneherein gegeneinander auszuspielen, wie es lange Zeit üblich war. Die Literaturwissenschaft wäre vielmehr gut beraten, die unterschiedlichen Ansätze zu einer

theoretischen Begründung der Literaturtheorie nicht nur als Gegensätze aufzufassen, sondern als sich ergänzende Bemühungen um die eine Sache: die Frage, was Literatur ist und wie ein Wissen von der Literatur sich legitimieren kann.

Die Umbrüche, die die Literaturtheorie in den letzten Jahrzehnten erfahren hat, haben jedoch zugleich zu dem Vorwurf geführt, dass die Literaturwissenschaft ihren eigentlichen Gegenstand, die Literatur, zunehmend aus den Augen verliert. Eine Hauptverantwortung für die stetig wachsenden Schwierigkeiten der Literaturwissenschaft, sich noch länger gesellschaftlich zu legitimieren, trage die einseitige Orientierung an theoretischen Fragen, die die Diskussion der letzten Jahrzehnte bestimmt habe. Wie immer diese Vorwürfe sich zu rechtfertigen versuchen: Unberücksichtigt bleibt nicht nur, dass die Literaturwissenschaft für den Legitimationsverlust, dem sie im Rahmen einer umfassenden Neubestimmung des traditionellen Bildungsgedankens ausgesetzt ist, nicht allein verantwortlich ist, unberücksichtigt bleibt auch, dass es erst die Literaturtheorie ist, die mit ihren grundsätzlichen Fragen zu Status und Funktion der Literatur die Wissenschaftlichkeit der Literaturwissenschaft begründet.

Literaturtheorie und die Krise der Literaturwissenschaft

Vor diesem Hintergrund ist der Ruf nach dem Ende der Literaturtheorie zugleich als ein reduktiver Versuch der Entdifferenzierung des modernen Wissens zu verstehen. Er entspringt einer Ratlosigkeit angesichts der nur schwer vorzeigbaren Ergebnisse der literaturtheoretischen Anstrengungen der letzten Jahrzehnte. Hatten Hermeneutik und Philologie im 19. und 20. Jahrhundert wesentliche Erkenntnisse im Bereich der Literaturgeschichte, der Gattungspoetik und der Einzelinterpretation von Autoren und Werken hervorgebracht, so scheint die Aufgabe der Literaturtheorie in der zweiten Hälfte des 20. Jahrhunderts vor allem destruktiv zu sein. In der jüngeren Geschichte der Literaturtheorie hat sich vor allem gezeigt, welche Begründungsversuche des Literarischen heute kaum noch eine Chance auf Erfolg haben. Die Fundierung der Literaturtheorie in der philosophischen Ästhetik geriet spätestens mit der Expansion der modernen Sprachwissenschaften ebenso ins Kreuzfeuer der Kritik wie der Hinweis auf die poetische Funktion der Sprache im Zeichen des Strukturalismus oder Poststrukturalismus. Im Rahmen diskursanalytischer und kulturwissenschaftlicher Fragestellungen ist die These von der Autonomie des Ästhetischen seit Kant ebenso fragwürdig geworden wie die von der Autonomie des sprachlichen Zeichens seit Jakobson. Ließ sich der Poststrukturalismus von der Tendenz zu einer Reduktion des sprachlichen Zeichens auf die disseminative Funktion des Signifikanten leiten, so erscheint die Frage nach der historischen und referentiellen Funktion der literarischen Sprache heute wieder als ein Desiderat der Forschung. Beklagt wird, dass die Expansion der Literaturtheorie im Zeichen des Poststrukturalismus bestenfalls zu einer allgemeinen Verwirrung beigetragen habe, die selbst die einfachsten Grundlagen der Literaturwissenschaft noch als komplizierte und voraussetzungsreiche Ergebnisse einer diskursiven Machtstrategie ausgebe, der es um Identitätszuschreibungen gehe, die sich bei kritischer Überprüfung nicht aufrechterhalten lassen. Die Unsicherheit der Selbstverständlichkeiten, die die Literaturwissenschaft lange Zeit begleiteten, führt zu einer Abwehr der kritischen

Ende der Literaturtheorie?

Verlust der Gegenständlichkeit

Fragen, die die Literaturtheorie an sich und an ihren Gegenstand zu stellen gewohnt ist. Erscheint die Erkenntnisleistung der Literaturwissenschaft im Rahmen immer neuer Modernisierungsprogramme als gefährdet, so wird in der Literaturtheorie der Feind ausgemacht, der für den allgemeinen Legitimationsverlust verantwortlich sei.

Rephilologisierung und Kulturwissenschaften

Dabei hat der Legitimationsverlust der Literaturwissenschaft in den letzten Jahren wiederum zu zwei miteinander rivalisierenden Positionen innerhalb der Literaturtheorie geführt, die sich nicht ohne weiteres miteinander vermitteln lassen. Die erste Position besteht in einer Rückbesinnung auf die philologischen und hermeneutischen Grundlagen des Faches. Damit wird zugleich ein Ideal der Wissenschaftlichkeit verfolgt, das der Poststrukturalismus zu verabschieden suchte. Die zweite und zumindest auf den ersten Blick ungleich „modernere" Position besteht in der Anpassung des Faches an übergreifende historische und gesellschaftliche Entwicklungsprozesse. Sie fordert die vollständige Überführung der Literaturwissenschaft in eine Kulturwissenschaft und die damit einhergehende Begründung einer Medientheorie, die es erlaube, Literatur im Zeitalter der modernen Technologien angemessen bestimmen zu können.

Philologische Restauration

Beide Lösungsvorschläge sind gleich problematisch. Sie sind es in dem Maße, in dem sie in dem einen Fall den Rückgang hinter bisher Erreichtes und in dem anderen Fall die Überbietung des bisher Geleisteten verfolgen. Eine Rückkehr zum Wissenschaftsideal der traditionellen Philologie muss die Theorieentwicklungen der letzten Jahrzehnte zwangsläufig vernachlässigen. Erscheint heute Peter Szondis zum Ende der sechziger Jahre erhobene Forderung nach einer Vermittlung zwischen der literarischen Hermeneutik und poststrukturalistischen Ansätzen angesichts der weiteren Entwicklung der Literaturtheorie bereits als überholt, so gilt das um so mehr für die Rückbesinnung auf die philologischen Grundlagen des Faches. Ihr liegt der Wunsch zugrunde, die Komplexitätssteigerung der letzten Jahrzehnte rückgängig zu machen, um so eine Einheit der Wissenschaft garantieren zu können, die sich mit Foucault und Bogdal als Ergebnis einer Strategie der „Diskursverknappung" (Bogdal 1999b, 456) lesen lässt, innerhalb derer die neuen Literaturtheorien einem diskursiven Ausschlussverfahren unterzogen werden.

Literaturwissenschaft oder Medienwissenschaft?

In der gleichen Weise problematisch ist der Versuch einer Ablösung der poststrukturalistischen Ansätze durch eine neue Medientheorie und Kulturwissenschaft. Wie Hartmut Böhme angemerkt hat, droht nicht nur die Gefahr eines „,allseitigen Dilettantismus'" (Böhme 1998, 485), sondern zugleich die vollständige Auflösung der Literaturwissenschaft in einem diffusen Verständnis von „Kultur": „Wenn man dagegen aus der Literaturwissenschaft eine Medienwissenschaft oder Medienkulturwissenschaft oder Sozialgeschichte usw. machen will, sollte man sagen, daß man keine Literatur-Wissenschaft mehr will" (Böhme 1998, 481). So sinnvoll es erscheinen mag, Literatur als eine kulturelle Praxis unter anderen zu untersuchen, so dringend stellt sich die Frage nach der spezifischen Funktion der Literatur im Unterschied zu anderen Wissens- und Praxisformen. Fragwürdig ist aber, inwiefern der selbst von führenden Kulturwissenschaftlern wie Stephen Greenblatt als „geradezu unglaublich vage" (Greenblatt 2001, 48) bezeichnete Begriff der Kultur solche Differenzierungen leisten kann. So nennen die miteinander rivalisierenden Versuche zu einer Begründung der Literaturwissenschaft durch die Rückkehr zur Philologie oder den Aufbruch zur Kulturwissenschaft zwei wechselseitig aufeinander verweisende Extreme, die unter den gleichen historischen Voraussetzungen mit unterschiedlichen Ergebnissen auf die Krise des Faches zu reagieren versuchen. Beide Versuche, die „alte" Philologie wie die „neue" Kulturwissenschaft, orientieren sich letztlich am Vorbild der Naturwissenschaften: die Rückkehr zur Philologie, indem sie ein Ideal der wissenschaftlichen Objektivität verfolgt, das sich in den historischen Geisteswissenschaften und insbesondere in der Literatur nicht finden lässt, die Kulturwissenschaft, indem sie sich mit der unscharfen Differenzierung von Kultur und Natur eben den Definitionen anschließt, die die modernen Naturwissenschaften vorgeben. Sowohl die philologische Rückbesinnung des Faches als auch die Innovationen der Kulturwissenschaften verdanken sich letztlich einer defensiven Strategie: Es handelt sich in beiden Fällen um Rückzugsgefechte der Literaturwissenschaft, die zunehmend Schwierigkeiten hat, ihre Funktion im gesellschaftlichen Kontext zu legitimieren.

Eine Patentlösung für die Legitimationsprobleme der Literaturwissenschaft im allgemeinen und der Literaturtheorie im besonderen wäre in diesem Zusammenhang sicher fahrlässig. Dennoch lassen sich neben der Perspektive einer Vermittlung von hermeneutischen, linguistischen und rhetorischen Positionen zwei Problembereiche markieren, die für die Literaturtheorie von besonderer Bedeutung sind. Der erste ist die Frage nach den (fach-)geschichtlichen Grundlagen des Faches. So verfehlt die unmittelbare Rückbesinnung auf den Gesundbrunnen der Philologie wäre, so sehr zeichnet sich die Notwendigkeit einer Reflexion ab, die sich der Geschichte des Faches Literaturwissenschaft stellt, indem sie die institutionellen und literaturtheoretischen Veränderungen berücksichtigt, denen die Literatur wie die Literaturwissenschaft in den letzten Jahrzehnten unterworfen war. Dabei wäre es gerade Gadamers Begründung der spezifischen Verstehensleistung der historischen Wissenschaften im Vergleich zu den modernen Naturwissenschaften, die im Rahmen einer Verbindung von Theorie- und Fachgeschichte einer kritischen Neubewertung bedürfte. Denn unabhängig von allen prinzipiellen Einwänden gegen die Universalisierung der Hermeneutik zum Paradigma der historischen Wissenschaften hat Gadamer zu Beginn der sechziger Jahre in einem Klima, das den Geisteswissenschaften alles andere als wohlgesonnen war, den Boden bereitet, auf dem sich die Literaturtheorie später in einer grundsätzlichen Abwendung von den ideologischen Prämissen der Hermeneutik frei entfalten konnte. Das ist kein Grund zur Rückkehr zu Gadamers Begriff der Hermeneutik, wohl aber einer zur Frage nach der Bedeutung von *Wahrheit und Methode* für die institutionelle und literaturtheoretische Entwicklung des Faches im Rahmen eines Modernisierungsprozesses, an dem die historischen Geisteswissenschaften widerwillig teilhaben, ohne sich ihm ganz entziehen zu können.

Ein zweiter zentraler Problembereich liegt in der Frage nach der Kontextualisierung des von der Literaturwissenschaft erarbeiteten Wissens. In dem

Literaturtheorie und Fachgeschichte

Literatur und die Kontextualisierung von Wissen

Maße, in dem die Autonomie des Ästhetischen wie die des sprachlichen Zeichens fragwürdig geworden ist, stellt sich die Frage nach dem Zusammenhang zwischen der Literatur und dem kulturellen Wissen, von dem sie sich herleitet und in das sie sich einschreibt. Es ist weder in den siebziger Jahren dominante sozialgeschichtliche Ansatz, der damit zur Debatte steht, noch die Überführung der Literatur- in eine Kulturwissenschaft, sondern das von Michel Foucault schon Mitte der sechziger Jahre angesprochene Problem der Überlagerung verschiedener Diskurse in epochalen Zusammenhängen. Hatte sich in Foucaults Werk aus literaturtheoretischer Perspektive vor allem die Aporie einer systematisch begründeten Theorie der Diskursanalyse gezeigt, der Literatur nur als ein Gegenstand unter anderen gilt, so zeichnet sich neben der bloßen Applikation des Diskursbegriffes auf die Literaturwissenschaften zugleich die Möglichkeit einer genuin historisch verfahrenden diskursanalytischen Fragestellung ab, die auf der einen Seite versucht, geschichtliche Bedeutungsprozesse und Subjektkonstituierungen sichtbar zu machen, ohne sich von den hermeneutischen Ursprungskategorien des Sinns und der Subjektivität leiten zu lassen, und der es auf der anderen Seite darum geht, literarische Phänomene in einen systematischen Kontext mit anderen Formen des Wissens zu setzen. Einen Letztbegründungsversuch der Literatur wird man zwar auch in der Diskursanalyse vergeblich suchen. Dass sich die Literatur dem wissenschaftlichen Anspruch auf Letztbegründungen beharrlich verweigert, macht aber weiterhin ihre ungebrochene Aktualität aus. Die Aufgabe der Literaturtheorie wäre es, sich und der Literatur einen Freiraum zu belassen, der dem Legitimationsverlust der Literaturwissenschaft entgegenwirkt, ohne zugleich eine Mystifizierung der poetischen Funktion der Sprache zu implizieren. Ob der Literaturtheorie die Gratwanderung zwischen dem Anspruch auf Autonomie, den die Literatur seit dem 18. Jahrhundert erhebt, und der Abhängigkeit des literarischen Diskurses von epistemologischen Zusammenhängen, über die sie nicht frei verfügt, gelingt, wird über ihre Zukunft entscheiden.

Literaturtheorie heute

Literaturverzeichnis

Adorno, Theodor W. 1973: *Ästhetische Theorie*, Frankfurt am Main.

Adorno, Theodor W. 1981: *Noten zur Literatur*, Frankfurt am Main.

Albrecht, Jörn 2000: *Europäischer Strukturalismus*, 2. Auflage, Tübingen/Basel.

Altenhofer, Norbert 1982: *Sigmund Freud: Lektüre zwischen Sinndeutung und Funktionsanalyse*, in: Ulrich Nassen (Hrsg.): *Klassiker der Hermeneutik*, Paderborn/München/Wien/Zürich, 207–240.

Altenhofer, Norbert 1993: *Der erschütterte Sinn. Hermeneutische Überlegungen zu Kleists ‚Das Erdbeben in Chili'*, in: David E. Wellbery (Hrsg.): *Positionen der Literaturwissenschaft. Acht Modellanalysen am Beispiel von Kleists ‚Das Erdbeben in Chili'*, 3. Auflage, München, 39–53.

Althusser, Louis 1976: *Freud und Lacan*, Berlin.

Althusser, Louis/Balibar, Etienne 1972: *Das Kapital lesen. 2 Bände*, Reinbek bei Hamburg.

Anz, Heinrich 1982: *Hermeneutik der Individualität. Wilhelm Diltheys hermeneutische Position und ihre Aporien*, in: Hendrik Birus (Hrsg.): *Hermeneutische Positionen. Schleiermacher – Dilthey – Heidegger – Gadamer*, Göttingen, 59–88.

Aristoteles 1982: *Poetik*, übersetzt und hrsg. von Manfred Fuhrmann, Stuttgart.

Arnold, Heinz Ludwig/Detering, Heinrich (Hrsg.) 1996: *Grundzüge der Literaturwissenschaft*, München.

Assoun, Paul-Laurent 1998: *Freud et Nietzsche*, Paris.

Bachtin, Michail 1985: *Probleme der Poetik Dostojewskis*, Frankfurt am Main/Berlin/Wien.

Balke, Friedrich/Vogl, Joseph (Hrsg.) 1996: *Gilles Deleuze – Fluchtlinien der Philosophie*, München.

Balke, Friedrich 1998: *Gilles Deleuze*, Frankfurt am Main.

Barck, Karlheinz/Fontius, Martin/Schlenstedt, Dieter/Steinwachs, Burkhardt/Wolfzettel, Friedrich (Hrsg.) 2000: *Ästhetische Grundbegriffe. Band 1. Absenz bis Darstellung*, Stuttgart/Weimar.

Barner, Wilfried 1998: *Kommt der Literaturwissenschaft ihr Gegenstand abhanden?*, in: *Jahrbuch der Deutschen Schillergesellschaft 42*, 457–462.

Barthes, Roland 1966: *Die strukturalistische Tätigkeit*, in: *Kursbuch 5*, 190–196.

Barthes, Roland 1974: *Die Lust am Text*, Frankfurt am Main.

Barthes, Roland 1987: *S/Z*, Frankfurt am Main.

Barthes, Roland 1988: *Das semiologische Abenteuer*, Frankfurt am Main.

Baßler, Moritz (Hrsg.) 2001: *New Historicism. Literaturgeschichte als Poetik der Kultur*. 2. Auflage, Tübingen/Basel.

Baumgarten, Alexander Gottlieb 1983: *Theoretische Ästhetik. Die grundlegenden Abschnitte aus der ‚Aesthetica' (1750/58)*, hrsg. und übersetzt von Hans Rudolf Schweizer, Hamburg.

Bender, Wolfgang 1980: *Rhetorische Tradition und Ästhetik im 18. Jahrhundert*, in: *Zeitschrift für deutsche Philologie 99*, 481–506.

Benjamin, Walter 1980: *Gesammelte Schriften*, hrsg. von Rolf Tiedemann/Hermann Schweppenhäuser, Frankfurt am Main.

Benveniste, Émile 1974: *Probleme der allgemeinen Sprachwissenschaft*, München.

Bezzola, Tobia 1993: *Die Rhetorik bei Kant, Fichte und Hegel*, Tübingen.

Birus, Hendrik 1982: *Zwischen den Zeiten. Friedrich Schleiermacher als Klassiker der neuzeitlichen Hermeneutik*, in: Hendrik Birus (Hrsg.): *Hermeneutische Positionen. Schleiermacher – Dilthey – Heidegger – Gadamer*, Göttingen, 15–58.

Birus, Hendrik 1980: *Hermeneutische Wende? Anmerkungen zur Schleiermacher-Interpretation*, in: *Euphorion 74*, 213–222.

Bloom, Harold 1995: *Einfluß-Angst. Eine Theorie der Dichtung*, Frankfurt am Main.

Bloom, Harold 1997: *Eine Topographie des Fehllesens*, Frankfurt am Main.

Blumenberg, Hans 1998: *Paradigmen zu einer Metaphorologie*, Frankfurt am Main.

Böhme, Hartmut/Scherpe, Klaus R. (Hrsg.) 1996: *Literatur und Kulturwissenschaften. Positionen, Theorien, Modelle*, Reinbek bei Hamburg.

Böhme, Hartmut (1998): *Zur Gegenstandsfrage der Germanistik und Kulturwissenschaft*, in: *Jahrbuch der Deutschen Schillergesellschaft 42*, 476–485.

Bogdal, Klaus-Michael (Hrsg.) 1993: *Neue Literaturtheorien in der Praxis. Textanalysen von Kafkas ‚Vor dem Gesetz'*, Opladen.

Bogdal, Klaus-Michael 1996: *Problematisierungen der Hermeneutik im Zeichen des Poststrukturalismus*, in: Heinz-Ludwig Arnold/Heinrich Detering (Hrsg.): *Grundzüge der Literaturwissenschaft*, München, 137–156.

Bogdal, Klaus-Michael (Hrsg.) 1997: *Neue Literaturtheorien. Eine Einführung*, 2., neubearbeitete Auflage, Opladen.

Bogdal, Klaus-Michael (1999): *Historische Diskursana-*

lyse der Literatur. Theorie, Arbeitsfelder, Analysen, Vermittlung, Opladen/Wiesbaden.

Bohrer, Karl Heinz (Hrsg.) 1993: *Ästhetik und Rhetorik. Lektüren zu Paul de Man*, Frankfurt am Main.

Bolz, Norbert (1995): *Am Ende der Gutenberg-Galaxie. Die neuen Kommunikationsverhältnisse*, 2. Auflage, München.

Bornscheuer, Lothar 1989: *Rhetorische Paradoxien im anthropologiegeschichtlichen Paradigmenwechsel*, in: *Rhetorik. Ein internationales Jahrbuch 8*, 13–42.

Bossinade, Johanna 2000: *Poststrukturalistische Literaturtheorie*, Stuttgart/Weimar.

Bourdieu, Pierre 1982: *Rede und Antwort*, Frankfurt am Main.

Bourdieu, Pierre 2001: *Die Regeln der Kunst. Genese und Struktur des literarischen Feldes*, Frankfurt am Main.

Bovenschen, Silvia 1979: *Die imaginierte Weiblichkeit. Exemplarische Untersuchungen zu kulturgeschichtlichen und literarischen Präsentationsformen des Weiblichen*, Frankfurt am Main.

Bowie, Malcolm 1994: *Lacan*, Göttingen.

Broich, Ulrich/Pfister, Manfred (Hrsg.) 1985: *Intertextualität. Formen, Funktionen, anglistische Fallstudien*, Tübingen.

Bühler, Karl 1982: *Sprachtheorie*, Stuttgart/New York.

Bürger, Peter 1988: *Die Wiederkehr der Analogie. Ästhetik als Fluchtpunkt in Foucaults ‚Die Ordnung der Dinge‘*, in: Fohrmann, Jürgen/Müller, Harro (Hrsg.): *Diskurstheorien und Literaturwissenschaft*, Frankfurt am Main, 45–52.

Bürger, Peter 1991: *Denken als Geste. Versuch über den Philosophen Michel Foucault*, in: Bernhard Waldenfels/François Ewald (Hrsg.): *Spiele der Wahrheit. Michel Foucaults Denken*, Frankfurt am Main, 89–105.

Butler, Judith 1991: *Das Unbehagen der Geschlechter*, Frankfurt am Main.

Butler, Judith 2001: *Antigones Verlangen: Verwandtschaft zwischen Leben und Tod*, Frankfurt am Main.

Celan, Paul: *Gesammelte Werke in fünf Bänden*, Frankfurt am Main 1986.

Cixous, Hélène 1977: *Die unendliche Zirkulation des Begehrens*, Berlin.

Cixous, Hélène 1980: *Weiblichkeit in der Schrift*, Berlin.

Culler, Jonathan 1999: *Dekonstruktion. Derrida und die poststrukturalistische Literaturtheorie*, Neuausgabe, Reinbek bei Hamburg.

Culler, Jonathan 2002: *Literaturtheorie. Eine kurze Einführung*, Stuttgart.

Davidson, Donald 1998: *Was Metaphern bedeuten*, in: Anselm Haverkamp (Hrsg.): *Die paradoxe Metapher*, Frankfurt am Main, 49–75.

Deleuze, Gilles 1975: *Woran erkennt man den Strukturalismus?*, in: *Geschichte der Philosophie. Band VIII*, hrsg. von François Châtelet, Frankfurt am Main, 269–302.

Deleuze, Gilles/Guattari, Félix 1976: *Kafka. Für eine kleine Literatur*, Frankfurt am Main.

Deleuze, Gilles/Guattari, Félix 1977: *Anti-Ödipus. Kapitalismus und Schizophrenie I*, Frankfurt am Main.

Deleuze, Gilles 1978: *Proust und die Zeichen*, Berlin/Wien.

Deleuze, Gilles 1993: *Logik des Sinns*, Frankfurt am Main.

Deleuze, Gilles 1997: *Differenz und Wiederholung*, München.

Deleuze, Gilles 2000: *Kritik und Klinik*, Frankfurt am Main.

Derrida, Jacques 1972: *Die Sprache und die Differenz*, Frankfurt am Main.

Derrida, Jacques 1983: *Grammatologie*, Frankfurt am Main.

Derrida, Jacques 1986: *Positionen. Gespräche mit Henri Ronse, Julia Kristeva, Jean-Louis Houdebine, Guy Scarpetti*, Wien.

Derrida, Jacques 1987: *Die Postkarte von Sokrates bis an Freud und jenseits. 2. Lieferung*, Berlin.

Derrida, Jacques 1988a: *Randgänge der Philosophie*, Wien.

Derrida, Jacques 1988b: *Mémoires; Für Paul de Man*, Wien.

Derrida, Jacques 1994: *Politik und Freundschaft. Ein Interview mit Michael Sprinker*, in: Henning Böke/Christian Müller/Sebastian Reinfeld (Hrsg.): *Denk-Prozesse nach Althusser*, Hamburg, 103–161.

Derrida, Jacques 1995: *Dissemination*, Wien.

Derrida, Jacques 1996: *Schibboleth. Für Paul Celan*, 2. Auflage, Wien.

Derrida, Jacques 1998: *Vergessen wir nicht – die Psychoanalyse!*, Frankfurt am Main.

Descombes, Vincent 1981: *Das Selbe und das Andere. Fünfundvierzig Jahre Philosophie in Frankreich 1933–1978*, Frankfurt am Main.

Dilthey, Wilhelm 1964: *Gesammelte Schriften. V. Band. Die Entstehung der Hermeneutik*, 4. Auflage, Stuttgart/Göttingen.

Dilthey, Wilhelm 1981: *Der Aufbau der geschichtlichen Welt in den Geisteswissenschaften*, Frankfurt am Main.

Dilthey, Wilhelm 1988: *Das Erlebnis und die Dichtung. Lessing/Goethe/Novalis/Hölderlin*, Leipzig.

Dosse, François 1999: *Geschichte des Strukturalismus. Band 1: Das Feld des Zeichens 1945–1966*, Frankfurt am Main.

Dreyfus, Hubert L./Rabinow, Paul 1982: *Michel Foucault. Jenseits von Strukturalismus und Hermeneutik*, Frankfurt am Main.

Düsing, Klaus 1992: *Selbstbewußtseinsmodelle. Apperzeption und Zeitbewußtsein in Heideggers Auseinandersetzung mit Kant*, in: *Zeiterfahrung und Personalität*, hrsg. vom Forum für Philosophie Band Homburg, Frankfurt am Main, 89–122.

Eagleton, Terry 1994a: *Einführung in die Literaturtheorie*, 3. Auflage, Stuttgart/Weimar.

Eagleton, Terry 1994 b: *Ästhetik. Die Geschichte ihrer Ideologie*, Stuttgart/Weimar.

Eagleton, Terry 1997: *Die Illusionen der Postmoderne. Ein Essay*, Stuttgart/Weimar.

Eco, Umberto 1987: *Streit der Interpretationen*, Konstanz.

Ellrich, Lutz/Wegmann, Nikolaus 1995: *Theorie als Verteidigung der Literatur? Eine Fallgeschichte: Paul de Man*, in: *Deutsche Vierteljahrsschrift für Literaturwissenschaft und Geistesgeschichte LXIV*, 467–513.

Erdmann, Eva/Forst, Rainer/Honneth, Axel (Hrsg.) 1990: *Ethos der Moderne. Foucaults Kritik der Aufklärung*, Frankfurt am Main/New York.

Ette, Ottmar 1999: *Roland Barthes: eine intellektuelle Biographie*, Frankfurt am Main.

Faulstich, Werner 1995: *Grundwissen Medien*, 2. Auflage, München.

Figal, Günter 1982: *Selbstverstehen in instabiler Freiheit. Die hermeneutische Position Martin Heideggers*, in: Hendrik Birus (Hrsg.): *Hermeneutische Positionen. Schleiermacher – Dilthey – Heidegger – Gadamer*, Göttingen, 89–119.

Fink-Eitel, Hinrich 1992: *Foucault zur Einführung*, Hamburg.

Fohrmann, Jürgen 1988: *Der Kommentar als diskursive Einheit der Wissenschaft*, in: Jürgen Fohrmann/Harro Müller (Hrsg.): *Diskurstheorien und Literaturwissenschaft*, Frankfurt am Main, 244–257.

Fohrmann, Jürgen 1993: *Misreadings revisited. Eine Kritik des Konzepts von Paul de Man*, in: Karl Heinz Bohrer (Hrsg.): *Ästhetik und Rhetorik. Lektüren zu Paul de Man*, Frankfurt am Main.

Fohrmann, Jürgen/Müller, Harro (Hrsg.) 1996: *Systemtheorie der Literatur*, München.

Forget, Philippe (Hrsg.) 1984: *Text und Interpretation. Deutsch-französische Debatte*, München.

Foucault, Michel 1968: *Psychologie und Geisteskrankheit*, Frankfurt am Main.

Foucault, Michel 1973: *Wahnsinn und Gesellschaft. Eine Geschichte des Wahns im Zeitalter der Vernunft*, Frankfurt am Main.

Foucault, Michel 1974: *Die Ordnung der Dinge. Eine Archäologie der Humanwissenschaften*, Frankfurt am Main.

Foucault, Michel 1981: *Archäologie des Wissens*, Frankfurt am Main.

Foucault, Michel 1987: *Von der Subversion des Wissens*, Frankfurt am Main.

Foucault, Michel 1988: *Schriften zur Literatur*, Frankfurt am Main.

Foucault, Michel 1990: *Funktionen der Literatur. Ein Interview mit Michel Foucault*, in: Eva Erdmann/Rainer Forst/Axel Honneth (Hrsg.): *Ethos der Moder_ne. Foucaults Kritik der Aufklärung*, Frankfurt am Main/New York, 229–234.

Foucault, Michel 1992: Ludwig Binswanger. *Traum und Existenz*. Einleitung von Michel Foucault, Bern/Berlin.

Foucault, Michel 2001: *Schriften in vier Bänden. Dits et écrits. Band I. 1954–1969*, hrsg. von Daniel Defert und François Ewald, Frankfurt am Main.

Frank, Manfred 1983: *Was ist Neostrukturalismus?*, Frankfurt am Main.

Frank, Manfred 1985: *Das individuelle Allgemeine. Textstrukturierung und Textinterpretation nach Schleiermacher*, Frankfurt am Main.

Frank, Manfred 1988: *Zum Diskursbegriff bei Foucault*, in: Jürgen Fohrmann/Harro Müller (Hrsg.): *Diskurstheorien und Literaturwissenschaft*, Frankfurt am Main, 25–44.

Frank, Manfred 1989: *Einführung in die frühromantische Ästhetik. Vorlesungen*, Frankfurt am Main.

Frank, Manfred 1990: *Das Sagbare und das Unsagbare. Studien zur deutsch-französischen Hermeneutik und Texttheorie*. Erweiterte Neuausgabe, Frankfurt am Main.

Freud, Sigmund 1999: *Gesammelte Werke*, chronologisch geordnet und hrsg. von Anna Freud, Frankfurt am Main.

Gadamer, Hans-Georg 1974: *Hermeneutik*, in: Joachim Ritter (Hrsg.): *Historisches Wörterbuch der Philosophie. Band 3: G–H*, 1061–1074.

Gadamer, Hans-Georg 1990: *Wahrheit und Methode. Grundzüge einer philosophischen Hermeneutik*, 6. Auflage, Tübingen.

Gadamer, Hans-Georg 1993: *Wer bin ich und wer bist du?*, in: Hans-Georg Gadamer: *Gesammelte Werke 9. Ästhetik und Poetik II. Hermeneutik im Vollzug*, Tübingen.

Geisenhanslüke, Achim 1997: *Foucault und die Literatur. Eine diskurskritische Untersuchung*, Opladen.

Geisenhanslüke, Achim 2001 a: *Ästhetische Grundbegriffe. Historisches Wörterbuch*, in: *Weimarer Beiträge. Zeitschrift für Literaturwissenschaft, Ästhetik und Kulturwissenschaften*, 135–141.

Geisenhanslüke, Achim 2001 b: *Kritik am Kommentar. Über Walter Benjamin und Michel Foucault*, in: Achim Geisenhanslüke/Eckart Goebel (Hrsg.): *Kritik der Tradition. Hella Tiedemann-Bartels zum 65. Geburtstag*, Würzburg, 111–122.

Genette, Gérard 1966: *Figures I*, Paris.

Genette, Gérard 1972: *Strukturalismus und Literaturwissenschaft*, in: Heinz Blumensath (Hrsg.): *Strukturalismus in der Literaturwissenschaft*, Köln, 71–88.

Greenblatt, Stephen 1993: *Verhandlungen mit Shakespeare. Innenansichten der englischen Renaissance*, Frankfurt am Main.

Greenblatt, Stephen 2000: *Was ist Literaturgeschichte? Mit einem Kommentar von Catherine Belsey*, Frankfurt am Main.

Greenblatt, Stephen 2001: *Kultur*, in: Moritz Baßler (Hrsg.): *New Historicism. Literaturgeschichte als Poetik der Kultur*, Tübingen/Basel, 48–59.

Grimm, Gunter E. 1977: *Rezeptionsgeschichte. Grundlegung einer Theorie. Mit Analysen und Bibliographie*, München.

Grondin, Jean 1991: *Einführung in die philosophische Hermeneutik*, Darmstadt.

Gumbrecht, Hans Ulrich 2001: *Dekonstruierte Disziplin. Hans-Georg Gadamers Hermeneutik in der Literaturwissenschaft*, in: *„Sein, das verstanden werden kann, ist Sprache."* Hommage an Hans-Georg Gadamer, Frankfurt am Main, 107–114.

Guyer, Paul 1979: *Kant and the claims of taste*, Harvard.

Habermas, Jürgen 1988: *Der philosophische Diskurs der Moderne. Zwölf Vorlesungen*, Frankfurt am Main.

Hamacher, Werner (Hrsg.) 1986: *Nietzsche aus Frankreich*, Frankfurt am Main/Berlin.

Hamacher, Werner 1988: *Unlesbarkeit*, in: Paul de Man: *Allegorien des Lesens*, Frankfurt a. M., 7–26.

Hamacher, Werner 1998: *Entferntes Verstehen. Studien zu Philosophie und Literatur von Kant bis Celan*, Frankfurt am Main.

Hartman, Geoffrey H. 1981: *Saving the text. Literature/Derrida/Philosophy*, Baltimore/London.

Haverkamp, Anselm (Hrsg.) 1994: *Gewalt und Gerechtigkeit. Derrida–Benjamin*, Frankfurt am Main.

Haverkamp, Anselm (Hrsg.) 1996: *Theorie der Metapher*, 2., um ein Nachwort zur Neuausgabe und einen bibliographischen Nachtrag ergänzte Auflage, Darmstadt.

Haverkamp, Anselm (Hrsg.) 1998: *Die paradoxe Metapher*, Frankfurt am Main.

Hegel, Georg Wilhelm Friedrich 1985: *Ästhetik, Band I–II*, hrsg. von Friedrich Bassenge, 4. Auflage, Berlin.

Heidegger, Martin 1979: *Sein und Zeit*, 15. Auflage, Tübingen.

Heidegger, Martin 1980: *Holzwege*, 6., durchgesehene Auflage, Frankfurt am Main.

Heidegger, Martin 1990: *Unterwegs zur Sprache*, 9. Auflage, Pfullingen.

Heidegger, Martin 1991: *Kant und das Problem der Metaphysik*, 5. Auflage, Frankfurt am Main.

Heidegger, Martin 1996: *Erläuterungen zu Hölderlins Dichtung*, 6. Auflage, Frankfurt am Main

Henrich, Dieter 1955: *Über die Einheit der Subjektivität*, in: *Philosophische Rundschau 3*, 28–69.

Henrich, Dieter 1971: *Hegel im Kontext*, Frankfurt am Main.

Henrich, Dieter 1983: *Kunst und Kunstphilosophie der Gegenwart (Überlegungen mit Rücksicht auf Hegel)*, in: *Immanente Ästhetik Ästhetische Reflexion. Lyrik als Paradigma der Moderne. Poetik und Hermeneutik II*, München, 11–32.

Hesper, Stefan 1994: *Schreiben ohne Text. Die prozessuale Ästhetik von Gilles Deleuze und Félix Guattari*, Opladen.

Hirsch, Eric Donald 1972: *Prinzipien der Interpretation*, München.

Hölderlin, Friedrich 1970: *Sämtliche Werke und Briefe. Band II*, hrsg. von Günter Mieth, München.

Hörisch, Jochen 1976: *Die fröhliche Wissenschaft der Poesie. Der Universalitätsanspruch von Dichtung in der frühromantischen Poetologie*, Frankfurt am Main.

Husserl, Edmund 1980: *Logische Untersuchungen. Zweiter Band. Elemente einer phänomenologischen Aufklärung der Erkenntnis. Zweiter Teil*, 5. Auflage, Tübingen.

Irigaray, Luce 1980: *Speculum. Spiegel des anderen Geschlechts*, Frankfurt am Main.

Iser, Wolfgang 1972: *Der implizite Leser. Kommunikationsformen des Romans von Bunyan bis Beckett*, München.

Iser, Wolfgang 1976: *Der Akt des Lesens*, München.

Jakobson, Roman/Lévi-Strauss, Claude 1972: *Les chats von Charles Baudelaire*, in: Heinz Blumensath (Hrsg.): *Strukturalismus in der Literaturwissenschaft*, Köln, 184–201.

Jakobson, Roman 1979: *Poetik. Ausgewählte Aufsätze 1921–1971*, hrsg. von Elmar Holenstein und Tarcisius Schelbert, Frankfurt am Main.

Jakobson, Roman/Pomorska, Krystyna 1982: *Poesie und Grammatik. Dialoge*, Frankfurt am Main.

Japp, Uwe 1977: *Hermeneutik. Der theoretische Diskurs, die Literatur und die Konstruktion ihres Zusammenhanges in den philologischen Wissenschaften*, München.

Jauß, Hans Robert 1970: *Literaturgeschichte als Provokation*, Frankurt am Main.

Jauß, Hans Robert 1991: *Ästhetische Erfahrung und literarische Hermeneutik*, Frankfurt am Main.

Jay, Martin 1991: *Dialektische Phantasie: die Geschichte der Frankfurter Schule und des Instituts für Sozialforschung*, Frankfurt am Main.

Jung, Matthias 1996: *Dilthey zur Einführung*, Hamburg.

Jung, Werner 1989: *Georg Lukács*, Stuttgart/Weimar.

Jung, Werner 1995: *Von der Mimesis zur Simulation. Eine Einführung in die Geschichte der Ästhetik*, Hamburg.

Jung, Werner 1997: *Kleine Geschichte der Poetik*, Hamburg.

Jurt, Joseph 1998: *Jenseits von Subjektphilosophie und Strukturalismus: Pierre Bourdieu*, in: Joseph Jurt (Hrsg.): *Zeitgenössische französische Denker: eine Bilanz*, Freiburg im Breisgau, 233–249.

Kahl, Michael 1992: *Der Begriff der Allegorie in Benjamins Trauerspielbuch und im Werk Paul de Mans*, in: Wilhelm van Reijen (Hrsg.): *Allegorie und Melancholie*, Frankfurt am Main, 292–317.

Kammler, Clemens 1986: *Michel Foucault. Eine kritische Analyse seines Werks*, Bonn.

Kammler, Clemens 1997: *Historische Diskursanalyse (Michel Foucault)*, in: Klaus-Michael Bogdal (Hrsg.): *Neue Literaturtheorien*. 2. Auflage, Opladen/Wiesbaden, 31–55.

Kant, Immanuel 1974: *Werkausgabe X. Kritik der Ur-

teilskraft, hrsg. von Wilhelm Weischedel, Frankfurt am Main.

Kaufmann, Walter 1982: *Nietzsche. Philosoph – Psychologe – Antichrist*, Darmstadt.

Kimmerle, Heinz 1997: *Jacques Derrida zur Einführung*, 4. erweiterte Auflage, Hamburg.

Kittler, Friedrich A./Turk, Horst (Hrsg.) 1977: *Urszenen: Literaturwissenschaft als Diskursanalyse und Diskurskritik*, Frankfurt am Main.

Kittler, Friedrich A. (Hrsg.) 1980: *Austreibung des Geistes aus den Geisteswissenschaften. Programme des Poststrukturalismus*, Paderborn/München/Wien/Zürich.

Kittler, Friedrich A. 1986: *Grammophon Film Typewriter*, Berlin.

Kittler, Friedrich A. 1987: *Aufschreibesysteme 1800/1900*, 2. erweiterte und korrigierte Auflage, München.

Kittler, Friedrich A. 1993: *Draculas Vermächtnis. Technische Schriften*, Leizpig.

Kofman, Sarah 1984: *Derrida lesen*, Wien.

Kögler, Hans Herbert 1994: *Michel Foucault*, Stuttgart/Weimar.

Koppe, Franz 1983: *Grundbegriffe der Ästhetik*, Frankfurt am Main.

Koppenfels, Martin von: *Häresie als Beruf. Die krummen Blicke des Harold Bloom*, unveröffentlichtes Manuskript, 1–18.

Koschorke, Albrecht 1999a: *Körperströme und Schriftverkehr. Mediologie des 18. Jahrhunderts*, München.

Koschorke, Albrecht 1999b: *Derealisierung als Theorie. Das System und die operative Unzugänglichkeit seiner Umwelt bei Niklas Luhmann*, in: Stephan Porombka/Susanne Scharnowski (Hrsg.): *Phänomene der Derealisierung*, Wien, 139–153.

Kristeva, Julia 1969: *Semeiotikè. Recherches pour une sémanalyse*, Paris.

Kristeva, Julia 1972a: *Zu einer Semiologie der Paragramme*, in: Helga Gallas (Hrsg.): *Strukturalismus als interpretatives Verfahren*, Darmstadt/Neuwied, 163–200.

Kristeva, Julia 1972b: *Bachtin, das Wort, der Dialog und der Roman*, in: Jens Ihwe (Hrsg.): *Literaturwissenschaft und Linguistik. Ergebnisse und Perspektiven. Band I–II. Zur linguistischen Basis der Literaturwissenschaften*, Frankfurt am Main, 345–375.

Kristeva, Julia 1977: *Der geschlossene Text. In: Peter V. Zima (Hrsg.): Textsemiotik als Ideologiekritik*, Frankfurt am Main, 194–229.

Kristeva, Julia 1978: *Die Revolution der poetischen Sprache*, Frankfurt am Main.

Kuhn, Helmut 1966: *Schriften zur Ästhetik*, München.

Kulenkampff, Jens 1978: *Kants Logik des ästhetischen Urteils*, Frankfurt am Main.

Lacan, Jacques 1980: *Das Seminar. Buch II (1954–1955). Das Ich in der Theorie Freuds und in der Technik der Psychonalyse*, Olten und Freiburg im Breisgau.

Lacan, Jacques 1991a: *Schriften I*. Augewählt und hrsg. von Norbert Haas, 3. korrigierte Auflage, Weinheim/Berlin.

Lacan, Jacques 1991b: *Schriften II*. Ausgewählt und hrsg. von Norbert Haas, 3. korrigierte Auflage, Weinheim/Berlin.

Lachmann, Renate 1984: *Ebenen des Intertextualitätsbegriffes*, in: Karlheinz Stierle/Rainer Warning (Hrsg.): *Das Gespräch. Poetik und Hermeneutik 11*, München, 133–138.

Laermann, Klaus 1986: *Lacancan und Derridada. Über die Frankolatrie in den Kulturwissenschaften*, in: *Kursbuch 84*, 34–42.

Lindhoff, Lena: *Einführung in die feministische Literaturtheorie*, Stuttgart/Weimar.

Lindner, Burkhardt/Lüdke, W. Martin (Hrsg.) 1980: *Materialien zur ästhetischen Theorie. Th. W. Adornos Konstruktion der Moderne*, Frankfurt am Main.

Lindorfer, Bettina 1998: *Roland Barthes: Zeichen und Psychoanalyse*, München.

Link, Jürgen 1988: *Literaturanalyse als Interdiskursanalyse. Am Beispiel des Ursprungs literarischer Symbolik in der Kollektivsymbolik*, in: Jürgen Fohrmann/Harro Müller, Harro (Hrsg.): *Diskurstheorien und Literaturwissenschaft*, Frankfurt am Main, 284–307.

Link, Jürgen: *Versuch über den Normalismus. Wie Normalität produziert wird*, Opladen 1997.

Link, Jürgen/Link-Heer, Ursula 1990: *Diskurs/Interdiskurs und Literaturanalyse*, in: *Zeitschrift für Literaturwissenschaft und Linguistik 77*, 88–99.

Link-Heer, Ursula 1998: *Michel Foucault und die Literatur*, in: Joseph Jurt (Hrsg.): *Zeitgenössische französische Denker: eine Bilanz*, Freiburg im Breisgau, 119–142.

Longinus 1988: *Vom Erhabenen*, übersetzt und hrsg. von Otto Schönberger, Stuttgart.

Lösener, Hans 2000: *Saussure und die Geschichtlichkeit der Sprache*, in: *Kodikas/Code. Ars Semiotica 23*, 97–108.

Luhmann, Niklas 1984: *Liebe als Passion. Zur Codierung von Intimität*, 4. Auflage, Frankfurt am Main.

Luhmann, Niklas 1986: *Das Kunstwerk und die Selbstreproduktion der Kunst*, in: Hans Ulrich Gumbrecht/K. Ludwig Pfeiffer (Hrsg.): *Stil. Geschichten und Funktionen eines kulturwissenschaftlichen Diskurselements*, Frankfurt am Main, 620–672.

Luhmann, Niklas 1987: *Soziale Systeme. Grundriß einer allgemeinen Theorie*, Frankfurt am Main.

Luhmann, Niklas 1996: *Die Kunst der Gesellschaft*, 2. Auflage, Frankfurt am Main.

Luhmann, Niklas 1997: *Die Gesellschaft der Gesellschaft*, Frankfurt am Main.

Lukács, Georg 1971: *Die Seele und die Formen*, Neuwied/Berlin.

Lukács, Georg 1989: *Die Theorie des Romans. Ein geschichtsphilosophischer Versuch über die Form der großen Epen*, 12. Auflage, Frankfurt am Main.

Lyotard, Jean-François 1982: *Essays zu einer affirmativen Ästhetik*, Berlin.

Lyotard, Jean-François 1984: *Ökonomie des Wunsches*, Bremen.

Lyotard, Jean-François 1986: *Philosophie und Malerei im Zeitalter ihres Experimentierens*, Berlin.

Lyotard, Jean-François 1989: *Das Inhumane. Plaudereien über die Zeit*, Wien.

Lyotard, Jean-François 1994: *Das postmoderne Wissen. Ein Bericht*, 3., unveränderte Auflage, Wien.

Man, Paul de 1987: *Der Widerstand gegen die Theorie*, in: Volker Bohn (Hrsg.): *Romantik. Literatur und Philosophie*, Frankfurt am Main, 80–106.

Man, Paul de 1988: *Allegorien des Lesens*, hrsg. von Werner Hamacher, Frankfurt a. M.

Man, Paul de 1993: *Die Ideologie des Ästhetischen*, hrsg. von Christoph Menke, Frankfurt am Main.

Man, Paul de 1996: *Epistemologie der Metapher*, in: Anselm Haverkamp (Hrsg.): *Theorie der Metapher*, 2., um ein Nachwort zur Neuausgabe und einen bibliographischen Nachtrag ergänzte Auflage, Darmstadt, 414–437.

Marquard, Odo 1981: *Kant und die Wende zur Ästhetik*, in: Peter Heintel/Ludwig Nagl (Hrsg.): *Wege der Forschung. Zur Kantforschung der Gegenwart*, Darmstadt, 237–270.

McLuhan, Marshall 1970: *Die magischen Kanäle. Understanding Media*, Frankfurt am Main.

Meister, Monika 1990: *Die Sprache, die nichts sagt und die nie schweigt. Literatur als Übertretung*, in: Eva Erdmann/Rainer Forst/Axel Honneth (Hrsg.): *Ethos der Moderne. Foucaults Kritik der Aufklärung*, Frankfurt am Main/New York, 235–259.

Menke, Bettine 1991: *Sprachfiguren. Name, Allegorie, Bild nach Benjamin*, München.

Menke, Bettine 1993 b: *De Mans ,Prosopopöie der Lektüre'. Die Entleerung des Monuments*, in: Karl Heinz Borher (Hrsg.): *Ästhetik und Rhetorik. Lektüren zu Paul de Man*, Frankfurt am Main, 34–78.

Menke, Christoph 1991: *Die Souveränität der Kunst. Ästhetische Erfahrung nach Adorno und Derrida*, Frankfurt am Main.

Menke, Christoph 1993 a: *,Unglückliches Bewußtsein'. Literatur und Kritik bei Paul de Man*, in: Christoph Menke (Hrsg.): *Paul de Man: Die Ideologie des Ästhetischen*, Frankfurt am Main, 265–299.

Menke, Christoph 1996: *Tragödie im Sittlichen. Gerechtigkeit und Freiheit nach Hegel*, Frankfurt am Main.

Menninghaus, Winfried 1980: *Walter Benjamins Theorie der Sprachmagie*, Frankfurt am Main.

Menninghaus, Winfried 1987: *Unendliche Verdoppelung. Die frühromantische Grundlegung der Kunsttheorie im Begriff absoluter Selbstreflexion*, Frankfurt am Main.

Menninghaus, Winfried 1991: *Zwischen Überwältigung und Widerstand. Macht und Gewalt in Longins und Kants Theorien des Erhabenen*, in: *Poetica 23*, 1–19.

Menninghaus, Winfried 1995: *Lob des Unsinns. Über Kant, Tieck und Blaubart*, Frankfurt am Main.

Meschonnic, Henri 1982: *Critique du rythme. Anthropologie historique du langage*, Lagrasse.

Meschonnic, Henri 1988: *Modernité, Modernité*, Lagrasse.

Meschonnic, Henri 1990: *Le langage Heidegger*, Paris.

Meschonnic, Henri 1995: *Politique du rythme. Politique du sujet*, Lagrasse.

Montrose, Louis A.: *Die Renaissance behaupten. Poetik und Politik der Kultur*, in: Moritz Baßler (Hrsg.): *New Historicism. Literaturgeschichte als Poetik der Kultur*. 2. Auflage, Tübingen/Basel, 60–93.

Münker, Stefan/Roesler, Alexander 2000: *Poststrukturalismus*, Stuttgart/Weimar.

Nassen, Ulrich (Hrsg.) 1979: *Texthermeneutik. Aktualität, Geschichte, Kritik*, Paderborn/München/Wien/Zürich.

Nassen, Ulrich (Hrsg.) 1982: *Klassiker der Hermeneutik*, Paderborn/München/Wien/Zürich.

Neumann, Gerhard (Hrsg.) 1997: *Poststrukturalismus. Herausforderungen an die Literaturwissenschaft*, Stuttgart/Weimar.

Nietzsche, Friedrich KSA 1980: *Sämtliche Werke. Kritische Studienausgabe in 15 Bänden*, hrsg. von Giorgio Colli und Mazzino Montinari, Berlin/New York.

Nietzsche, Friedrich KSB 1986: *Sämtliche Briefe. Kritische Studienausgabe in 8 Bänden*, hrsg. von Giorgio Colli und Mazzino Montinari, Berlin/New York.

Nünning, Ansgar (Hrsg.) 1998: *Metzler Lexikon Literatur- und Kulturtheorie*, Stuttgart/Weimar.

Opitz, Michael/Wizisla, Erdmut (Hrsg.) 2000: *Benjamins Begriffe*, Frankfurt am Main.

Platon 1957: *Ion*, in: *Sämtliche Werke 1*, Reinbek bei Hamburg.

Plumpe, Gerhard/Kammler, Clemens 1980: *Wissen ist Macht. Über die theoretische Arbeit Michel Foucaults*, in: *Philosophische Rundschau*, 185–218.

Plumpe, Gerhard 1993: *Ästhetische Kommunikation der Moderne*, 2 Bände, Opladen.

Quintilian 1972: *Ausbildung des Redners*. 2 Bde., übersetzt und hrsg. von Helmut Rahn, Darmstadt.

Reibnitz, Barbara von 1992: *Ein Kommentar zu Friedrich Nietzsche ,Die Geburt der Tragödie aus dem Geiste der Musik' (Kapitel 1–12)*, Stuttgart/Weimar.

Reif, Adelbert (Hrsg.) 1973: *Antworten der Strukturalisten*, Hamburg.

Renner, Rolf Günter 1995 (Hrsg.): *Lexikon literaturtheoretischer Werke*, Stuttgart.

Ricœur, Paul 1973: *Hermeneutik und Strukturalismus*, Stuttgart.

Ricœur, Paul 1974: *Die Interpretation. Ein Versuch über Freud*, Frankfurt am Main.

Röttger-Denker, Gabriele 1989: *Roland Barthes zur Einführung*, Hamburg.

Rorty, Richard (Hrsg.) 1967: *The linguistic turn. Recent Essays in Philosophical Method*, Chicago.

Roudinesco, Elisabeth 1996: *Jacques Lacan. Bericht über ein Leben, Geschichte eines Denksystems*, Köln.

Saussure, Ferdinand de 1967: *Grundfragen der allgemeinen Sprachwissenschaft*, hrsg. von Charles Bally und Albert Sechehaye, 2. Auflage, Berlin.

Scheffer, Bernd 1993: *Interpretation und Blamage. ‚Vor dem Gesetz'. – Präambeln aus konstruktivistischer Sicht*, in: Klaus-Michael Bogdal (Hrsg.): *Neue Literaturtheorien in der Praxis. Textanalysen von Kafkas ‚Vor dem Gesetz'*, Opladen, 140–158.

Schiwy, Günther 1969: *Der französische Strukturalismus. Mode, Methode, Ideologie*, Reinbek bei Hamburg.

Schlaffer, Heinz 2002: *Die kurze Geschichte der deutschen Literatur*, München/Wien.

Schlegel, Friedrich 1978: *Kritische und Theoretische Schriften*, Stuttgart.

Schleiermacher, Friedrich D. E. 1977: *Hermeneutik und Kritik*, hrsg. und eingeleitet von Manfred Frank, Frankfurt am Main.

Schmidt, Siegfried J. 1988: *Diskurs und Literatursystem. Konstruktivistische Alternativen zu diskurstheoretischen Alternativen*, in: Jürgen Fohrmann/Harro Müller (Hrsg.): *Diskurstheorien und Literaturwissenschaft*, Frankfurt am Main, 134–158.

Schmidt, Siegfried J. (Hrsg.) 1993: *Literaturwissenschaft und Systemtheorie. Positionen, Kontroversen, Perspektiven*, Opladen.

Schneider, Norbert 1996: *Geschichte der Ästhetik von der Aufklärung bis zur Postmoderne. Eine paradigmatische Einführung*, Stuttgart.

Schwanitz, Dietrich 1990: *Systemtheorie und Literatur. Ein neues Paradigma*, Opladen.

Sill, Oliver 1997: *‚Fiktionale Realität' versus ‚reale Realität'? Zu den kunst- bzw. literaturtheoretischen Reflexionen Niklas Luhmanns und Wolfgang Isers*, in: *Soziale Systeme. Zeitschrift für soziologische Theorie 3*, 137–155.

Sill, Oliver 2001: *Literatur in der funktional differenzierten Gesellschaft. Systemtheoretische Perspektiven auf ein komplexes Phänomen*, Opladen.

Starobinski, Jean 1973: *Psychoanalyse und Literatur*, Frankfurt am Main.

Starobinski, Jean 1980: *Wörter unter Wörtern. Die Anagramme von Ferdinand de Saussure*, Frankfurt am Main/Berlin/Wien.

Steinhagen, Harald 1979: *Zu Walter Benjamins Begriff der Allegorie*, in: Walter Haug (Hrsg.): *Formen und Funktionen der Allegorie*, Stuttgart/Weimar, 666–685.

Szondi, Peter 1974: *Poetik und Geschichtsphilosophie I. Antike und Moderne in der Ästhetik der Goethezeit. Hegels Lehre von der Dichtung. Studienausgabe der Vorlesungen. Band 2*, hrsg. von Senta Metz und Hans-Hagen Hildebrandt, Frankfurt am Main.

Szondi, Peter 1975: *Einführung in die literarische Hermeneutik. Studienausgabe der Vorlesungen. Band 5*, hrsg. von Jean Bollack und Helen Stierlin, Frankfurt am Main.

Szondi, Peter 1978a: *Schriften I. Theorie des modernen Dramas (1880–1950). Versuch über das Tragische. Hölderlin-Studien*, Frankfurt am Main.

Szondi, Peter 1978b: *Schriften II. Essays: Satz und Gegensatz. Lektüren und Lektionen. Celan-Studien*, Frankfurt am Main 1978.

Taureck, Bernhard H. F. (Hrsg.) 1992: *Psychoanalyse und Philosophie. Lacan in der Diskussion*, Frankfurt am Main.

Theunissen, Michael 2001: *Philosophische Hermeneutik als Phänomenologie der Traditionsaneignung*, in: *„Sein, das verstanden werden kann, ist Sprache." Hommage an Hans-Georg Gadamer*, Frankfurt am Main, 61–88.

Trabant, Jürgen 1990: *Rhythmus versus Zeichen. Zur Poetik von Henri Meschonnic*, in: *Zeitschrift für französische Sprache und Literatur, Band C*, 193–212.

Tugendhat, Ernst 1970: *Der Wahrheitsbegriff bei Husserl und Heidegger*, 2., unveränderte Auflage, Berlin.

Tugendhat, Ernst 1979: *Selbstbewußtsein und Selbstbestimmung. Sprachanalytische Interpretationen*, Frankfurt am Main.

Vinken, Barbara (Hrsg.) 1992: *Dekonstruktiver Feminismus. Literaturwissenschaft in Amerika*, Frankfurt am Main.

Vismann, Cornelia 2000: *Akten. Medientechnik und Recht*, Frankfurt am Main.

Wahl, François 1973: *Einführung in den Strukturalismus. Mit Beiträgen von O. Ducrot, T. Todorov, D. Sperber, M. Safouan und F. Wahl*, Frankfurt am Main.

Waldenfels, Bernhard 1991: *Ordnung in Diskursen*, in: Bernhard Waldenfels/François Ewald (Hrsg.): *Spiele der Wahrheit. Michel Foucaults Denken*, Frankfurt am Main, 277–297.

Weber, Samuel 1986: *‚Postmoderne' und ‚Poststrukturalismus'. Versuch eine Umgebung zu benennen*, in: *Ästhetik und Kommunikation 63*, 105–111.

Weber, Samuel 2000: *Rückkehr zu Freud. Jacques Lacans Ent-stellung der Psychoanalyse*. 2. Auflage, Wien.

Weinrich, Harald 1985: *Wege der Sprachkultur*, Stuttgart.

Wellbery, David E. (Hrsg.) 1993: *Positionen der Literaturwissenschaft. Acht Modellanalysen am Beispiel von Kleists ‚Das Erdbeben in Chili'*, 3. Auflage, München.

Wellek, René/Warren, Austin 1985: *Theorie der Literatur. Durchgesehene Neuauflage*, Königstein/Ts.

Welsch, Wolfgang 1991: *Unsere postmoderne Moderne*, Weinheim.

Wheeler, Samuel C. 1998: *Metapher nach Davidson und de Man*, in: Anselm Haverkamp (Hrsg.): *Die paradoxe Metapher*, Frankfurt am Main, 123–160.

Wiehl, Rainer 1971: *Über den Handlungsbegriff als Kategorie der Hegelschen Ästhetik*, in: *Hegel-Studien 6*, 135–170.

Wiggershaus, Rolf 1988: *Die Frankfurter Schule. Geschichte, Theoretische Entwicklung, Politische Bedeutung*, München.

Zelle, Carsten 1995: *Die doppelte Ästhetik der Moderne. Revisionen des Schönen von Boileau bis Nietzsche*, Stuttgart/Weimar.

Zima, Peter V. 1997: *Moderne/Postmoderne. Gesellschaft, Philosophie, Literatur*, Tübingen und Basel.

Zima, Peter V. 1994: *Die Dekonstruktion*, Tübingen/Basel.

Personenregister

Sachregister